Hertha Pauli

# DER RISS DER ZEIT GEHT DURCH MEIN HERZ

Erinnerungen

Mit einem Nachwort
von Karl-Markus Gauß

Paul Zsolnay Verlag

Mit freundlicher Unterstützung der Stadt Wien, Literatur und Wissenschaft,
und des Zukunftsfonds der Republik Österreich

Die Originalausgabe erschien unter dem Titel
»Der Riß der Zeit geht durch mein Herz. Ein Erlebnisbuch«
1970 im Paul Zsolnay Verlag.

1. Auflage 2022
ISBN 978-3-552-07308-1
© 2022 Paul Zsolnay Verlag Ges. m. b. H., Wien
Satz: Nadine Clemens, München
Autorinnenfoto: Hertha Pauli, Northport Winter 1949/50
©ÖNB Signatur Cod. Ser. n. 33894
Umschlag: Anzinger und Rasp, München
Foto: Wien, Graben / Foto um 1915 © akg-images
Druck und Bindung: CPI books GmbH, Leck
Printed in Germany

# GELEITWORT

»Der Riss der Zeit geht mitten durch mein Herz«, schrieb Heinrich Heine rund ein Jahrhundert bevor wir Europa verließen. Der Satz kam mit auf unserer Flucht durch Frankreich, denn Walter Mehring zitierte ihn immer wieder.

»Wusste er schon, dass dies Ungewöhnliche zu einem ganz gewöhnlichen Schicksal unserer Schriftsteller werden würde?«, fragte er dazu.

»Ihr seid hier in Amerika überhaupt nicht angekommen«, pflegte der Maler George Grosz zu sagen, wenn wir ihn in seinem Atelier auf Long Island besuchten. »Ihr sitzt alle miteinander noch in Marseille …« Grosz meinte, in Amerika Wurzeln geschlagen zu haben, vielleicht weil er das Grauen, dem wir entronnen waren, auf seine Bilder bannte, zeitlos im unendlichen Raum, während wir noch immer unterwegs sind – auf der Suche nach dem Raum und nach der Zeit, die irgendwo, irgendwann verlorengingen.

Dieses Erlebnisbuch soll eine Brücke bauen, die das Heute mit dem Gestern verbindet – für meine Freunde und für mich. Eine Brücke, über den Riss der Zeit hinweg, aus Gedanken, Erinnerungen, Bildern …

*H. P.*
*Long Island, New York 1970*

# 1

# ANRUF AUS BERLIN

Als Wien noch die Weltstadt war, in der das Haus Habsburg und der Walzerkönig regierten, spielte auch das Wiener Kaffeehaus eine ganz andere Rolle. Hier traf sich die große Welt, hier wurden Ideen geboren, Entscheidungen gefällt und Hoffnungen begraben. Im Kaffeehaus spiegelte sich wie auf einem kleinen Welttheater der Wandel der Zeiten. Die Figuren an den Stammtischen, Politiker, Dichter oder Schachmeister, traten entsprechend auf und ab. Die beiden berühmtesten Cafés aus der guten alten Zeit lagen nahe der Hofburg: das Café Herrenhof und das Café Central. Im Herrenhof traf sich Kronprinz Rudolf einst inkognito mit liberalen Journalisten, und im Central spielte vor dem Ersten Weltkrieg ein Herr Bronstein täglich seine Schachpartie, bis er in einem versiegelten deutschen Militärwaggon als Leo Trotzki in die Weltgeschichte einfuhr.

Vor dem Zweiten Weltkrieg frühstückte ein neues Regierungsmitglied gern im Herrenhof. Jeder gute Ober kennt die Lesegewohnheiten seiner Stammgäste, und so legte er Dr. Seyß-Inquart stets geflissentlich die Zeitungen aus Deutschland auf den Tisch. War doch der Herr Minister Österreichs offizieller Verbindungsmann mit dem Dritten Reich.

Am Freitag, dem 11. März 1938, hatte ich gegen Mittag ein Rendezvous im Café Herrenhof – nicht mit Seyß-Inquart, den ich weder kannte noch zu kennen wünschte, sondern mit zwei guten Freunden. Ich musste mich beeilen, weil ich mich verspätet hatte. Ich war im Hotel Bristol von der amerikanischen Verlegerin Blanche Knopf empfangen worden, die sich zu meiner Freude für meine kürzlich erschienene Biographie von Bertha von Suttner interessierte.

Dieses Buch war in Deutschland ebenso schnell verboten worden wie das Buch der Friedensnobelpreisträgerin selbst, »Die Waffen nieder«. Aber auch in Wien hatte die Suttner-Biographie einen kleinen Wirbel verursacht: Als ich im Rundfunk daraus vorlas, warfen Nazi Stinkbomben in das Studio. Blanche Knopf aber wollte die Biographie nach Amerika mitnehmen, obwohl es zurzeit kaum erfolgversprechend schien.

Wenn man sich beeilt, kann man das Café Herrenhof vom Bristol aus in weniger als zehn Minuten erreichen, nicht aber an jenem 11. März 1938. »Wenn man am Ring nimmer durchkommt, haben wir Revolution«, sagen die Wiener seit 1918. An jenem Tag hielten mich Polizeisperren auf, weil junge Nationalsozialisten vor der Oper aufzogen. »Heil Hitler!«, brüllten sie immer wieder.

Fragend wandte ich mich an einen der Polizisten. Der zuckte die Achseln, aber ein zweiter – Polizisten gehen gern paarweise um – sah mich plötzlich scharf an. Was soll denn das heißen, dachte ich, während ich mich aus dem Staub machte. Die Polizisten folgten mir, und in meiner Angst geriet ich fast unter die Nazi-Demonstranten. Doch die ließen mich laufen, weil die Polizei hinter mir her war. Ich schlüpfte in den Eingang eines Durchhauses und konnte durch den Ausgang auf der anderen Seite unbemerkt entkommen.

Als ich im Herrenhof auftauchte, fand ich die Freunde besorgt. Die »Heil Hitler«-Rufe drangen wie ununterbrochenes Hundegekläff zu uns herein. »Auch die Polizisten sind Nazis«, flüsterte ich atemlos und verstummte, weil der Ober zu uns trat.

»Was darf's sein?«, fragte er wie immer. Ich bestellte eine Schale Gold – nur Kaffee, denn mir war der Appetit vergangen.

Im Kreis meiner Freunde erholte ich mich. Der eine war Dr. Carl Frucht, heute Informationschef der UNO-Weltgesundheitsorganisation in New Delhi, damals noch Student. »Carli«, wie wir ihn einfach nannten, war Mitbegründer der »Österreichischen Korrespondenz«, meiner literarischen Agentur, die es sich zur Aufgabe gemacht hatte, vor allem österreichische Autoren zu verbreiten.

Der zweite war Walter Mehring. Der in Paris lebende deutsche Dichter war 1934 für ein paar Tage nach Wien gekommen und ein paar Jahre geblieben. Unsere höflichen Anfragen nach seinen Werken hatte er zunächst unbeantwortet gelassen. Schließlich wurden wir auf einer Gesellschaft einander vorgestellt, und er schaute mich lachend an: »Sie sind die Österreichische Korrespondenz?« Er hatte offiziellen Herren ausweichen wollen, nicht einer höchst unoffiziellen jungen Dame. Noch heute spricht er manchmal von dem großen Bänderhut, den ich damals trug.

»Du musst jetzt rasch fort«, riet ich ihm im Herrenhof. Seine Ausbürgerung stand auf der ersten Goebbelsliste, was ihn mit Stolz erfüllte. »Und du?«, fragte er mich. »Bei uns ist es doch etwas anderes«, erwiderte ich, und Carli setzte hinzu: »Wir müssen am Sonntag wählen.« Für diesen Sonntag, den 13. März – das Datum machte mich abergläubisch –, hatte Schuschnigg die allgemeine Volksbefragung angesetzt: Ja oder Nein, für oder gegen ein freies, unabhängiges Österreich. Das zu erwartende Ja schien uns über jeden Zweifel erhaben. Bekannte aus politischen Kreisen bekräftigten uns darin; nicht nur Guido Zernatto, Generalsekretär der Vaterländischen Front, Staatssekretär und einer unserer Autoren, prophezeite einen überwältigenden Sieg; auch Vizebürgermeister Ernst Karl Winter, Mehrings Verleger, der als Sozialist nach einer Anti-Nazi-Einheitsfront rief. Und der deutsche Botschafter von Papen hatte Alma Mahler-Werfel anvertraut, dass nicht einmal mehr die österreichischen Nazis öffentlich für den Anschluss eintreten konnten, da ja die Unterschrift des Führers seit der Zusammenkunft mit Schuschnigg in Berchtesgaden unsere Unabhängigkeit garantierte.

Der volle Preis dieser sogenannten »weiteren Normalisierung der österreichisch-deutschen Beziehungen« war uns nur gerüchtweise bekannt. Die veröffentlichten Punkte schienen schlimm genug. Seyß-Inquart wurde Innenminister, andere Nationalsozialisten erhielten Schlüsselstellungen, und für Naziverbrecher, wie die Dollfußmörder, gab es eine Generalamnestie.

Als die Nachricht von Schuschniggs Canossagang bekanntwurde, hatte ich Zernatto in der Vaterländischen Front angerufen. »Der Bundeskanzler in Berchtesgaden?«, rief ich entsetzt. »Wie konnte er nur?« »Das hab ich ihn auch gefragt«, antwortete der Staatssekretär.

»Bis hierher und nicht weiter«, erklärte Kurt von Schuschnigg nach seiner Rückkehr. Er sprach im Parlament, neben der Büste seines Vorgängers Engelbert Dollfuß, der 1934 ein Opfer der Nazis geworden war. Die große Kampfansage war erst vorgestern erfolgt, als Schuschnigg in Innsbruck, seiner Tiroler Heimat, verkündet hatte: »Mander, 's isch Zeit! Am Sonntag wird abgestimmt« – und mit dem Ruf schloss: »Rot-weiß-rot bis in den Tod!«

Brausender Jubel war ihm gefolgt. »Rot-weiß-rot bis in den Tod!« Wenn wir auch den Feind schon in den eigenen Reihen wussten, wir wollten kämpfen. Wir wollten die Mörder überrumpeln, ihnen keine Zeit zum Gegenschlag geben. Die Wahl sollte ihnen den Wind aus den Segeln nehmen.

Selbst Mehring, der Schwarzseher, mochte keine Warnungen hören und blieb. Hatte man ihm nicht schon 1934 in Paris von der Fahrt zu den »Austrofaschisten« abgeraten? Im Zug nach Wien erzählte ihm dann ein Mitreisender, dass sein neuer Gedichtband »Und Euch zum Trotz« in Österreich verboten worden sei. Der Herr trug das Buch bei sich und bat voll höflicher Bewunderung um ein Autogramm. »Wer sind Sie denn?«, wollte Mehring wissen.

»Ich bin der Zensor«, kam es zurück.

Später, beim Heurigen, bezeichnete Walter sich manchmal als »Wahl-Wiener«. Jetzt schien ihm, nach dem alten Witz aus dem Ersten Weltkrieg, unsere Lage »hoffnungslos, aber nicht ernst.«

»Ich lasse euch nicht allein«, erklärte er an jenem Märzmorgen im Herrenhof. Wenn alle Stricke reißen sollten, glaubte er nämlich, uns nach Frankreich retten zu können. Er hatte gute Beziehungen zum Quai d'Orsay.

Unser Gespräch wurde plötzlich unterbrochen. »Herr Dr. Seyß-Inquart, bitte«, rief der Ober. »Berlin am Apparat!«

Am Nebentisch erhob sich ein Herr und ging dicht an uns vorbei zum Telefon in die Garderobe. In diesem Augenblick wurde mir plötzlich bewusst: diesem Mann untersteht jetzt unsere Polizei!

Auf dem Sims hinter unserm Ecktisch standen liebliche Barockengelein aus Bronze. Auf einen davon zeigend, flüsterte ich Mehring ins Ohr: »Soll ich ihn damit erschlagen?«

Walter schüttelte den Kopf. »Hilft nichts – es sind zu viele.«

Der Innenminister kam an seinen Tisch zurück, zahlte und eilte hinaus. Besorgt blickte der Ober ihm nach. »Sehr nervös, der Herr Doktor«, bemerkte er vertraulich zu uns. »Dem schmeckt heut net amal sei' Apfelstrudel.«

Was hinter den Kulissen vorging, erfuhr ich erst viel später von Guido Zernatto im Exil. Seyß-Inquart begab sich nach diesem Anruf aus Berlin ins Bundeskanzleramt, wo man ihn schon überall gesucht hatte. Weder in seinem Büro noch in seiner Advokatenkanzlei war er zu finden gewesen; auch in der früher illegalen Landesparteileitung in der Seitzergasse konnte man ihn nicht erreichen. Nur sein Wagen parkte davor.

Indessen liefen im Bundeskanzleramt immer bedrohlichere Meldungen ein. An der bayerischen Grenze und in München sammelten sich deutsche Truppen; in der Grenzstadt Passau wurden im Laufe des Tages Militärtransporte mit 40 000 Mann erwartet, und in Niederösterreich und Wien rotteten sich SA- und SS-Verbände zusammen.

Man hoffte, Seyß-Inquart werde beruhigend eingreifen. Noch tags zuvor, am Donnerstag, dem 10. März, hatte er sich bereit erklärt, für Schuschniggs Volksabstimmung im Rundfunk zu sprechen. Dass er unterdessen im Herrenhof – einem gut gewählten, neutralen Ort – mit Berlin telefonierte, kam erst heraus, als er mit seinem Kabinettskollegen, dem Minister ohne Portefeuille Glaise von Horstenau, nun endlich im Bundeskanzleramt erschien.

Die beiden Herren überbrachten ein Ultimatum. Der Führer wünschte eine Verschiebung der Wahl um vier Wochen; dann sollte sie unter der Leitung von Seyß-Inquart vor sich gehen. Wurde das Ultimatum abgelehnt, würden die beiden Minister demissionieren und jede weitere Verantwortung ablehnen. Sie gaben dem Bundeskanzler für seine Entscheidung bis ein Uhr Mittag Zeit. Eine knappe Stunde also.

Eine Absage der Wahl schien Schuschnigg unmöglich. Er könne die technischen Vorgänge ändern, nicht aber den Termin verschieben, erklärte er und gab Zernatto den Auftrag, mit den beiden Herren wegen einer Fristverlängerung zu verhandeln.

Indessen wollte er die Lage mit Bundespräsident Miklas besprechen.

Dr. Seyß versicherte, er habe bezüglich der Frist bereits sein Möglichstes getan, doch ließ er sich schließlich herbei, Berlin zurückzurufen, und kam mit einer Verlängerung um eine weitere Stunde zurück.

Im Vorzimmer des Bundeskanzleramtes wartete eine schweigende Menschenmenge, während unausgesetzt die Telefone klingelten. So verging die Zeit, die letzte Frist, die Seyß-Inquart gewährt hatte. Zernatto redete auf ihn ein, diese Taktik, diese Politik könne unmöglich von ihm ausgehen – sie stehe in völligem Widerspruch zu seiner bisherigen Haltung ... Der Innenminister nickte. Es liege nicht mehr bei ihm, meinte er. Die Entscheidung falle jetzt anderswo.

»Wo?«

»In Berlin.«

»Oder auf den Barrikaden«, erwiderte Zernatto.

Nach kurzem Überlegen entschloss Seyß-Inquart sich zu einem weiteren Gespräch mit Göring, der drüben die Zügel führte. Dieser Anruf wurde in der Bundeszentrale abgehört. Wie sich später herausstellte, entsprach es den Tatsachen, was Seyß-Inquart darüber berichtete: Erst habe Göring ihn warten lassen, um mit dem Führer zu reden; dann habe der Marschall das Ultimatum für verfallen erklärt und hinzugefügt: »Teilen Sie das Schuschnigg mit.«

Seyß-Inquart wandte sich an Zernatto. »Wollen wir dem Bundeskanzler die Nachricht überbringen?«

Der österreichische Staatssekretär antwortete: »Das ist Ihre persönliche Aufgabe.«

Der Innenminister zuckte die Achseln. »Ich habe nur die Nachricht zu überbringen, aber keinen Einfluss. Ich bin nichts als ein historisches Telefonfräulein.«

Österreichische Propagandaflugzeuge flogen über den Himmel, und Millionen von Wahl-Flugzetteln flatterten auf die Straßen von Wien herab, in wilde Tumulte hinein. Als wir aus dem Herrenhof kamen, gerieten wir zwischen schreiende Fronten.

»Rot-weiß-rot bis in den Tod!«, schallte es aus unseren Sendern. »Heil Hitler!«, gellte es dazwischen. Ich pfiff die Marseillaise vor mich hin, aber es hörte mich keiner. Meine Kampflust übertraf meine Furcht. Noch immer siegesgewiss, zogen Carli und ich durch das Gewühl, während Mehring sein Hotel am Westbahnhof aufsuchte, um wenigstens seine Bibliothek zusammenzupacken. Was gleichzeitig im Bundeskanzleramt vor sich ging, ahnten wir nicht.

Wir gelangten heil in unser »Büro«, das nur aus einem Zimmer meiner Mansardenwohnung in einer Cottage-Villa bestand. Hier war es noch ruhig, als sei nichts geschehen. Friedlich lagen die Manuskripte unserer Autoren in den Fächern eines hohen Regals. Sämtliche politische Richtungen von links nach rechts waren vertreten; nur die nationalsozialistische fehlte.

Wir waren stolz auf unsere Liste. Sie reichte vom Dichter Franz Theodor Csokor, der als Vertreter Österreichs am P. E. N.-Kongress in Dubrovnik für den Ausschluss der Nazis gestimmt hatte, über Alfred Polgar und Egon Friedell bis zu den Auslandsrechten von Schuschniggs »Dreimal Österreich«.

An jenem Freitagnachmittag arbeiteten wir wie immer, weil es uns am wichtigsten schien, Ruhe zu bewahren. Abends wollte ich meinen Vater besuchen, der mit seiner jungen Frau im 9. Bezirk wohnte, in der Nähe des Biochemischen Instituts, seiner Arbeitsstätte. Meine Mutter, einst Mitarbeiterin der »Neuen Freien Presse«, Frauenrechtlerin und Pazifistin, lebte schon lange nicht mehr.

Von der Straßenbahn aus schien alles ruhiger, denn wir berührten die inneren Bezirke nicht. Mein Vater empfing mich bedrückt, die Stiefmutter kampflustig. Wir drehten das Radio an. Nach sieben Uhr sprach unser Bundeskanzler:

»Der heutige Tag hat uns vor eine schwere und entscheidende Situation gestellt. Ich bin beauftragt, dem österreichischen Volk die Ereignisse des Tages zu berichten. Die deutsche Reichsregierung hat dem Herrn Bundespräsidenten ein befristetes Ultimatum gestellt, nach welchem der Herr Bundespräsident die Regierung nach den Vorschlägen der deutschen Reichsregierung zu bestellen hätte, widrigenfalls der Einmarsch deutscher Truppen für diese Stunde in Aussicht genommen wurde. Ich stelle fest, vor der Welt, dass die Nachrichten, die in Österreich verbreitet wurden, dass Ströme von Blut geflossen seien, dass die Regierung nicht Herr der Lage wäre und aus eigenem nicht hätte Ordnung machen können, von A bis Z erfunden sind ...«

Ich atmete auf.

»Der Herr Bundespräsident beauftragt mich, dem österreichischen Volk mitzuteilen, dass wir der Gewalt weichen. Wir haben, weil wir um keinen Preis, auch in dieser ernsten Stunde nicht, deutsches Blut zu vergießen gesonnen sind, unserer Wehrmacht den Auftrag gegeben, sich ohne Widerstand zurückzuziehen ...«

In meinen Ohren brauste mein nicht-deutsches Blut, so dass ich nur mehr den Schluss hörte.

»So verabschiede ich mich in dieser Stunde von dem österreichischen Volk mit einem deutschen Wort und einem Herzenswunsch: Gott schütze Österreich!«

»Gott«, sagte meine Stiefmutter.

Aus dem Radio klang Musik, vertraute Klänge von Joseph Haydn. Mein Vater schien plötzlich erleichtert. »Es kann doch nicht so schlimm sein«, meinte er. »Die spielen ja unsere Kaiserhymne.«

Ich schaute ihn nur an. Seit dem Zusammenbruch der Monarchie war das »Gott erhalte« nicht mehr gespielt worden. Wohl aber sang man dieselbe Melodie mit anderem Text: »Deutschland, Deutschland über alles, über alles in der Welt ...«

Wäre es nicht zum Weinen gewesen, ich hätte gelacht. Doch mir kamen auch keine Tränen. Ich starrte ins Leere. Ein neues Lied kam durchs offene Fenster: »Brüder, wir marschieren, bis alles in Scherben fällt«, sang und klang es da draußen, »heute gehört uns Deutschland, morgen die ganze Welt!«

Ich wollte fort – wohin? »Wiedersehen jenseits der Grenze«, formten meine Lippen.

Papa schloss das Fenster. »Um Gottes willen, wenn dich einer hört«, flüsterte er. Und dann: »Ich bleibe.« Nur meine junge Stiefmutter rief mir nach: »Denk an uns, wenn du an der Grenze bist!«

Später ging dann mein Vater über die Grenze – sie blieb ...

Auf der Straße rings um mich brüllende Stimmen. »Ein Volk, ein Reich, ein Führer!« Es gibt keine Barrikaden.

Ich drücke mich in eine Telefonzelle. Die Verbindung klappt. »Komm gleich zu mir«, sage ich zu Mehring. »Ja«, antwortet er und hängt ein. Oder sind wir unterbrochen? Ich bin plötzlich allein. Nur Walters Stimme klingt mir noch im Ohr: »Gott geb's, dass nimmermehr loskomm' der große Krebs ...«

Seine »Sage vom großen Krebs« hatte er schon vor dem Reichstagsbrand geschrieben – jetzt kam der Krebs auf mich zu: »Wenn die berauschte Kreatur vom Traum erwacht« – Schritt für Schritt –, »geht alles rückwärts und verquer, rückwärts und verquer zu Hexenbränden und Judenpogrom ...!!«

Der Krebs hat plötzlich viele Gesichter. »Nieder mit euch«, schreit er. »Hör mich, Volk, welch' du hier lebst ...« Die Volksgenossen umringen mich, tanzen, singen: »Wenn's Judenblut vom Messer spritzt, dann geht's noch mal so gut« – das Horst-Wessel-Lied. Ich laufe, laufe schneller als heute Mittag – »dann kreiste zurück die Jahrhundertuhr zur ewigen Mitternacht« – er kommt hinterher, hinterher ...»Es geht um, es geht um, der große Krebs« ... Gott schütze Österreich ...

Hinter mir fällt die Tür ins Schloss. Ich bin zu Hause. Auf dem Boden türmen sich verstreute Manuskripte. Es ist still. Dann nimmt mich jemand in die Arme, als sei ich aus der Hölle wiedergekommen.

»Dass du nur da bist«, sagte Carli dann, und wir schauten uns an.

»Was machst du denn hier?«, fragte ich.

»Die Manuskripte einpacken.«

»Die können wir doch nicht mitnehmen –?«

»Wollen wir auch nicht«, erklärte er mir. »Sie müssen aus dem Haus, wenigstens die gefährlichsten.«

»Und wohin?«

»Ins Gebüsch, über die Gartenmauer. Da sieht sie lange keiner.«

Die Idee schien gut, denn verbrennen konnten wir nichts; wir hatten eine Gasheizung, keinen Ofen. »Nur lass mich jetzt nicht allein«, bat ich. Und Carli blieb. Nach neun Uhr kam Mehring, weiß wie die Wand. Die tobenden Horden hatten sein Taxi am Gürtel aufgehalten. Der Chauffeur war durch Seitengassen entkommen, schimpfte auf die »Saubagasch« und vermittelte die neuesten Nachrichten; im ersten Bezirk sei kein Durchkommen mehr, im Bundeskanzleramt säße die SS, Schuschnigg sei verhaftet ... Mehring stürzte ans Telefon. »Wen willst du anrufen?«, fragte ich.

»Paris. Einen Freund am Quai d'Orsay.« Seine Finger umklammerten schon den Hörer.

Die ganze Nacht suchte er von meinem Telefon aus Paris zu erreichen. Dass dies für uns gefährlich sein könnte, war uns nicht klar; wir begriffen bloß, dass die Verbindung nicht zustande kam.

Mit fieberhafter Hast taten wir sinnlose Dinge, ohne dass es uns bewusst wurde. Vielleicht einfach deshalb, weil das Leben seinen Sinn verloren hatte. Carli rannte unentwegt mit dem Anti-Nazi-Material hinunter, Mehring telefonierte, ich räumte alte Sachen um.

Gegen Mitternacht meldete das Radio: »Bundeskanzler Seyß-Inquart hat zur Wiederherstellung der Ordnung in Berlin um den Einmarsch deutscher Truppen ersucht ...« Wir wollten es nicht glauben und fingen an herumzutelefonieren. Bei Zernatto hob niemand ab; wahrscheinlich war auch er schon verhaftet. Wir versuchten noch andere Leute anzurufen. Csokor meldete sich: »Packt ein«, sagte er. »Wir sprechen uns morgen.« Wir saßen mitten unter den restlichen Manuskripten und rührten uns nicht. Mehring wagte sich nicht mehr in sein Hotel: Im Morgengrauen ging Carli hin, um ihm die nötigsten Sachen zu holen. Er kam mit einem Köfferchen und der Meldung zurück, dass Mehring bereits um zwei Uhr früh von der Gestapo gesucht worden war. Gott sei Dank nicht bei mir ... Als Morgengruß schmetterte uns der Rundfunk entgegen: »Die erbetenen deutschen Truppen haben die Grenze überschritten. Reichsführer Himmler ist im Hotel Imperial eingetroffen, der Führer nach Wien unterwegs.«

Wann würde die Gestapo bei mir auftauchen?

Wir schlichen uns auf die Straße. Deutsche Bomber brausten mit Donnerhall und aufgemalten Hakenkreuzen über den Himmel, so dicht, dass für uns die Sonne nicht aufging. Wir drückten uns in eine dunkle Ecke in einem Döblinger Café. Der Ober brachte uns zwei Zeitungen, von denen eine schon längst als Naziorgan bekannt war. »Die anderen sind beschlagnahmt«, sagte er. »Die Deutschen kommen.«

Mehring bestellte Cognac statt Kaffee. Den Ober wunderte nichts mehr. »Walter«, sagte ich, »wir müssen dich dann gleich zur Bahn bringen«, worauf er noch einen Cognac bestellte. Carli und ich tranken schwarzen Kaffee.

Wir zahlten und gingen. »Fahren muss jeder von uns allein«, meinte Carli auf dem Weg. »Erst Sie, Mehring, dann die Hertha – dann ich.« Es war die Reihenfolge unserer Gefährdung. Keiner widersprach. Allein war man wohl sicherer.

Am Westbahnhof sahen wir schon von weitem die schwarzen Uniformen um den Haupteingang. Mehring kehrte um: »Ich kann nicht ...«

Wir gingen ziellos umher; unversehens gerieten wir fast zu nahe an Walters Hotel. »Du musst fahren«, flüsterte ich ihm zu. Ein hoffnungsloses Achselzucken war die Antwort.

Ich redete weiter auf ihn ein. »Wir werden bei mir auf Nachricht von dir warten – wenn bis Abend kein Telegramm aus Zürich kommt, suchen wir dich – wenn es eintrifft, kommen wir nach ...«

»Was soll ich denn telegraphieren?«, fragte Walter tonlos.

Wir einigten uns auf »Grüße, Onkel Emil« – der Name fiel uns aus Kästners »Emil und die Detektive« ein. Durch einen unbewachten Seiteneingang kamen wir in den Bahnhof. Carli ging zum Schalter; ich plauderte mit Mehring auf Französisch, weil er statt eines Passes nur ein französisches Reisepapier bei sich trug. Auf dem Perron wartete schon der Zug.

Mit dem kleinen Koffer reichte Carli Mehring seine Fahrkarte. »Schnellzug Wien–Zürich–Paris, einsteigen!«, rief der Schaffner. Mehring ging auf den Perron hinaus, da trat ein SS-Mann auf uns zu, und im Schatten der schwarzen Uniform schien die Filigranfigur des Dichters vollends einzuschrumpfen.

»Wer sind Sie?«, fragte der SS-Mann und wies auf Mehring.

Carli trat dazwischen. »Das ist unser Französischlehrer«, sagte er rasch und hielt dem Nazi wie zum Beweis seine Studentenkarte hin.

»Unser Französischlehrer«, wiederholte ich beflissen. Der Uniformierte wandte seine Aufmerksamkeit uns zu. Bösartig musterte er den Ausweis. Ich hörte ein schwaches Geräusch, und ein Blick aus dem Augenwinkel bestätigte mir: Mehring war verschwunden. Der Zug stieß einen schrillen Pfiff aus. Eine schmale Gestalt sprang in den letzten Wagen. »Aufhalten!«, schrie irgendwer.

Wir erstarrten. Aber die SS-Leute stürzten sich auf eine kleine Gruppe, die noch einsteigen wollte. Carli hatte recht: Gruppen sind gefährdeter – sie waren umstellt und wurden abgeführt, während der Zug sich langsam aus der Bahnhofshalle ins Freie bewegte und das Rattern der Räder mit dem Donner der über uns kreisenden deutschen Flugzeuge verschmolz.

Von meinem Haus, das wir nur mit Müh und Not erreichten, wehte die Hakenkreuzfahne. Ich klopfte im ersten Stock bei der Hausbesitzerin. Frau Kornfeld öffnete zitternd und atmete bei unserem Anblick auf. »Was fällt dir ein, Malwine?«, fuhr ich sie an. »Wo hast du den Fetzen her?«

»Sie – sie haben sie verteilt ... Jedes Haus muss eine haben ...«

Die Frau war verstört. »Nimm das Hakenkreuz weg!«, schrie ich wie von Sinnen. »Sonst wirst du sehen, was geschieht ...« Was, wusste ich nicht. Wir ließen die Zitternde stehen und stiegen die Treppe hinauf.

Durch das Mansardenfenster sahen wir die Fahne bald verschwinden. Kurz darauf erschien Malwine, mit Tränen in den Augen. »Dank dir, Hertherl, dank dir! Sie haben grad im Radio gesagt, dass Juden kein Hakenkreuz haben dürfen – sonst werden sie verhaftet! Du hast uns gerettet ...«

Das war leider ein Irrtum: Herr und Frau Kornfeld endeten beide in Auschwitz. Tut nichts, der Jude wird verbrannt ...

An jenem Samstagnachmittag schärfte ich ihr ein: »Wir fahren übers Wochenende auf den Semmering. Falls jemand fragt: Am Montag bin ich zurück.«

Sie nickte. »Auf Wiedersehen am Montag, Hertherl.« Das war unser Abschied.

Abends klopfte es an meiner Tür. Schon das Telegramm? Wir öffneten. Vor uns standen Franz Theodor Csokor und Ödön von Horváth, die unzertrennlichen Freunde. In letzter Zeit hatte man die beiden nur mehr paarweise gesehen, wie Kastor und Pollux.

Wir kannten uns schon lange, Ödön und ich, seit 1931, als seine »Geschichten aus dem Wienerwald« in Berlin uraufgeführt wurden. Ich spielte eine winzige Rolle in dem Stück und gratulierte ihm zur Verleihung des Kleist-Preises. »Aber gehn S', da müssen S' erst die Verrisse sehen. Die hab i g'ärgert«, sagte er vergnügt in seinem gemütlichen bayerischen Tonfall.

Die heftige Reaktion auf seine »Geschichten aus dem Wienerwald« war nicht verwunderlich, da Horváth in seinem Stück über die Bestialität des Wiener Kleinbürgers schon jene Figuren auftreten ließ, die zwei Jahre später die Macht ergreifen sollten! »San s' net tierisch?«, fragte er immer wieder. Es war sein Lieblingsausspruch.

Auch jetzt, während draußen die Nationalsozialisten durch Wien zogen und die Stadt in Besitz nahmen, trat er in mein Zimmer mit der Frage: »San s' net tierisch?« Es klang ruhig und gelassen wie immer, aber ganz und gar nicht mehr vergnügt.

So saßen wir vier bis in die Nacht hinein, warteten auf Onkel Emils Telegramm und besprachen die Möglichkeiten zur Flucht.

»Csok«, meinte Ödön, »du musst doch eigentlich nicht weg? Du könntest hierbleiben.«

Csokor schüttelte die leicht angegraute Löwenmähne. »Wenn ich mich von unserer P. E. N.-Erklärung gegen die Bücherverbrennungen distanzier', dann schon. Aber ich bin nicht der Führer. Meine Unterschrift gilt.« Morgen wollte er nach Polen fahren, wo seine Übersetzung des »Polnischen Faust« ihm einen Orden und eine Regierungseinladung auf Dauer eingebracht hatte. Ödön nickte. »Hast recht. Die Hauptsach' ist das Weiterarbeiten. Wir müssen jetzt egozentrischer werden, um weniger egoistisch zu sein.« Er selbst wollte kurz zu Freunden in die Tschechoslowakei und dann nach Amsterdam, wo der Emigrantenverlag Allert de Lange seine Romane herausbrachte: »Jugend ohne Gott« und bald darauf »Ein Kind unserer Zeit«.

Wir sprachen von den Freunden. Franz Werfel war in Italien in Sicherheit; Alma war noch hier und wollte nun ebenfalls über die tschechische Grenze, weil die am nächsten lag, wenn sie auch vermutlich am strengsten überwacht war. Andere hatten die gleiche Absicht. »Aber jeder fährt besser für sich allein«, fand auch Ödön.

»Wann kommen wir vier wieder zusamm'?«, zitierte ich und brachte eine letzte Flasche Wein, Wein aus dem Wienerwald, auf den Tisch. Wir saßen bei trübem Licht und heruntergelassenen Jalousien. »Die im Dunkel sieht man nicht«, dachten wir wohl und stießen immer wieder miteinander an, bis die Flasche leer war und draußen der Morgen graute.

»Gehen wir, Csok.«

Ödön stand auf.

Sie machten sich auf den Weg. »Auf Wiedersehen.« Wir vier kamen nie wieder zusammen.

Durch die Jalousien drang Tageslicht. Wir drehten das Radio an. Eine Freudenbotschaft jagte die andere: »Mussolini wird dem Führer Südtirol schenken, als Morgengabe zu Österreichs Heimkehr ins Reich! ... Kardinal Innitzer hieß den Führer telegraphisch willkommen: Heil Hitler ...«

Die Kirchenglocken läuteten. Es war Sonntag. Wir drehten das Radio ab und warteten stumm – endlos.

Schließlich kamen schwere Stiefel die Treppe herauf. Es klopfte.

Gestapo?

Carli ging aufmachen. Dann hielten wir das Telegramm aus Zürich in Händen: »Grüße, Onkel Emil« – da stand es, genau wie verabredet. Aber wir lasen es immer wieder, immerfort.

Es war heller Tag. Wir packten meine Sachen ein und berieten das zweite Telegramm, auf das Carli warten sollte: »Manuskript erhalten, sendet Kopie.« Keine Unterschrift.

Als wir eben die Wohnung verlassen wollten, läutete das Telefon. Ein Anruf von Csokor: Die Alma ist schon weg.

»Ich fahr' jetzt zu Onkel Emil«, gab ich zurück.

»Gott sei Dank«, hörte ich. »Auf Wiedersehen ...« Ein Menschenstrom wogte zum Westbahnhof; wir gingen darin unter. Wollten die alle fort oder den Führer begrüßen?

Der Bahnhof war von SS und deutschen Truppen besetzt. Lautsprecher bellten in die Halle. Die Schlange vor dem Schalter war lang, doch gelang es mir schließlich, eine Fahrkarte zu erstehen. Wien–Paris–Wien. Ein Retourbillett war harmloser. Auch würde ich in Paris für die unbenützte Rückfahrt Geld einlösen können. Man durfte nur zehn Schillinge mit über die Grenze nehmen.

Vor uns ging SS auf und ab – auch diese Uniformen traten paarweise auf.

Wer fürchtet sich vorm schwarzen Mann?

Kurz entschlossen ging ich auf sie zu. »Jetzt, wo die Grenze nach München offen ist, kann man da ohne Visum fahren?«, erkundigte ich mich.

Der Schwarze musterte mich von Kopf bis Fuß. »Fahren Sie nur«, meinte er dann in hinterhältigem Ton; »Sie werden schon sehen.« Damit drehte er mir den Rücken zu.

Unbeachtet ging ich weiter, nur von Carlis Augen verfolgt. Keiner hinderte mich am Einsteigen. Einen Fahrplan gab es wohl nicht mehr; alle Züge hatten Verspätung. In einem Abteil fand ich noch einen freien Platz und traf gottlob keine Bekannten. Ich belegte den Sitz und trat auf den Gang hinaus, um nach Carli Ausschau zu halten. Ich entdeckte ihn endlich halb versteckt am Ende des Bahnsteigs. Unsere Blicke trafen sich. Er wagte nicht zu winken, hob nur ein wenig die Hand, als der Zug endlich losfuhr.

Es dunkelte; Sonntag, 13. März ... unser großer Wahltag ...

Niemand sprach. Der Schaffner kam wie immer und markierte die Fahrkarten; wir fuhren in die Nacht hinaus. Ich fühlte mich wie erschlagen. Rot-weiß-rot bis in den Tod ...

Draußen zog die vertraute Landschaft vorbei. Ich schloss die Augen vor Müdigkeit. Vielleicht wollte ich tot sein. Nur bei längeren Aufenthalten in großen Stationen schaute ich hin und wieder auf. Wir hielten in Salzburg, der Festspielstadt – da war ich letzten Sommer mit Csokor, Horváth, Mehring, den Werfels und Carli noch bei Reinhardts »Jedermann« gewesen ...

In Innsbruck stieg ein sonngebräunter Mann ein, der mir bekannt vorkam: es musste der Skiweltmeister Hannes Schneider sein.

Carli und ich hatten unsere letzte Skitour gemacht, als Schuschnigg nach Berchtesgaden fuhr – war das lange her ... »Mander, 's isch Zeit ...«

Auch Innsbruck entschwand.

Hannes Schneider schaute aus dem Fenster. Die Telegraphenstangen flogen vorbei. Ein neuer Tag graute; wir hatten viel Verspätung. Vor der Grenzstation Feldkirch stürmten Lausbuben in Lederhosen und Armbinden mit Hakenkreuzen den Zug und begannen die Abteile zu durchschnüffeln. »Habt ihr keine Schule?«, fragte ich, als sie zu mir kamen.

Einen Augenblick schienen sie überrascht, dann grinsten sie verlegen. »Steht scho' nimmer dafür«, meinte der eine. »Mir san grad erst aus'm Gefängnis kommen – jetzt steck'mer die andern eini.«

»Und dann geht's eh bald in Krieg«, wusste ein zweiter. Er strahlte.

»Aha«, sagte ich. »Fein.«

Während ich ihnen mein Köfferchen hinhielt, nahm ich ein paar Tafeln Schokolade heraus, die mir Carli sorglich mitgegeben hatte. »Hier, das wird euch schmecken«, sagte ich und hielt ihnen die Tafeln unter die Nase.

»Mir derfen nix nehmen«, erklärte ein Dritter mit sehnsuchtsvollem Blick.

»Aber geht's«, erwiderte ich. »Ist doch nur Schokolade.«

Also griffen sie zu und verkrümelten sich kauend ins nächste Coupé, wobei sie Hannes Schneider auf dem Gang respektvoll auswichen. Den kannten sie.

Mit einem Ruck hielt der Zug dicht vor der Grenze. Anstelle der österreichischen Zollbeamten stiegen SS-Leute ein und hinter ihnen wurden die Wagentüren verschlossen. Wir erbleichten beim Anblick der schwarzen Uniformen. Die Pässe wurden eingesammelt und nach Listen verglichen; die Koffer wurden geöffnet, der Inhalt auf den Boden gestülpt und durchwühlt. Einige aus dem Coupé wurden abgeführt, andere auf dem Gang an uns vorbeigetrieben. Nur wenige kamen zurück.

Neben mir stand ein SS-Mann. Er wandte sich mir zu: »Warum sind Sie vom Westbahnhof gefahren?«

Die Frage schien stumpfsinnig. »So geht's doch nach Paris«, erwiderte ich und hielt ihm dabei meine Fahrkarte hin. »In einer Woche bin ich wieder zurück.« Er schaute von mir auf die Fahrkarte, von der Fahrkarte auf mich. »Was wollen Sie denn in Paris?« Nur nicht stocken, dachte ich; mit so einem Kerl muss man frech sein. »Deutsche Bücher im Ausland verkaufen«, erklärte ich.

»Und warum gerade jetzt?«

»Ich hab' die Reise schon zweimal verschoben, jetzt muss ich zu den Pariser Verlegern.«

Der Schwarze nahm mich ins Kreuzverhör. Stundenlang redeten wir im Kreis herum – warum, woher, wohin, wozu, wieso ... Eine Schlinge lag um meinem Hals und zog sich immer fester zu, bis ich kaum mehr atmen konnte. Der Blick des Mannes lähmte mich. Ich starrte in seine kalten grauen Augen, als sich instinktiv Zeige- und Mittelfinger meiner rechten Hand spreizten ... Wenn er dich angreift – Finger ganz steif halten – und dann schnell und zielsicher direkt in die Augen hinein, tief hinein ...

Wir redeten weiter aufeinander ein. Ich rührte mich nicht, sah ihm bloß in die Augen – die Augen ... »Warum fahren Sie gerade heute?«, fragte er wieder. »Ich wollte noch den Einzug des Führers sehen ...« Die Mitreisenden schienen von mir abzurücken. Der Schwarze beugte sich vor; langsam, unmerklich hob meine Hand sich mit gespreizten Fingern – ich sah nichts als die Augen ... Sie blinzelten. Und plötzlich hielten meine Finger einen Pass. Meinen Pass. Wir haben noch einmal Glück gehabt, dachte ich, du und ich.

Jetzt wandte er sich neuen Opfern zu, durchlöcherte die Sitzpolster, ließ Leute die Schuhe ausziehen und durchstach die Sohlen mit einem Messer, um Geld oder Wertsachen zu finden. Wer derlei besaß, wurde abgeschleppt. Ich hatte nichts zu verlieren.

Nach fünf Stunden entfernte sich die SS befriedigt mit einem

»Heil Hitler«. Unser Abteil glich einem Schlachtfeld, als wir langsam weiterfuhren. Hannes Schneider schaute wieder zum Fenster hinaus. Der kam also mit.

Die Räder ratterten, bis jemand pfiff und eine Fahne schwenkte. Statt des Hakenkreuzes wehte uns ein weißes Kreuz im roten Feld entgegen. Wir waren über der Grenze!

Schluchzend brach ich zusammen. Es gab kein Zurück. »Salut«, sagte eine freundliche Stimme im Gang. Der Schweizer kam näher. »Salut ...«

## 2

## DIE KLEINEN HOTELS

Du darfst dich nicht umsehen … Das biblische Gebot für die Flucht aus Sodom und Gomorrha schien jetzt für mich zu gelten. Angstträume peinigten mich in der ersten Nacht in einem Zürcher Hotel. Ich suchte den Weg zurück, lief und lief, immer im Kreis, bis mir die Glieder erstarrten.

Am Morgen hörte ich im Café Odeon, dass in dieser Nacht eine andere geflüchtete Österreicherin aus einem Zürcher Hotelfenster gesprungen war. Sofort tot. Keiner kannte ihren Namen.

Ich drückte mich in eine dunkle Ecke, um eventuellen Fragen und Blicken zu entgehen. Noch am Abend hatte ich das Telegramm an Carli abgesandt, mit meiner Hoteladresse; falls es ihn pünktlich erreichte, konnte er noch heute Abend hier sein. Ich musste warten.

Mehring war schon weitergefahren. Wie verabredet, hatte er im Oprecht-Verlag, gleich neben dem Odeon, Bescheid hinterlassen: Höchste Eile, denn auch die französische Grenze könne jeden Augenblick gesperrt werden, schrieb er und fügte seine Pariser Adresse hinzu. Die Verkäuferin in der Verlagsbuchhandlung bestätigte die Auskunft. Zugleich übergab sie mir etwas Geld für die Weiterfahrt; wir hatten Mehrings Roman »Die Nacht des Tyrannen« an den Verlag verkauft. Herr und Frau Oprecht waren gerade bei einer Besprechung – vielleicht könne ich später noch einmal wiederkommen? Vielleicht …

Später halfen die Oprechts, Listen für die Rettung von Anti-Nazi-Schriftstellern zusammenzustellen und Geld dafür aufzutreiben.

Im Augenblick hatte ich sonst keine Bekannten in Zürich. Mein Bruder Wolfgang, schon seit Jahren Professor an der Eidgenössischen Technischen Hochschule, befand sich gerade zu Gastvorlesungen in Oxford. So saß ich allein im Café Odeon und wartete, fast ohne mich zu rühren. Durch die Fenster sah man über die Straße auf ein Stückchen Zürichsee. Am Bellevue fütterten die Kinder weiße Schwäne, die ihre Kreise im Wasser zogen. Ein Bild des Friedens.

Die Sonne stieg höher, und ihre Strahlen tanzten auf den blauen Rauchwolken drinnen im Café; sie verliehen den Staubkörnchen Glanz und wiesen auf die herumliegenden Zeitungen. Am großen Zeitungstisch blätterte ich die Nachrichten aus aller Welt durch. In verschiedenen Sprachen sprang mir die gleiche Schlagzeile entgegen: »Hitlers Einzug in Wien.«

Mit ein paar Zeitungen versehen, drückte ich mich wieder in meine Ecke, aber die Buchstaben tanzten vor meinen Augen. Schließlich formten sie ein Bild: der Führer im schwarzen Wagen, wie er zwischen wehenden Hakenkreuzfahnen und winkenden Massen über den Ring fuhr ...

Ich schloss die Augen. Die Stimme des Führers drang aus dem Dunkel zu mir: »Ich erstatte heute vor der Geschichte die größte Meldung meines Lebens – Österreich ist ins Reich heimgekehrt ...«

Heim. Wo war das meine?

Meine Augen füllten sich mit Tränen. Ich merkte es nicht. Ein krächzendes Geräusch ließ mich aufschauen; ich sah, wie die Drehtüre am Eingang sich bewegte und eine Gestalt näher kam. Die Tränen liefen über meine Wangen. »Carli«, rief ich. Es war nicht möglich. »Carli ...«

Hinter blauen Rauchwolken drehten sich Köpfe nach uns um, Blicke trafen uns verwundert; aber es machte uns nichts. Carli stellte seinen Koffer ab und kam zu mir. Er sei einfach direkt vom Bahnhof hierhergefahren. Wieso? Er wusste es nicht.

Mein Telegramm? Er konnte es nicht abwarten; auf dem Rückweg vom Wiener Westbahnhof war ihm ein Mann gefolgt, der ein Hakenkreuz angesteckt trug. Als Carli ihn stellte, entpuppte er sich als einer unserer Autoren. »Sie werden beobachtet«, flüsterte der Kollege. »Kommen Sie.« Dabei hängte er sich in Carli ein und zog ihn durch dunkle Seitengassen fort. »Wo ist die Pauli?«

Carli zuckte bloß die Achseln; der Nazi verstand. »Fahren Sie ihr gleich nach«, drängte er und hielt ein vorbeikommendes Taxi an. »Wollen Sie Ihre Sachen holen? Ich begleite Sie. Wohin?«, fragte er Carli beim Einsteigen.

Wie unter Zwang nannte Carli seine Adresse. Und während er dann oben seine Sachen packte, wartete unten der Mann, der nicht loszuwerden war. Schutzhaft – ging es Carli durch den Sinn. Er verabschiedete sich nur rasch von seinen Eltern, ehe er mit dem Koffer wieder ins Taxi stieg, um zum Westbahnhof zurückzufahren.

»Es wird sich bei uns alles bald wieder normalisieren«, versicherte ihm sein Begleiter am Bahnhof. »Dann könnt ihr wiederkommen.« Er wollte Carli die Hand reichen; der stieg rasch ein. »Sagen Sie der Pauli, dass ich mit Ihnen durch die Straßen gegangen bin«, rief der Mann ihm nach.

Ich zuckte die Achseln – für mich waren es Raubmörder; unter denen normalisiert sich nichts. Hauptsache, Carli und ich waren wieder beisammen.

»Wo ist der Walter?«, wollte er wissen. Ich reichte ihm den Zettel, den Mehring hinterlassen hatte. »Gut«, sagte Carli. »Wir müssen rasch weiter.«

Er sah total erschöpft aus. Wir bestellten Kaffee und sogar irgendwas zu essen, bevor wir weitere Fluchterlebnisse austauschten.

Was anderen zum Verhängnis wurde, hatte Carli gerettet. Er nahm zu viel Geld mit, und als die Nazibuben vor Feldkirch seine Sachen durchwühlten, hielt er ihnen stumm die Scheine entgegen. »Konfisziert« – damit steckten sie das Geld ein und ließen ihn in Ruhe. »Wohin?«, fragte ein SS-Mann auf dem Bahnsteig in Feldkirch.

»Zur Gepäckabfertigung«, erwiderte Carli, »meine Ski holen.« Er rief einen Träger und steckte ihm mit dem Koffer die erlaubten zehn Schillinge zu. Der Alte grinste und führte Carli durch die Gepäckabfertigung, durch einen Gepäckwagen, kreuz und quer über tote Geleise. Carli ging hinter ihm drein und musste so irgendwie durch die Sperre gekommen sein. Plötzlich saß er in einem anderen Zug, hatte seinen Koffer wieder in der Hand. Der Alte war verschwunden.

»Ein österreichisches Wunder«, sagte ich.

»Nein«, meinte Carli. »Nur die österreichische Schlamperei.«

Wir lachten, zahlten mit dem Oprecht-Geld und gingen. Von meinem Hotel fuhren wir zum Bahnhof und schickten ein Telegramm an Mehring nach Paris. Beim Einsteigen in den Zug Basel–Paris schauten wir uns schon gewohnheitsmäßig nach Verfolgern um. Aber hier gab es keine.

An der französischen Grenze wurden unsere österreichischen Pässe gestempelt, als ob alles in Ordnung sei. Wir atmeten auf. Der Zug war so leer, dass wir uns hinlegen und bis Paris dösen konnten. Auf dem Gare de l'Est stand, die Baskenmütze tief in die Stirn gedrückt, Walter Mehring.

Wie ein Verschwörer zog er uns beiseite. »Ich habe«, begann er und setzte einfach unser letztes Wiener Gespräch fort, »mit meinem Freund Comert am Quai d'Orsay telefoniert. Ich habe die Grenze noch einmal auf ein paar Stunden geöffnet bekommen – für euch.« Das hielten wir zunächst für eine seiner phantastischen Übertreibungen, die wir mit dem Namen des Schaumgebäcks als *meringues* zu bezeichnen pflegten. Später stellte sich jedoch heraus, dass die Grenze Frankreich-Schweiz tatsächlich bereits geschlossen und dann für ganz kurze Zeit wieder geöffnet worden war.

Uns wunderte eigentlich gar nichts mehr. Auch nicht, dass Mehring auf seiner Flucht mit anderen Verdächtigen von der Gestapo aus dem Zug geschleppt und in einen Gang nach rechts gewiesen worden war, er aber geistesgegenwärtig nach links abgebogen sei ...

Wir sprachen nur mehr Französisch. Er brachte uns in sein Hotel, wo er Zimmer für uns reserviert hatte – die billigsten im Haus. Das Notwendigste war da: Bett, Schrank und Tisch. Ins Badezimmer ging man über den Hinterhof.

Der Vordereingang des Hôtel de l'Univers lag in der schmutzig-schmalen Rue Monsieur-le-Prince, einer Seitengasse des Boulevard Saint-Michel, gleich beim Jardin du Luxembourg.

Unser erster Weg führte den »Boul' Mich'« hinunter zur Ile de la Cité in den eisgrauen Gebäudekomplex des Palais de Justice, wo einst Könige residierten und wir uns jetzt auf der Polizeipräfektur zu melden hatten. Da unsere österreichischen Pässe gültig waren, wurde uns für wenig Geld und gute Worte eine kurzfristige Aufenthaltsbewilligung erteilt, ein *permis de séjour,* freilich ohne Arbeitserlaubnis. Um eine *carte d'identité* zu erhalten, wie sie normalen Fremden in Frankreich zustand – dafür waren wir nicht genügend *en règle.*

Mehring hatte es auch durchgesetzt, dass ich noch am selben Tag von seinem Freund Pierre Comert, dem Pressechef und bevollmächtigten Minister, in dessen Büro am Quai d'Orsay empfangen wurde. Der elegante Herr mit dem gepflegten Schnurrbart kam uns liebenswürdig entgegen. Wie gut, dass wir so rasch gekommen waren, meinte er, jetzt könne man die Grenze nicht mehr ohne Visum passieren.

Ich dankte Monsieur Comert für seine Hilfe. »*Pas de quoi*«, winkte er ab. Als ich, ermutigt, vom Schrecken der Flucht zu sprechen begann, unterbrach er mich. Die Übernahme Österreichs sei ja ohne Waffengewalt, geradezu friedlich vor sich gegangen.

»Den Jubel, mit dem man Herrn Hitler empfing, können Sie in jeder Wochenschau sehen.«

Vom Schicksal der Nichtjubelnden sah und hörte man nichts.

Ich fragte nach Schuschnigg. Comert sprach von Hausarrest, guter Behandlung – von der dazugehörigen Gestapopraxis, Schuschnigg Nacht für Nacht am Schlafen zu hindern, war auch dem Pressechef noch nichts bekannt. Er hatte nur eine neue Information: Bundespräsident Miklas habe sich standhaft geweigert, die Zustimmungserklärung zum Anschluss zu unterschreiben – wodurch allerdings auch die Legalität des Ganzen und somit Frankreichs offizielle Anerkennung in Frage gestellt sei.

»Miklas bleibt hart«, lautete der amtliche Bericht. Statt zu toben, habe Göring sich zu lachen entschlossen, wusste Monsieur Comert, selbst ein wenig lächelnd. »Bei vierzehn Kindern muss man auch hart sein«, meinte er, und ich war nicht sicher, ob dies seine oder Görings Worte waren.

Miklas war einfach nach Hause gegangen. Ihm werde kein Haar gekrümmt, schloss der französische Minister. Nur Widerstand imponiert, dachte ich; ich hätte bleiben sollen ...

Was mich betraf, versicherte mir Monsieur Comert liebenswürdig, ich könne als freie Schriftstellerin arbeiten und sogar die literarische Agentur weiterführen, nur keine fixe Stellung annehmen. Sollte ich weitere Wünsche haben, möge ich getrost wieder zu ihm kommen. Damit waren wir beide freundlich entlassen.

»Traust du dem Frieden?«, fragte ich Walter Mehring draußen. Er zündete sich eine Zigarette an. »Vielleicht ist es bloß eine *meringue*« – dabei lächelte er mir zu –, »ein Gräuelmärchen ...«

Einträchtig wanderten wir die Seine entlang, zurück in unser kleines Hotel, der Dichter zurück zu seiner gewohnten Routine, die er nur mir zuliebe ausnahmsweise unterbrochen hatte. Denn wo immer Mehring auch war, in Berlin, in Wien oder später in Amerika, stand er zeitig auf, unternahm einen kleinen Spaziergang – in Paris zum Luxembourg – und begab sich dann an die Arbeit. Am wackligen Tisch seines Hotelzimmers schrieb er mit einer alten Feder und blauer Tinte auf lose Bogen Papier Zeile um Zeile. Die Zeilen, alle ein wenig schräg nach oben wandernd, fügten sich zu Gedichten, deren gehetzte Rhythmen unsere Irrfahrten markierten.

> *Vom Bahnhof angeschwemmt – im Strom der Massen*
> *Fiebernd von Schwindsucht deines letzten Gelds*
> *Treibst du durch Reusen immer engrer Gassen*
> *Die abzweigen*
> *Zu den Absteigen*
> *Zu den*
> *kleinen Hotels ...*

Unser Hotel war zwar alt, doch ordentlich und keineswegs ein Absteigequartier, wie später manchmal berichtet wurde. Ein solches lag nebenan und lud durch ein freundlich-rotes Blinklicht ein. Unser Hôtel de l'Univers lag stets im Dunkel. Besonders die Hinterzimmer waren düster, auch meines, das ebenerdig auf einen Lichthof hinausging. Dort spielten junge Kätzchen, ohne die der enge Hof an ein Gefängnis erinnert hätte.

Wir waren frei, doch Carli und ich hatten weder Arbeit noch Ruhe. Ziellos und allein trieben wir durch die engen Gassen. Ich kannte und liebte Paris von früheren Besuchen. Jetzt sah man in der Wochenschau die letzten Aufnahmen aus Wien, den endlos-breiten Strom der Nazikolonnen auf der Ringstraße. Als wir wieder auf die Straße traten, schien uns die *ville lumière* verwandelt und dunkel. Die schmalen Gassen drängten uns zwischen wechselnden Mauerwänden von der Rue Monsieur-le-Prince zur Rue du chat qui pêche hinüber. Jeder Bezirk schien ein Dorf für sich. Manche Franzosen kamen nicht nur nie über die Landesgrenzen hinaus, sondern auch kaum je über die ihres Quartiers. Auch den Besitzern des Hôtel de l'Univers, Monsieur und Madame Boucher, merkte man das manchmal an.

Selbst wenn wir noch so lange mit der Métro fuhren, kamen wir nicht in die freie Natur. Es gab nur Parks, kleine und große, nahe und ferne, doch so gepflegt sie auch waren, so schön die alten Bäume auch sein mochten, uns fehlte der Wienerwald. Wir fanden Paris wohl deshalb verändert, weil es uns keinen Ausweg bot; dass wir selber anders geworden waren, darauf kamen wir nicht.

Im Luxembourg blühten die Bäume. Es roch nach Frühling. Wir saßen auf einer Bank, Carli und ich, und schauten den Kindern zu, die auf dem kleinen Teich ihre Segelboote fahren ließen, bis eines davon außer Reichweite geriet oder umkippte. Dann weinten die Kinder. Wir konnten ihnen nicht helfen. Auch wir hatten Schiffbruch erlitten.

Die Bäume flüsterten im Frühlingswind, und das Wasser warf kleine Wellen. Mich packte die Wanderlust. Ein Zurück gab es nicht; also vorwärts …

»Wann fahren wir über den großen Teich?«, wollte ich wissen.

Amerika war längst zum Land meiner Träume und Sehnsucht geworden. Viele Kollegen aus meiner Theaterzeit, Peter Lorre, Franz Lederer, ja Reinhardt selbst, waren in Hollywood.

Carli und ich machten uns auf den Weg zum amerikanischen Konsulat, um festzustellen, wie man ein Einwanderungsvisum erlangen könnte.

Der Springbrunnen des Place de la Concorde überschlug sich glitzernd in der Sonne. Wir gingen um ihn herum, dann um die Ecke, wo eine lange, wartende Menschenschlange uns auffing. Unsere Idee, um Einlass in die Vereinigten Staaten anzusuchen, war offenbar ebenso unoriginell wie aussichtslos. Um ganz sicherzugehen, reihten wir uns in die Schlange ein, die langsam vorwärtskroch, bis zum Schalter des Konsulats.

Die Auskunft war niederschmetternd. Einwanderungsvisa waren für Jahrzehnte hinaus besetzt, und ein Besuchsvisum erhielt nur jemand, dem die Rückkehr in sein Heimatland offenstand. Auf uns traf das nicht zu. »*Que faire?*«, fragte ich, wieder draußen. Ein Achselzucken war die Antwort. Wir schauten schweigend die Champs-Elysées hinauf bis zum Arc de Triomphe. Bald würde dort die Sonne untergehen.

Carli hatte eine Idee. »Spielen wir Touristen«, schlug er vor. Ich hatte nichts dagegen. Touristen besteigen den Arc de Triomphe, um sich das strahlende Stadtbild von oben anzusehen, und so schlenderten wir die Champs-Elysées hinauf. In dieser Gegend wohnten die Vornehmeren und Besserbemittelten, meist russische Emigranten, und an den kleinen, auf die Straße gestellten Tischen trafen sich auch andere arrivierte Leute, viele davon aus der internationalen Filmwelt. Später lernten wir, auch da mitzuspielen.

Vor dem Grabmal des Unbekannten Soldaten machten wir halt. Unbekannte Soldaten gibt es überall. Wir grüßten stumm, bevor wir die Stufen nach oben stiegen, in den Brennpunkt des

Sterns, in dem die Boulevards mit ihren wogenden Menschenmengen und blitzend einherströmenden Autokolonnen sich aus allen Himmelsrichtungen treffen.

Vor meinen Augen verdunkelte sich das Bild. Vielleicht waren es nur ein paar Wolken, die über den Frühlingshimmel zogen; aber zugleich schwoll das Brausen des Pariser Verkehrs unheimlich an, die Schatten wurden breiter – das Geschwader der Luftwaffe verdunkelte den Himmel. »Brüder, wir marschieren, bis alles in Scherben fällt«, brüllte es dazu. »Heute gehört uns Deutschland, morgen die ganze Welt ...«

Ich sah Hakenkreuzfahnen über einem Strom blitzender Stahlhelme. Im gleichen Schritt und Tritt zogen sie die Champs-Elysées herauf – wie damals über den Ring in Wien ...

Mir schwindelte. Ich packte Carli am Arm. »Sie kommen«, schrie ich, »die Deutschen kommen!« Er starrte mich verständnislos an, während die schwarzen Kolonnen immer näher kamen, bis der Stern unter uns in Scherben fiel.

Wir waren noch keine Woche in Paris – da kam ein Hakenkreuz direkt zu mir in das kleine Hotel. Es zierte einen Brief, den mir Madame Boucher aus der Conciergeloge reichte. Ich wurde blass. Erst als ich allein in meinem Zimmer war, wagte ich, genauer hinzusehen. Dieses Hakenkreuz war ein offizieller Stempel auf dem Schreiben, das nicht aus dem Reich, sondern vom deutschen Generalkonsulat in Paris gekommen war. Um Gottes willen – was wollten die von mir? Ich riss das Couvert auf. Ein Stimmzettel fiel mir entgegen. Ich las:

Bist Du mit der am 13. März vollzogenen WIEDERVEREINIGUNG VON ÖSTERREICH MIT DEM DEUTSCHEN REICH einverstanden und stimmst Du für die Liste unseres Führers ADOLF HITLER?

Darunter war ein großer Kreis für das JA und ein kleiner für ein etwaiges Nein. Ferner erklärte ein beiliegendes Rundschreiben, dass die Volksabstimmung in Österreich auf den 10. April angesetzt sei und vom deutschen Generalkonsulat in Paris Autobusse zum nächsten Wahlplatz über die Grenze gehen würden. Es sei die patriotische Pflicht eines jeden Deutschen aus Österreich, an der Wahl teilzunehmen.

»Melde Dich an. Heil Hitler.«

Ich musste lachen vor Wut. So sah also der Weg zurück aus, den man mir vorschlug ... Jemand riss die Türe auf. Ich erschrak – hatte ich zu laut gelacht? Es war Carli. Ich zog ihn herein und sperrte vorsichtshalber die Türe zu, bevor ich ihm den Zettel hinhielt. »Schau dir das an! Hast du auch so einen Wisch bekommen?«, flüsterte ich.

Er las und schüttelte den Kopf. Ich ging auf und ab wie in einer Zelle.

»Woher haben die meine Adresse? Woher?«

Mit drüben hatte ich noch keinerlei Kontakt, nicht einmal mit meinem Vater. Konnte in unserem Kreis ein Spitzel sein? Ich dachte an den Stammtisch des Dichters Joseph Roth im benachbarten Café de Tournon; dort traf man neben bekannten emigrierten Kollegen auch politische Flüchtlinge sonderbarster Art, wie den früheren Danziger Nazi-Senatspräsidenten Hermann Rauschning. Ihm ging ich nach Möglichkeit aus dem Weg, auch wenn Roth durchblicken ließ, dass Rauschning jetzt der Londoner Regierung wichtige Informationen liefere. Vielleicht lieferte er auch andere, anderswohin. Carli war nicht so misstrauisch. Wir hatten doch selbst unsere Adressen in der Präfektur angegeben; bestimmt gab man der betreffenden Auslandsvertretung dort gern jede Auskunft. Das schien einleuchtend. Aber wieso hatte dann er die Aufforderung nicht erhalten? Juden dürften doch sicher nicht wählen, gab Carli zurück.

»Wir woll'n uns lieber mit Hyänen duzen als drüben mit den Volksgenossen heul'n«, zitierte ich aus Mehrings »Emigrantenchoral«, unserer neuen Nationalhymne.

*Die ganze Heimat und das bisschen Vaterland*
*Die trägt der Emigrant*
*Von Mensch zu Mensch – von Ort zu Ort*
*An seinen Sohlen, in seinem Sacktuch mit sich fort ...*

In das Sacktuch kam nun auch der Wahlwisch. Der neue Heimatgruß.

Abends brachten wir die Angelegenheit an Roths Stammtisch zur Sprache. Der Dichter saß wie immer an seinem Ecktisch gegenüber der Bar mit den hoch gestapelten Flaschen, leicht über ein Blatt Papier und ein Wasserglas gebeugt. Nur Eingeweihte wussten, dass das Wasserglas Sliwowitz enthielt.

Jedem längeren Satz, den Roth niederschrieb, folgte ein Schluck; das volle Glas leerte sich ebenso langsam, aber sicher, wie das leere Papier sich mit seiner zierlichen, gestochenen Schrift füllte. So arbeitete er Tag und Nacht. Er hatte eben seinen neuen Roman, »Die Kapuzinergruft«, vollendet, mit dem er seinen glanzvollen »Radetzkymarsch« fortsetzte; in seinen Manieren lebte die altösterreichische Tradition fort, und bei jeder passenden Gelegenheit wies er darauf hin, dass er im Ersten Weltkrieg k. u. k. Offizier gewesen war. Ich kannte ihn von seinen Besuchen in Wien. Bis 1933 hatte er in Deutschland gelebt, dann seine Zelte in Paris aufgeschlagen.

Wie immer, wenn eine Dame an seinen Tisch trat, erhob er sich feierlich; sein leichtes Schwanken fiel kaum auf. Zum Handkuss beugte er sich so tief, dass man die Spitzen seines blonden Schnurrbarts auf dem Handrücken spürte, feucht und kratzend.

Der leicht verschwommene Blick aus seinen blauen Augen streifte einen nur; dann wurde man mit einladender Geste an die Tafelrunde beschieden. Nie fehlten dort Roths Jugendfreund Soma Morgenstern, ein Heimatdichter aus Galizien, von wo sie beide stammten, und eine schöne, dunkelhäutige Frau, die Roth wie ein Schatten durchs Exil begleitete.

Sie hieß Manga Bell und war mit einem Häuptling oder König von Französisch-Kamerun verheiratet. Man erzählte sich, dass der König immer noch auf ihre Rückkehr warte, und dass Kamerun-Neger in Paris bei jeder zufälligen Begegnung vor ihr auf die Knie fielen.

Ich hielt das immer für ein Märchen, bis ich dreißig Jahre später im Schweizer Kanton Tessin zufällig mit zwei Austauschstudenten aus der Republik Kamerun ins Gespräch kam und meine einstige Freundin Manga Bell erwähnte. Der Ausdruck der jungen Afrikaner verwandelte sich schlagartig von freundlicher Distanz in respektvolles Staunen. »*La femme du chef*«, sagte der eine. »*Du roi*«, verbesserte der andere. Wir hatten Manga Bell beim Fall von Paris aus den Augen verloren. Nun hörte ich, dass auch in Kamerun niemand wisse, was aus ihr geworden war. Ihr Gatte habe sich nach dem Zusammenbruch Frankreichs mit de Gaulle solidarisiert, um Hitler zu bekämpfen, und sei dann auf mysteriöse Weise gestorben. An der italienischen Grenze trennten wir uns; die Studenten schüttelten mir die Hand und schauten mir lange nach – jemand, der ihre Königin gekannt hatte …

An Roths Stammtisch war Manga einfach eine von uns. Sie allein hätte heimkehren können, zog es aber vor, bei Roth und uns zu bleiben. Als einzigen Schmuck trug sie meist eine rote Rose, die ihr der Dichter jeden Morgen überreichte. So welkte sie dann langsam und leise zwischen uns dahin.

Obwohl Roth seinen Stammtisch kaum je verließ, stand er doch mit Gott und der Welt in Verbindung. Er wusste immer, was hinter den Kulissen vorging, und sein reger Briefwechsel reichte von Otto von Habsburg im belgischen Exil bis zu Thomas Mann in den Vereinigten Staaten. Zu vorgerückter Stunde bezeichnete Roth sich gerne als Monarchisten, was keiner seiner Freunde, von links bis rechts, übel- oder ernst nahm. Wo er wirklich stand, wussten wir nicht. Meist ließ er die anderen reden, nickte wohlwollend-zerstreut und hielt sich an sein Glas. Nur hin und wieder warf er ein Wort dazwischen. Das saß dann immer.

Er blickte kaum auf den Wahlwisch. »Soll man hin, dagegen stimmen?«, fragte ich rasch.

»Gehen Sie nur und versuchen Sie's«, empfahl Roth.

Es erinnerte mich an den SS-Mann am Wiener Westbahnhof. Dabei kritzelte der Dichter auf sein Blatt Papier. Er schrieb nicht, sondern zeichnete – lauter kleine Kreuze, die in Reih und Glied dastanden, wie auf einem Militärfriedhof. Dann zerbrach er sie mit kleinen Strichen und machte Hakenkreuze daraus.

»Das Resultat ist vermutlich schon in Druck«, meinte er und zerknüllte das Papier.

Er warf es in den großen, metallenen Aschenbecher auf unserem Tisch und zündete es mit demselben Streichholz an, mit dem er seine nächste Zigarette in Brand steckte. Nur etwas Asche blieb von den Kreuzchen zurück.

Das Resultat war vermutlich schon in Druck ... Als wir im Morgengrauen durch die stillen Straßen von Paris gingen, war ich zum ersten Mal froh, Wien verlassen zu haben.

»Unter dem Jubel der Massen«, so hieß es, wurde am 11. April im Wiener Konzerthaus das Ergebnis der Volksbefragung verkündet: 99 : 1 für das große JA. Damit sollten wir »für alle Ewigkeit zu Deutschland und seinem Führer gehören«.

In Frankreich wurde das eine Prozent als die »erste mutige

Tat einer österreichischen Widerstandsbewegung« gepriesen. In Wirklichkeit war es nur ein Trick; durch dieses eine Prozent sollte die Glaubwürdigkeit der Volksabstimmung dokumentiert werden. Wenige dachten so konsequent wie Roth, der die »Wahl« von vornherein für abgekartet hielt.

Der amerikanische Journalist William Shirer erzählte uns später, dass in den Wiener Wahlzellen breite Spalten klafften, vor denen ein Nazifunktionär postiert war, der alles sah, was der Wähler vornahm. Auf dem Lande wagten die Leute erst gar nicht, ihre Stimme geheim abzugeben. Acht bis zehn Parteigenossen, von SA-Männern mit aufgepflanztem Bajonett flankiert, saßen an einem Tisch, auf den die Wähler ihre Stimmzettel einfach offen hinlegten.

»Wer nicht kam, wurde von der SA in eigens dazu requirierten Privatwagen (auch mein eigener Wagen wurde dazu verwendet) abgeholt und in die Wahllokale gebracht. Es gab also keine Möglichkeit, nicht abzustimmen«, erzählte eine Wählerin später. »Wenn man mir nun deshalb mangelnde Zivilcourage vorwirft, kann ich nur sagen, dass wir genau wussten, was in den Konzentrationslagern geschah.«

Tausende Österreicher wurden bereits vor der Wahl verhaftet. Ich erhielt einen kurzen Brief von meiner Stiefmutter: Mein Vater sei zu meinem Bruder in die Schweiz gefahren; ihr habe man den Pass abgenommen. Sie nahm an der Volksabstimmung teil. Ihre Einstellung kannte ich. Aber ich wusste auch, wie sie hatte wählen müssen.

Bald darauf hörten wir von Selbstmorden.

Egon Friedell, der witzige Kulturhistoriker und Reinhardtschauspieler, war in Wien aus dem Fenster gesprungen. Nicht der Wahl wegen, von der er als »Volljude« ohnehin ausgeschlossen war. War es ein Irrtum? Friedell sah durchs Fenster, wie SS-Leute sein Haus betraten; sie hatten es jedoch nicht auf ihn abgesehen, sondern auf jemand im Stock darunter. Als der Mann abgeführt wurde, lag Friedell schon tot auf dem Pflaster der Gentzgasse.

Auch für uns spitzte sich die Lage zu. Österreich war die Ostmark, ein Gau des Dritten Reiches, und das deutsche Konsulat zog österreichische Pässe ein, um sie durch neue, deutsche zu ersetzen – gegebenenfalls mit einem »J«, für Jude, unter dem Hakenkreuz. Zunächst waren zwar diese Gegebenheiten nicht unausweichlich, denn dank der Unterschriftsverweigerung von Miklas erkannte Frankreich den Anschluss nicht an; wer wollte, konnte sich auf der Präfektur ein »Ex« vor die Staatsbürgerschaft im österreichischen Pass eintragen lassen und als *Ex-Autrichien* herumlaufen, solange der Pass gültig war. Was dann aus uns werden sollte, wusste der Himmel. Verlängerungen oder neue Pässe gab es für uns nicht. In Paris bildeten sich österreichische Flüchtlingskomitees, doch kam keine Exilregierung zustande.

Von Schuschniggs Kabinett war nur Zernatto geflüchtet. Mit falschen Papieren erreichte er schließlich Paris, aber wir sahen ihn nicht. Wir freuten uns über ein Gerücht, das sich wie ein Lauffeuer verbreitete: Zernatto habe die Kasse der Vaterländischen Front mit sich genommen. »Diese Beschuldigung hebt sich von meiner Lage in so grotesker Form ab«, schrieb er später, »dass ich manchmal – trotz aller Bitternis, die mich erfüllt – in ein Gelächter ausbreche.«

Zernatto schrieb und schrieb; er schrieb »Die Wahrheit über Österreich.« Die Einleitung klang fast wie eine Entschuldigung: »In diesem Buch wird der Versuch unternommen, die Ereignisse in Österreich objektiv darzustellen. Ich weiß, dass es mir nicht immer gelungen ist ... Man muss bedenken, dass ich die Niederschrift heimatlos und mittellos ohne wesentliche Behelfe in der Hast der Flucht zu machen gezwungen war. Man muss bedenken, dass die Nationalsozialisten meine Freunde und Kameraden verleumdet, in Not gestürzt, verfolgt und eingekerkert haben ...«

Er widmete sein Buch »allen, die an Österreich glauben«. Das Buch gehörte uns. Wie die Werke von Horváth und Roth wurde es in Holland gedruckt – »Copyright 1938 by Guido Zernatto, Paris«. Geschrieben war es »mit blutendem Herzen, erfüllt von einer unbändigen Liebe zu meinem Vaterland, aus dem man mich vertreiben konnte, das ich aber nie aufhören werde zu lieben, zu lieben, zu lieben«.

Fünf Jahre danach, zwei Jahre vor Kriegsende, starb der Dichter und frühere Staatssekretär Guido Zernatto in seiner Wohnung in New York, nach Ansicht der Ärzte an »gebrochenem Herzen«.

Die Millionen der Vaterländischen Front waren von den Nazis beschlagnahmt worden. Es war schade darum; in Paris hätten sich bessere Verwendungsmöglichkeiten dafür gefunden. Wäre Zernatto damit angekommen, hätte sich beispielsweise eine Sammlung erübrigt, die das österreichische Flüchtlingskomitee nun veranstalten musste.

Die Pariser Polizei hatte sich an das Komitee gewandt, um einen sonderbaren Fremden zu identifizieren, der verhaftet worden war. Der abgerissene junge Mann sprach eine eigentümlich gutturale Sprache, die niemand verstand, und besaß überdies ein Gewehr, weshalb man ihn festnahm. Auch hatte der Verhaftete keinerlei Papiere bei sich.

Unsere Österreicher fanden bald des Rätsels Lösung heraus: Der bärtige Junge sprach Tiroler Dialekt. Als die Deutschen an seinem Haus vorbei in sein Land Tirol einmarschierten, da hatte er – ganz wie Schuschnigg gebot: »Mander, 's isch Zeit« – seine Flinte geholt und aus dem Fenster geschossen, aber keinen getroffen. Er musste so rasch wie möglich verschwinden. »Halt über die Berg'.«

Auf abenteuerlichen Umwegen – fast wie Zernatto – war dieser Österreicher, der auf die Nazis geschossen hatte, schließlich der Pariser Polizei in die Hände gelaufen, die mit ihm nichts anfangen konnte. Dem Komitee gegenüber konnte er sich zum Schluss sogar einigermaßen ausweisen: Unser Tiroler war ein Schneidermeister.

Nun sammelte man bei uns für das tapfere Schneiderlein, so erfolgreich, dass er sich in einer kleinen Bude am Montparnasse bald eine Werkstatt einrichten konnte, wo er unsere Kleider zu flicken begann – denn für neue reichte es kaum.

Es war ein Wunder, dass wir überhaupt noch am Leben waren. Trotzdem waren wir recht vergnügt. Einmal trat eine sehr hübsche Blondine auf uns zu und wandte sich errötend an Walter Mehring: »Wie schön, Sie zu treffen!«

Sie war eine Schauspielerin, wohnte in einem kleinen Hotel in der Nähe und liebte Mehrings Gedichte. Sie könne sie alle auswendig und trage sie bei jeder möglichen und unmöglichen Gelegenheit vor, sagte sie und begann:

> *»Willst du dich frierend an der Liebsten wärmen*
> *Schmiegst du dich eng in ihres Atems Pelz –*
> *Die Neugiergnomen werden dich umschwärmen*
> *Die nachts spuken*
> *In den Dachluken*
> *Der kleinen Hotels ...«*

Alles lachte. Die »Neue« gehörte zu uns.

Tags darauf, in der Rue Monsieur-le-Prince, lief Walter und mir zufällig ein alter Bekannter aus Wien über den Weg, der Filmregisseur Leo Mittler. »Mehring«, rief er schon von weitem,

»Sie verfolgen mich!« Näher gekommen, fuhr er mit gedämpfter Stimme fort: »Da verbringe ich die Nacht mit einer entzückenden Frau – und was tut sie? Sie rezitiert mir Ihre ›Kleinen Hotels‹!«

»Ach«, machte da Mehring, schaute gelangweilt in die Luft, knipste mit den Fingern, als nehme er ein Bild auf: »Die Roma« – und weidete sich an Mittlers verdutztem Gesicht.

Ja, so klein, so klein war unsere Stadt.

Mittler und die »Neue« wurden ein Paar, wenn auch erst ohne Standesamt. Später, in Hollywood, holten sie das nach; in Frankreich gab es für Leute mit befristeten Papieren keine Heiratserlaubnis.

Heiraten gehörte zu den vielen Dingen, die wir nicht durften.

# 3

# CHAMPS-ELYSÉES

»Bleiben musst Du aber wenigstens fünf Tage ...« Rasch setzte ich die Worte als PS unter meine Antwort auf Ödön von Horváths Brief aus Amsterdam. Ein Zimmer für ihn hatte ich wunschgemäß in unserem Hotel bestellt; in ein paar Tagen wollte er kommen. Wir werden ihn wiedersehen ...

Ich konnte es kaum erwarten und nicht weiter denken als bis zu diesem Augenblick.

Am 28. Mai traf Ödön bei uns ein, in bester Laune. Gleich nach der ersten Begrüßung stellte er fest: »Ich bin nur auf der Durchreise hier.« Paris sollte nur eine Zwischenstation auf seinem Weg nach Amerika sein – irgendein Onkel hatte ihm von drüben ein Affidavit gesandt – und in Hollywood erwarteten ihn bereits verschiedene Freunde.

In Paris wollte er Armand Pierhal kennenlernen, der eben seinen Roman »Jugend ohne Gott« übersetzte, mit dem Regisseur Robert Siodmak über eine mögliche Verfilmung dieses Romans in französisch-amerikanischer Gemeinschaftsproduktion verhandeln, außerdem auch noch andere Verleger aufsuchen und eine russische Agentin wiedersehen.

»Das alles in fünf Tagen?«, fragte ich vergnügt. »Das wird nicht reichen.« Damit begaben wir uns in das armenische Bistro neben dem Hotel, und während Ödön beim Rotwein mit Wonne die schärfsten Paprika verzehrte, ohne den Mund zu verziehen, meinte ich beinahe wieder im Wiener Griechenbeisel zu sitzen. Ödön war weit herumgereist, seit wir uns im März in Wien getrennt hatten – erst in die Tschechoslowakei, wo er die Schauspielerin Lydia Busch besuchte und sich mit seiner Braut Wera Liessem traf, dann nach Zürich zu anderen Freunden, zuletzt über Brüssel nach Amsterdam, zu seinem Verlag. Aber bei Wein und Paprika schien es, als hätten wir uns erst gestern gesehen und nichts sei anders geworden.

»Prost!« Ödön hob sein Glas und trank auf Paris. Diese letzten Maitage hier würden für sein Leben entscheidend sein – das habe ihm eine Wahrsagerin in Amsterdam aus der Hand gelesen.

Wir stießen an, und er stellte sein Glas wieder hin. So eine Entscheidung habe natürlich ihre zwei Seiten; er müsse sich in den nächsten Tagen vorsehen, meinte er nachdenklich.

»Warum fürchten die Menschen sich im finsteren Wald? Warum nicht auf der Straße?« Sein Blick schweifte misstrauisch an den Blinklichtern vorbei über die dunkle Rue Monsieur-le-Prince.

Ödön war sehr abergläubisch. Von diesem Abend an ging er nicht gern allein aus. Für das entscheidende Datum hielt er den 31. Mai; und an diesem Tag – es war ein Dienstag – musste ihn Carli auf Schritt und Tritt begleiten – auf den Montmartre zum Beispiel, um den Theaterdirektor Ernst Josef Aufricht zu treffen, der in Berlin Brechts »Dreigroschenoper« uraufgeführt hatte und sich für die Horváthstücke interessierte.

»Paris bringt mir Glück«, fand Ödön heiter, als er abends wieder im Bistro saß. Er schien erleichtert, da die kritischen Tage nun überstanden waren, und beschloss, seinen Aufenthalt zu verlängern. Wir schmiedeten Pläne. Morgen Mittag sollte er Siodmak auf den Champs-Elysées treffen, ob ich nicht mitkommen wolle? Übermorgen erwarte ihn Pierhal; die Übersetzung schreite gut fort, und die Agentin, von Ödön ganz hingerissen, habe weitere Aussichten für die Romane. Die Hauptentscheidung aber lag wohl bei Aufricht und den Stücken, die seit Hitlers Machtübernahme in der Versenkung lagen. Aufricht meinte, dass auch sie einen Welterfolg versprachen, wie die Romane. Je mehr *vin rosé* wir tranken, umso rosiger schien uns die Lage.

Ödön sprach lebhafter und mehr als sonst. Er begann von seinem neuen Buch zu erzählen, das »Adieu Europa« heißen sollte. Sehr persönlich, als ein Schriftsteller, der nach Amerika emigrieren wollte, hatte er zu schreiben begonnen – auf das leere Papier, das »so schrecklich weiß« war. Dann aber wollte er diesmal über die Ich-Form der zwei ersten Romane hinaus, in die anderen Figuren hinein und wie in einem Stück aus verschiedenen Personen sprechen. Wir tranken bis in die frühen Morgenstunden, erst in unserem kleinen Bistro, dann weiter mit Carli im Hotel, bei einer Flasche Wein in Ödöns Zimmer. Wir rauchten und tranken und rauchten. Und auf eine leere Zigarettenschachtel kritzelte Ödön ein kleines Gedicht:

> *Was falsch ist, wird verkommen,*
> *auch wenn es heut' regiert –*
> *Was echt ist, das soll kommen,*
> *auch wenn es heut' krepiert ...*

»Man wird mit Millionen Deutschen abrechnen müssen«, meinte Ödön versonnen. »Mit vierzig Millionen ...«

Carli sprang auf: »Nein, es sind doch keine zwanzig! Keine zehn!«

Sie handelten weiter, bis Carli sich etwas verängstigt zurückzog. »Sagen wir, fünf Millionen«, rief ihm Ödön einlenkend nach.

Er stand vor dem Wandspiegel und musterte sich prüfend mit seinen großen, etwas vorstehenden Augen. »Was finden die Frauen eigentlich an mir?«, fragte er mich. »Bin ich denn so dämonisch?« Es schien ihm unbehaglich zu sein.

Ich zuckte hilflos die Achseln und betrachtete ihn, wie er so groß und breit vor mir stand.

Es war immer das Gleiche. Um ihn lag eine unsichtbare Mauer, die man vergeblich zu durchdringen suchte. Wie seine Figuren lebte auch er in einer eigenen, inneren Welt, die ihn von der äußeren ab- und ihn einschloss. Trotzdem hatte jeder, der ihn traf, ihn gern. Die meisten Frauen waren von ihm fasziniert. Aber sie kamen und gingen – und er blieb allein. »Tangentenerlebnisse«, meinte sein Freund Csokor, der ihm am nächsten zu kommen schien. »Man berührt sich in einem Punkt und verliert sich in der Unendlichkeit ...« »Die Liebe ist nur eine fixe Idee«, hatte mir Ödön irgendwann einmal erklärt, und vor zwei Jahren hatte ich ihm den Satz als Widmung in meinen Raimundroman geschrieben. Das Buch fand sich dann unter seinen Sachen in Paris.

»Liebst du mich noch?«, fragte er jetzt unvermittelt und setzte sich mir gegenüber an den Tisch zum Wein. Ich wusste nicht recht, was ich sagen sollte.

So war er mir einmal im Wiener Café Museum gegenübergesessen, und auch damals habe ich keine Antwort gefunden. »Erschrick nicht«, sagte Ödön damals im Café Museum, »ich heirate in acht Tagen ...« Das war am Morgen nach einer »durchdrahten« Nacht, und vor uns auf dem Tisch lag eine Krawatte, die ich ihm mitgebracht hatte, mit einem Kärtchen: »Blauer Morgengruß«.

Er hatte damals plötzlich der Sängerin Maria Elsner einen Heiratsantrag gemacht, die als Jüdin in Berlin Auftrittsverbot bekommen hatte; ihr Bruder hatte es Horváth erzählt. Durch diese Ehe erhielt sie einen ungarischen Pass, der ihr zur Flucht verhelfen sollte. Die Ehe wurde nach wenigen Wochen im gegenseitigen Einvernehmen geschieden.

Das erfuhr ich allerdings erst später.

»Zwischen uns wird sich natürlich nichts ändern …«, sagte Horváth, ein Satz, den ich nicht recht verstand. Ich weiß nicht mehr, wie ich aus dem Café auf die Straße gekommen war, bis wildes Hupen mich aus meinen Gedanken riss. Ich war fast unter ein Auto geraten. Schließlich kam ich nach Hause, in die Mansarde in der Weimarerstraße, die ich damals mit einer Münchner Freundin namens Margot teilte. Als sie an jenem Abend zu einem Rendezvous ging, schloss ich sorgfältig die Fenster und drehte den Gashahn auf. Dann legte ich mich mit einem angenehmen Gefühl aufs Sofa. Die Geisterbahn im Wiener Prater fiel mir ein, und ich lächelte; Ödön war oft mit mir im Prater gewesen, und wenn mir in der Geisterbahn eiskalte, nasse Hände wie mit Leichenfingern ins Gesicht griffen und ich aufschrie, dann lachte er. Jetzt war kein Grund zum Schreien, auch wenn es Ödön Spaß gemacht hätte …

Einmal wollten er und ich ein Stück zusammen schreiben, nach meiner Erzählung »L'Inconnue de la Seine«. Das Lächeln der Totenmaske hatte uns beide schon lange fasziniert. Aber zu dem gemeinsamen Stück war es nie gekommen, denn Ödöns »Unbekannte aus der Seine« besaß bald ein Eigenleben, wie alle seine Figuren, und ging ganz andere Wege. Nun wollte ich gern so lächeln wie sie, aber es kam nicht dazu …

Es war unmöglich, Ödön etwas übelzunehmen. »Das ist die Frau, die sich meinetwegen umbringen wollte«, sagte er manchmal, als könne er es sich nicht vorstellen. Und wir machten uns darüber lustig.

In jener letzten Pariser Maiennacht erschien mir dies alles höchst unwahrscheinlich. Zwischen unseren Weingläsern hatte sich die Erinnerung eingenistet; die Flasche war noch halb voll, als ich aufstand.

»Bleib noch da«, sagte Ödön. Ich zögerte. Ich hatte Angst, dass alles noch einmal von vorn anfangen könnte. »Wär' nicht ein ungarischer Pass gut für dich?«, fragte Ödön heiter. »Du hast doch jetzt keine Staatsbürgerschaft ...« Ich lachte über die Anspielung.

Im Rückblick schien es komisch, wie sich die Zufälle aneinanderreihten, die das Schicksal bilden. Und während über den Dächern von Paris der Morgen graute wie einst in Wien, fand ich auch die Antwort auf seine Frage. Er hatte sie mir ja selber gegeben: »Die Liebe ist nur eine fixe Idee ...«

Wir tranken weiter, bis die Flasche leer war; dann gingen wir auseinander. Zwei halbvolle Gläser blieben auf dem Tisch zurück.

Ich konnte lange nicht einschlafen in dieser Nacht. Kaum hatte ich Ödön verlassen, wünschte ich mir, bei ihm zu sein. Ich sah sein Gesicht wieder deutlich vor meinen geschlossenen Augen.

»Ich hab' nicht gewusst, dass du auch hier wohnst«, flüsterte ich ihm ins Ohr – damals, in der Pension Glockner in München. Ich hörte Ödön lachen. Wir hatten schon eine Woche im selben Hotel, im selben Stock gewohnt, ohne es zu wissen ...

Zufälle – wenn man sie nur einmal festhalten könnte ... Der Kammerspielball im Münchner Fasching 1933: ein Chinesenjunge brachte mich in ein Séparée und entpuppte sich dort als meine Freundin Margot; wir tranken Champagner, während Erika Mann und Marianne Hoppe mir Horváth entführten. Wir fanden uns erst wieder beim Weißwurstfrühstück. Und die vier Nachrichter spielten »Der Esel ist los« – direkt vor seiner Machtergreifung –, Ödön und ich amüsierten uns glänzend dabei. »Wirst wirklich nachkommen?«, fragte ich, an ihn geschmiegt.

Wir hatten den Schlüssel zur Skihütte seines Freundes Walter Tschuppik; Margot und ich sollten vorausfahren und ihn und Tschuppik auf der Hütte erwarten.

Sie kamen beide nicht. In München wehten uns bei der Rückkehr Hakenkreuzfahnen entgegen. Redakteur Tschuppik von den »Münchner Neuesten Nachrichten« sei in »Schutzhaft«, hörten wir, Horváth geflüchtet. Wir sahen, wie die SA einen jüdischen Münchner Rechtsanwalt in Unterhosen durch die Kaufingerstraße trieb. Eine Postkarte von Ödön rief mich nach Salzburg. Dort fand ich ihn nicht. Der Schriftsteller Valeriu Marcu versicherte mir, Ödön sei zur Bahn gegangen, mich abzuholen, und seitdem verschwunden.

Ödön ...

In Wien, mit dem Historiker Karl Tschuppik, Walters Bruder, trafen wir uns wieder. Ödön wusste nicht mehr, was ihm in Salzburg eingefallen oder wo er gewesen war. Wahrscheinlich war er in irgendeinen Zug gestiegen ...

In einem Zug hatte er auch einmal die Zeitungsmeldung über einen Mord gelesen und war gleich ausgestiegen, um sich bei der Polizei als Täter zu stellen. Man hatte ihn ausgelacht, denn er war nie am Tatort gewesen.

Wir lachten wieder. Ich sah die großen, etwas vorstehenden Augen auf mich gerichtet: »Bin ich denn so dämonisch?«, fragte er. Im Dunkel wollte ich ihn fassen, ihn halten – da stürzte ich ab, immer tiefer, rettungslos ins Leere, darin er verschwunden schien; ich wollte um Hilfe rufen, brachte aber keinen Ton heraus – und als ich aufschlug, lag ich in meinem Bett im Pariser Hôtel de l'Univers.

Es war Mittag. Ich hatte verschlafen.

Bei Madame Boucher wartete ein Zettel auf mich: Ödön war zu Siodmak gegangen; ich könne ihnen ins Cinéma Champs-Elysées nachkommen, zur Nachmittagsvorstellung von Walt

Disneys »Schneewittchen«. Sonst wie immer am Abend in unserem Bistro. *Au revoir.*

Mehring kam mir in der Hotelhalle entgegen. Er hatte mit Ödön gefrühstückt, im Café Mathieu an der Ecke. »Merkwürdig – es war merkwürdig«, sagte Walter vor sich hin. »Was ist eigentlich ein Antisemit?«, hatte Ödön ihn plötzlich gefragt und hinzugefügt: »Macht es ihm Freude – oder hat er nur Angst?« Und in dem Augenblick hatte ein Blitz aus heiterem Himmel ins nahe Panthéon eingeschlagen.

Auch das hatte ich verschlafen. Es war drückend schwül an diesem Mittwoch; am Eingang zur Métro, Richtung Champs-Elysées, schlug mir eine so heiße Luftwelle entgegen, dass ich umkehren musste. »Da trifft einen ja der Schlag!«, sagte ich zu Mehring.

Abends strich ein kühlender Wind durch die Bäume im Jardin du Luxembourg. Carli und ich warteten wie immer im Bistro. Es wurde spät. War Ödön nur unpünktlich oder hatte er vergessen?

Carli ging ins Hotel nachfragen, ob Monsieur Horváth vielleicht für uns angerufen habe. Kreidebleich kam er zurück. »Die Polizei hat angerufen – für dich«, stammelte er. »Komm, wir müssen zu Ödön ...« Er nahm meinen Arm und zog mich hinaus.

»Wohin?«, fragte ich.

»Ins Spital – ein Unfall«, antwortete Carli.

»Der Unfall«, sagten meine Lippen, und im Vorbeigehen nahm ich Ödöns Post für ihn mit. Carli rief ein Taxi; für uns ein ungewohnter Luxus. »Ist es so eilig?«, fragte ich beim Einsteigen. Carli zuckte die Achseln. Als die Sonne wie ein Feuerball hinter dem Arc de Triomphe versank, glänzten Tränen in Carlis Augen. »Ist er tot?«, stammelte ich. Carli schwieg. Wir hielten schon vor dem Spital.

Männer in weißen Kitteln empfingen uns. Wir fragten nach Horváth. »Sind Sie verwandt?«, wollte man wissen.

»Nur befreundet«, sagte Carli.

»Monsieur Horváth ist tot«, war die Antwort. Carli hielt mich fest.

In einem weißen Raum lag Ödön unter einem weißen Tuch und rührte sich nicht. »Er lebt«, schrie ich. »Er lebt ...« Aber er rührte sich nicht.

»Er war sofort tot«, sagte jemand, und ich sah Blutspuren unter seinem Kopf. Ich ging auf den weißen Kittel los und schrie: »Mörder – Mörder!« Carli hielt mich fest.

»Ein Baum hat ihn erschlagen«, sagte der Weiße. Ein Windstoß habe eine der Kastanien am Rond-Point wie einen Strohhalm geknickt. Alle Leute im Umkreis konnten sich retten; nur einen traf ein Ast im Genick – Ödön war in die Fallrichtung gelaufen. Er lag vornüber unter dem Baum. Bei seiner Einlieferung war er schon tot.

Ich musste ihn identifizieren. Er hatte keinerlei Ausweis bei sich getragen, nur meinen Brief; darauf stand sein Name und meine Adresse. So hatte mich die Polizei erreicht.

Den Brief erhielt ich jetzt offen zurück. Eine Blutspur ging mitten durch das Postskriptum: »Bleiben musst Du aber wenigstens fünf Tage.«

Es war der fünfte Tag.

Die Nacht verging irgendwie. Erst riefen wir Robert Siodmak an; der wurde am Telefon fast ohnmächtig, er hatte Horváth in bester Laune vor dem Kino verlassen.

Dann erreichten wir Ödöns Bruder Lajos in Zürich. »Nein, nein«, rief er ins Telefon, »kein Baum – das müssen Nazis gewesen sein!« Er werde die Eltern verständigen, brachte er dann heraus, auch Wera Liessem, die Braut – ich solle Zimmer für sie alle bestellen ... Die Hotelwirtin weinte. Sie wollte für Ödön beten. In der Halle trafen wir Mehring, der bei der Nachricht schluchzend zusammenbrach. Später gab er der Polizei und ein paar Reportern, die schon herumschnüffelten, Auskunft. Horváths Zimmer musste abgeschlossen werden; bis zur Ankunft der Familie sollte alles bleiben, wie es war.

Die halbvollen Weingläser standen noch auf dem Tisch, und auf dem Schreibtisch in der Ecke lag die erste Seite des begonnenen Romans »Adieu Europa«:

Viele Pläne gehen durch meinen Kopf, und das leere Papier ist so schrecklich weiß. Aber hier in der Einsamkeit wird sich schon alles herauskristallisieren. Ich liebe das Meer. Es kommt mit neuen Wellen, immer wieder, immer wieder – und ich weiß noch nicht, ob es ein Lustspiel wird oder ein Trauerspiel.
Gestern war der Sturm noch stärker. In der Nacht sind die Netze zerrissen, und ein Kahn kam nicht mehr zurück. Vielleicht taucht er auf über das Jahr, mit schwarzen Segeln, und fährt als Gespenst über das Wasser, ohne eine Seele. Ich weiß es noch nicht ...

In der Morgenausgabe des Pariser »Figaro« stand:

Ein Sturm, der gestern über Paris niederging, verursachte mehrere Unfälle. In den Champs-Elysées warf er eine Kastanie um. Sieben Personen konnten sich retten, bis auf einen Ungarn, den sie erschlug. Derselbe Sturm brachte auf dem Canal la Manche einen Fischkutter zum Kentern. Alle Insassen ertranken. Das Boot strandete heute früh unbemannt an unserer Küste.

Ohne eine Seele ...

Das Zimmer wurde abgeschlossen, und am Gare du Nord wartete ich auf Horváths Eltern und seinen Bruder. Ich erkannte ihn sofort an der Ähnlichkeit mit Ödön; er war nur kleiner. Die Eltern folgten ihm, der alte Baron auf einen Stock gestützt. Die Mutter, das Taschentuch an die Augen gedrückt, weinte still in sich hinein.

Sie wollten direkt zu Ödön. Er lag da wie gestern, nur die Wangen schienen etwas eingefallen, was ihn leise lächeln machte. Sein friedlicher Ausdruck beruhigte die Mutter ein wenig. Der Vater wich nicht von ihrer Seite; dem Bruder wurde der Mantel ausgehändigt, den Ödön getragen hatte. Es war ein leichter Regenmantel, und quer über den Rücken lief eine Blutspur.

Beim Überreichen fiel aus der Manteltasche ein kleines Paket, das Lajos rasch zu sich nahm. Es stellte sich heraus, dass es Photographien enthielt, wie man sie in den Buden am linken Seineufer überall zu kaufen bekommt; nackte Mädchen in Liebesspielen aller Art, mit Männern und mit ihresgleichen. Lajos versteckte die Bilder. »Die Mutter soll's nicht sehen«, flüsterte er mir zu. War es ein Lustspiel oder ein Trauerspiel ... In unserem Hotel, wo nun auch die Familie einzog, erschien ein Mann mit einem Holzbein, der Trauer trug und einen steifen Hut. Er stellte sich als Leichenbestatter vor und bot seine Dienste an, da er von dem furchtbaren Unfall in der Zeitung gelesen hatte. Sein Preis, den ich den Eltern übersetzte, schien angemessen; sie gaben dem Mann die gewünschte Anzahlung, und die Baronin bestellte besonders schöne Blumenarrangements und wollte selbst den Priester für die Einsegnung beschaffen.

Der Mann mit dem steifen Hut schien gerührt. Er habe sein Bein im Ersten Weltkrieg verloren, aber in Deutschland eine Braut gefunden, sagte er mit einem Seitenblick auf mich. Dann kondolierte er uns allen nochmals – mir als der »Braut« – und verabschiedete sich mit einem Kratzfuß und dem Versprechen, sein Bestes für uns zu tun.

Da ich ihn nicht enttäuschen wollte, klärte ich ihn nicht auf, dass Ödöns richtige Braut erst nach Paris unterwegs war. Ich sollte auch sie abholen; Wera Liessem und ich waren gute Freundinnen, wenn die Freundschaft auch etwas sonderbar begann.

»Ich hab' eine Braut mitgebracht« – so hatte Ödön sie zum ersten Mal mir gegenüber erwähnt, wieder in irgendeinem Wiener Kaffeehaus, bei unserem ersten Wiedersehen nach seiner Scheidung. Er kam eben aus Berlin zurück, wo er für ein Buch, das er im Kopf hatte, die Nazis persönlich an Ort und Stelle in Augenschein nehmen wollte. Sie seien »tierisch«, versicherte er mir; aber seine Braut werde mir gefallen.

Bald darauf, nach einem Vortrag von Franz Theodor Csokor in der Wiener Urania, lernte ich Wera kennen. Csokor nannte sie »die Katze«. Sie war hübsch, blond und aus Hamburg, und als wir einander vorgestellt wurden, maß sie mich mit Kennerblick und wandte sich lebhaft an Ödön: »Und wegen dieser Ziege machst du so ein Theater?«

Ödön lachte noch herzlicher als in der Geisterbahn, und mich freute es, zu hören, dass er meinetwegen ein Theater gemacht hatte.

Am nächsten Morgen rief ich Wera an. »Lassen wir uns ja nicht gegeneinander ausspielen«, schlug ich ihr vor. Sie stimmte zu, die Freundschaft war geschlossen. Wera hatte ein Engagement in Berlin aufgegeben, um Ödön zu begleiten, und trat alsbald im Wiener Kabarett »Der liebe Augustin« auf. Mit Csokor saßen wir dann oft zu viert im Griechenbeisel, und Ödön las uns aus dem Manuskript des neuen Buches vor.

Als Lehrer hörten wir ihn zu einer verirrten Jugend sprechen, in einem von Nazis regierten Land. Es war auf einmal nicht mehr alles »tierisch«. Die Wahrheit sprach, aus dem Gewissen und einem Pfarrer, der meinte, dass Gott »das Schrecklichste auf der Welt« sei.

Es war das erste Mal, dass Ödön von Gott sprach. Doch der Lehrer hatte kaum die Lüge entlarvt, da wurde er aus der Heimat verstoßen und wollte »zu den Negern« gehen, fort von der Jugend ohne Gott ... In Deutschland wurde das Buch sofort verboten. Später ging es über die ganze Welt. »Du hast auf Deine Weise durch dieses Dein Werk Gott gesehen«, schrieb Csokor in seinem »letzten Gruß« an Ödön. »Wer aber Gott sieht, stirbt ...«

Für Csokor gab es keine Möglichkeit, aus Polen nach Paris zu kommen und den Freund auf seinem letzten Weg zu begleiten, aber Wera kam. Wir fielen uns wortlos um den Hals: Sie sah verweint aus, und ich brachte sie in unser Hotel.

»Der Dicke«, wiederholte sie immer wieder ungläubig. So hatte sie Ödön immer genannt: »Der Dicke ...« Sie musste lachen, während die Tränen über ihre Wangen liefen. Das Lachen kränkte die Mutter, die den Zwang nicht verstehen konnte, unter dem es ausbrach – ein Zwang, dem auch Ödöns Figuren unterstanden.

In der Nacht nach ihrer Ankunft klopfte Wera an meine Tür. Sie war ganz verstört. »Ich kann nicht schlafen«, flüsterte sie, als ich öffnete; »der Dicke kommt immer wieder ...«

Ich zog sie zu mir herein. »Bleib hier; ich möcht' ihn auch sehen ...« Im breiten Bett lagen wir dann still nebeneinander. Wera schlief bald fest ein. Ich schaute wartend in die Nacht – aber Ödön kam nicht mehr.

Am nächsten Morgen fuhren wir in einem langen Zug von Taxis zum Friedhof von St. Ouen hinaus. Die ganze Pariser Emigration war zur Bestattung erschienen: Carl und Lizzi Zuckmayer, die auch zu uns ins Hotel gezogen waren; Franz und Alma Werfel; Roth und sein Stammtisch; Siodmak, der Ödön als Letzter gesehen hatte ...

Unser Freund mit dem Holzbein hatte besonders schöne Blumenkränze und einen zweiten Leichenbestatter »als Assistenten« mitgebracht. Der ungarische Priester, den die Mutter gefunden hatte, trug ein Klümpchen Heimaterde aus Ungarn, das er Ödön ins Grab mitgeben wollte. »Die ganze Heimat und das bisschen Vaterland, die trägt der Emigrant von Mensch zu Mensch, landauf, landab, und wenn sein Lebensvisum abläuft, mit ins Grab«, hatte Walter Mehring in seinem Emigrantenchoral geschrieben. Jetzt saß er schweigend zwischen Wera und mir.

Auf dem letzten Weg kamen wir an einem Trödelmarkt vorbei. Da gab es allerlei Tingeltangel, wie Ödön es im Prater geliebt hatte, und viele Buden wie in seinem »Reich der Liliputaner«; der Lärm aus dem Marché aux puces klang uns nach, bis die zwei Leichenbestatter uns in den Friedhof hineinführten – durch einen Hintereingang, weil vorne gebaut wurde. Das Grab lag nahe. Dahinter fuhr die Eisenbahn hinaus in die Welt. Man hörte die Züge rattern und pfeifen, während der Pfarrer mit der Einsegnung begann. Ödön hatte Züge so gerngehabt; sein »Jüngster Tag« spielt auf einem Bahnhof ...

Ich faltete die Hände, während der Pfarrer das Vaterunser sprach. Die Mutter weinte wieder in sich hinein; der Vater suchte sie zu stützen. Die Züge fuhren weiter vorbei, und langsam fielen Regentropfen aus den Gewitterwolken ins offene Grab. Mein Gesicht war nass. Der Pfarrer sprach das Vaterunser wie der Beichtvater in den »Geschichten aus dem Wienerwald« in der Szene im Stephansdom.

»Die Glocken verstummen«, hatte Ödön geschrieben, »und es ist sehr still auf der Welt.«

»Amen«, sagte der Pfarrer, und von irgendwo in der Stille hörte ich das Mädchen aus Ödöns Stephansdom: »Wenn es einen lieben Gott gibt – was hast Du mit mir vor, lieber Gott? ... Ich bin kein schlechter Mensch – hörst Du mich? – Was hast Du mit mir vor, lieber Gott –?«

Es war sehr still auf der Welt, dunkel und leer. Aus dem Dunkel drangen Stimmen zu uns. »Ein sonderbarer Tod!«, so schloss Franz Werfel seine Grabrede. »Warum musste Ödön von Horváth sterben? Hatte er etwa schon das Wort auf den Lippen, den Satz schon im Geiste, der nicht ausgesprochen und niedergeschrieben werden darf, ehe die Zeit erfüllt ist?«

Bleich, scharf, skandiert erklärte Walter Mehring: »Ein Baum erschlug ihn. In seinem Roman ›Ein Kind unserer Zeit‹ heißt es: ›Da wächst ein Baum, ein toter Baum am Rande eines hohen Plateaus ...‹ Der Baum erschlug ihn ...«

Die Tropfen fielen. Es schlug kein Blitz ein, und kein Blatt rührte sich. Wir standen im Regen. »Du bist nun sehr weit vom Gewimmel und Gewirr unseres Lebens«, fuhr Carl Zuckmayer fort, »und doch mit seinen Quellen ganz nahe und fest verbunden – und dein inneres Auge, das der Unsterblichkeit gehört, schaut nun vielleicht einen Teil von jener einen und einzigen Kraft, die gesetzgeberisch unser Leben und unsere Treue fordert: die Wahrheit.«

Dann schloss man das Grab und legte die weißen Blumen darauf. Wir schlichen durch den Hintereingang, wie wir gekommen waren, wieder auf die Straße hinaus und fuhren am Trödelmarkt vorbei zurück in die Stadt.

Am nächsten Morgen kam wieder Polizei. Diesmal wollten sie Angaben über unseren Leichenbestatter haben. Er war verhaftet worden; aus Rücksicht habe man mit dem Einschreiten auf das Ende der Begräbnisfeierlichkeiten gewartet.

Der Mann mit dem Holzbein sei nämlich ein Schwindler. Seit Jahren schon mache er sich nach Unfällen, von denen er in der Zeitung gelesen hatte, an die Hinterbliebenen heran, besonders wenn es Landesfremde waren. Er ließ sich dann eine Anzahlung auf die Begräbniskosten geben und verschwand damit. Diesmal habe man ihn fassen können, weil das Begräbnis tatsächlich stattgefunden hatte. »Ein alter Verbrecher«, schloss der Polizist.

Ich erklärte den Eltern den Sachverhalt. Der Baron entrüstete sich darüber, dass die gute Tat dem Mann so teuer zu stehen kommen sollte, und die Baronin versicherte erregt: »Wir können nur die beste Auskunft erteilen!« Der Flic notierte sich alles und meinte, unser gutes Zeugnis könnte strafmildernd wirken. Lajos genügte das nicht: Er ließ sich die Gefängnisadresse geben, um dem braven Schwindler Geld und gute Sachen zu senden.

Die Sendung kam als unbestellbar zurück. Unser Freund mit dem Holzbein blieb verschwunden. Und ich erkannte, dass er eine Ödön-Figur war, lebendig geworden, um seinen Dichter zu begraben.

Wir gingen Ödöns hinterlassene Schriften durch, um eine Lesung daraus vorzubereiten, eine Gedächtnisfeier, die stattfinden sollte, solange die Eltern noch bei uns weilten. Wir hatten nur wenig Zeit, dafür umso mehr Schwierigkeiten, denn die deutschsprachigen Emigranten waren untereinander zerfallen, in alle erdenklichen Gruppen von links nach rechts, von Kommunisten bis zu Monarchisten.

Horváth hatte keiner Gruppe angehört; er war ein Einzelgänger geblieben wie seine Gestalten. »Ich habe kein anderes Ziel als dies: Demaskierung des Bewusstseins«, schrieb er. Und über den »Geschichten aus dem Wienerwald« stand als Motto: »Nichts gibt so sehr das Gefühl der Unendlichkeit als wie die Dummheit.« Die Eltern durften von den Dummheiten nichts erfahren; ihnen musste jede Aufregung erspart bleiben. Immer, wenn einer zusagte, sagte ein anderer ab. »Wenn ihr die Kommunisten nicht ausschließt«, erklärte Walter Mehring in gerechtem Zorn, »mach' ich nicht mit!«

In der Pariser Métro sprach ich mit Carli darüber, auf Deutsch. »Wenn er's ruiniert«, rief ich unvorsichtig laut, »bring' ich den Mehring um!« Ein kleiner Herr vis-à-vis warf mir einen Dolchblick zu und stieg an der nächsten Station aus. Carli hielt den Finger an den Mund.

Im Hotel klingelte das Telefon für Walter. »Mehring«, wisperte der Journalist Friedrich Sternthal durch den Draht, »eine rothaarige junge Person und ein schwarzhaariger Lausbub wollen Sie ermorden ...« »Das macht nichts«, gab Walter vergnügt zurück. »Die kenn' ich.«

Und noch am selben Abend stellte er uns dem literaturbewanderten Sternthal vor, der ebenso zierlich und klein wie Mehring war und wie dieser eine Baskenmütze trug. In langen Gesprächen zogen sie gern und oft von Bar zu Bar durch die winkeligen Gassen von Paris.

Als rettender *deus ex machina* für die Horváth-Feier erschien indessen Joseph Roth, der den Vorsitz übernahm und sowohl seine Stammtischfreunde von links nach rechts, als auch das gewohnte Wasserglas mitbrachte. Harmlos wie bei anderen Rednern stand es vor ihm auf dem Tisch, und wie im Tournon nahm er ab und zu einen Schluck, dessen Inhalt nur Eingeweihte kannten.

In der ersten Reihe lauschten Horváths Eltern gerührt den Reden – ob sie nun aus der deutschen Linken kamen, wie vom »rasenden Reporter« Egon Erwin Kisch, oder aus dem französischen Katholizismus, wie von Jacques Maritain. Armand Pierhal sprach französisch, aber die Eltern glaubten ihn trotzdem gut zu verstehen. Er habe Ödön nicht mehr sehen können, sagte sein Übersetzer; nur am Telefon habe er noch seine Stimme gehört. Doch spreche er nun Tag für Tag mit ihm, in »Jugend ohne Gott«...

Die Familie hatte darauf bestanden, dass Wera und ich an der Feier teilnehmen sollten. Ich las die eine vorliegende Seite von »Adieu Europa« und den Brief, mit dem Csokor aus Warschau von Ödön Abschied nahm: »Man wird Dich und Dein Werk zu Kronzeugen für Dinge dieser Welt anrufen. Die große, feierliche Art Deines Todes macht Dich aber zum Kronzeugen für etwas Höheres, für die ewige Wahrheit gegenüber der vergänglichen Wirklichkeit, für die ewige Gerechtigkeit gegenüber menschlichem Richten...«

Die Worte des Freundes verklangen. Wera löste mich am Podium ab. »Zwei Bräute«, kicherte Roth, »wie beim Begräbnis.«

Wera hörte es nicht; sie schaute nur auf Ödöns Buch, aus dem sie lesen sollte.

»Bei Ihrem Begräbnis, Herr Roth, werden wir fehlen!«, zischte ich zurück.

Wera las aus »Ein Kind unserer Zeit«, letztes Kapitel. »Der Schneemann«, sagte sie.

»Es ist kalt«, das bleibt meine erste Erinnerung – Die Nacht vergeht, langsam kommt wieder ein Tag. Ich bin voll Schnee und rühre mich nicht.

Es kommt eine junge Frau mit einem kleinen Kind. Das Kind erblickt mich zuerst, klatscht in die Hände und ruft: »Schau, Mutti! Ein Schneemann!«

Die Mutti schaut zu mir her, und ihre Augen werden groß... und ich hör sie schreien: »Hilfe! Hilfe!«

In Weras Augen standen Tränen. Sie liest, wie ein Polizist kommt und den Schneemann aufmerksam betrachtet und meint: »Ja, der ist allerdings erfroren. Damit ist's vorbei« – und wie das Kind sich immer wieder umdreht und den Schneemann neugierig anschaut.

Wera liest und weint und liest.

Schau nur, schau!
Es sitzt ein Schneemann auf der Bank, er ist ein Soldat.
Und du, du wirst größer werden und wirst den Soldaten nicht vergessen.
Oder?
Vergiss ihn nicht, vergiss ihn nicht!
Denn er gab seinen Arm für einen Dreck.
Und wenn du ganz groß sein wirst, dann wird's vielleicht andere Tage geben, und deine Kinder werden dir sagen: Dieser Soldat war ja ein gemeiner Mörder – dann schimpf nicht auch auf mich.
Bedenk es doch: Er wusst' sich nicht anders zu helfen, er war eben ein Kind seiner Zeit.

Zu Ödöns dreißigstem Todestag fand im Frühjahr 1968 wieder eine Gedenkfeier statt, diesmal in Wien. Franz Theodor Csokor hatte mich aus New York gerufen; ich sollte die Gedenkrede halten. Da Wera Liessem, nun Dramaturgin am Südwestdeutschen Rundfunk, verhindert war, las Helmut Qualtinger aus »Ein Kind unserer Zeit«, und man hätte keinen besseren Interpreten wählen können. Qualtinger hatte mit dem »Herrn Karl« Ödöns Erbe angetreten, ein glühender Bewunderer von Horváths Werk. Zum Schluss der Feier sprach er den Schneemann: »Und wenn du ganz groß sein wirst ... und deine Kinder werden dir sagen: dieser Soldat war ja ein gemeiner Mörder ...« Es war viel Jugend im Saal, viele, die noch nicht geboren waren, als das große Morden vor sich ging. Stehend, weil sich keine Sitzplätze mehr fanden, jubelten sie dem Qualtinger zu. Gleich nach der

Vorlesung musste er ins Volkstheater hinüber, wo er den Zauberkönig in »Geschichten aus dem Wienerwald« spielte. Die Drehbühne war in den Satz gerahmt: »Nichts gibt so sehr das Gefühl der Unendlichkeit als wie die Dummheit.« Das Theater war seit Wochen ausverkauft.

»Wie habt ihr bloß Karten bekommen?«, fragte Qualtinger Csokor und mich, als wir nach der Vorstellung beisammensaßen.

Es war eine Horváth-Geschichte.

Csokors Ansuchen bei der Direktion war abgelehnt worden; ich hatte mir an der Kasse und in Kartenbüros vergeblich die Füße wundgelaufen und schließlich die Hoffnung aufgegeben. Todmüde kam ich nachts in mein kleines Hotel am Graben zurück und läutete. Der Nachtportier öffnete und reichte mir den Zimmerschlüssel. »Wollen S' vielleicht für morgen zwei Plätze ins Volkstheater?«, fragte er dabei.

Ich traute meinen Ohren nicht. »Was?«, rief ich. »Zu den ›Geschichten aus dem Wienerwald‹?«

Er zog zwei Karten aus der Schublade. »Was kosten s' denn?«, fragte ich unsicher.

»Ermäßigt«, kam es zurück. »Halber Preis. Ganz vorn.«

Er hielt sie mir hin. Orchester, las ich, dritte Reihe ... »Wo haben S' denn die her?«, brachte ich noch heraus, und der Portier zuckte die Achseln: »Halt a Zufall.« Der Qualtinger schaute versonnen in sein Glas. »I hab's bestimmt net g'schickt«, versicherte er. »Prost ...« Die Geschichte machte die Runde. Tags darauf erzählte ich sie Ödöns Bruder Lajos in einem kleinen Kaffeehaus nahe seiner Wohnung. »Die Karten hat dir natürlich der Ödön geschickt«, meinte Lajos, den wir »Luci« nannten.

Er brachte mir ein Taschenbuch über Ödön, das sonst nicht mehr aufzutreiben war. Unter dem Titel »Unvollendet« hatte Csokor es für die Buchreihe »Das österreichische Wort« ausgewählt und als Widmung hineingeschrieben: »Meinem geliebten Luci.« Zum Abschied nahm mir Luci das Versprechen ab, ihm das Bändchen bei meinem nächsten Wiener Besuch zurückzubringen; dann trennten wir uns vor dem kleinen Café, und ich schaute ihm nach, wie er langsam, mühsam, Schritt für Schritt seinem Haus zustrebte, bis ich ihn aus den Augen verlor ...

Sein Herzleiden hatte sich in letzter Zeit verschlimmert, ein Andenken an die große Kälte in Stalingrad. Die Sorge um die Eltern, die ihn damals schließlich aus Paris nach Wien zurückgetrieben hatte, musste er mit dem Dienst in der Hitler-Armee bezahlen. Er hat sich nie mehr ganz von diesem Feldzug erholt. Aber er malte das Unsagbare und führte das eisige Sterben von Mensch und Tier den Lebenden vor Augen.

»Die Älteren von uns werden sich jener Ausstellung in den Sträußelsälen des Theaters in der Josefstadt erinnern«, schrieb die Presse im Sommer 1968, »und die Wirkung jener Blätter getreulich im Gedächtnis aufbewahrt haben, mit denen Lajos von Horváth die grauenhaften Erfahrungen des Rückzugs seiner Division im Winter des Jahres 1942 mit der Kraft großer Meister festgehalten hat.«

Ja, ich erinnere mich.

»Die unüberhörbare Anklage kam aus dem Mitleiden mit der geschundenen Kreatur. In dieser geistig-seelischen Grundhaltung war er seinem Bruder Ödön nicht nur blutsverwandt.«

War er ...

Die Zeit steht still. Verwundert lese ich die beiliegende Todesanzeige: »Mein lieber Mann, Herr Lajos von Horváth, Leutnant der Reserve, Signum Laudis in Silber mit Schwertern und Träger anderer Orden und Ehrenzeichen, ist am 8. Juli 1968 nach langem, schwerem Leiden verstorben.«

In Silber mit Schwertern.

Die Orden hatte ich vergessen. Sie mochten in der Schublade versteckt gelegen sein, unter den Bildern des Grauens.

»Es ist kalt«, sagt der Schneemann, »das bleibt meine Erinnerung.« Und ich sehe ein Sterben im Schnee.

»Er ist Soldat … Vergiss ihn nicht, vergiss ihn nicht!« Dieser Soldat war unser Bruder.

# 4

# RAST ANGESICHTS DER ZERSTÖRUNG

»Mir ist, als wäre Ödön zum zweiten Mal gestorben«, schrieb Franz Theodor Csokor zum Tode von Lajos. Das französische Fernsehen strahlte im Sommer 1968 »Don Juan kommt aus dem Krieg« aus, das erste übersetzte Horváthstück, und lange Zeitungsartikel erzählten erstmals davon, wie Ödön hier in Paris von einem Baum erschlagen wurde, am 1. Juni 1938 ...

Das war ein historisches Datum, aber wir wussten es damals nicht. Ödöns Tod verfinsterte unser Leben, das ohnehin schon bedrohlich überschattet war.

An jenem 1. Juni hatte der englische Ministerpräsident Neville Chamberlain im Radio erklärt, er werde hinfort Hitlers Forderung nach dem Selbstbestimmungsrecht für die Minderheiten in der Tschechoslowakei unterstützen.

Das Nazigebell aus dem Radio schwoll daraufhin so laut an, dass auch wir aus unserer Erstarrung erwachten. Während die Wirtin im Café Le Tournon Gläser füllte und zu Joseph Roth an den Tisch brachte, lauschten wir auf die Stimmen hinter den Flaschen. Nur Roth selbst schien nach wie vor unbeteiligt. Er schliff seine Sätze, interpunktierte sie mit Schlucken aus dem Wasserglas und reagierte nicht auf die NS-Sprache, von deren Widerhall uns das kleine Gerät in der Bar berichtete.

»Wie die Volksgenossen in aller Welt, so suchen auch wir Gerechtigkeit!«, zitierte es den Naziführer Henlein aus der Tschechoslowakei.

»Könnte auch aus Danzig kommen ...« Die Bemerkung, in Hermann Rauschnings baltischem Akzent, kam aus einer anderen Ecke des Cafés, wo der ehemalige Danziger Nazi mit einem politischen Flüchtling aus dem Reich konferierte.

Dieser Mann blieb anonym, weil im Reich ein Todesurteil gegen ihn vorlag. Wir nannten ihn KG; es waren die Anfangsbuchstaben eines seiner Decknamen. Seine Beziehung zu uns war eine unpolitische: Er war in Wera verliebt, die wie Lajos zunächst in Paris blieb, als die Eltern nach München heimkehrten. Seit der Gedächtnisfeier hielt auch sie sich für gefährdet, und dass die Tschechoslowakei ein immer heißerer Boden wurde, war jedermann klar. Auf die Blumen, die ihr KG seit der Feier immer häufiger sandte, reagierte sie nicht.

Durch KG kam auch ein blasser junger Engländer an den Tisch, den wir »Newday« nannten. Er sprach von deutschen Aufmarschplänen und tschechischen Befestigungen und schien überhaupt recht gut informiert. Er reiste auch viel herum, ohne zu erwähnen, wohin – als Engländer konnte er ja fahren, wohin er wollte –, und sagte manchmal Sabotageakte voraus, die dann auch pünktlich eintraten.

Newday sprach fließend Deutsch, wie übrigens auch unsere schöne Negerkönigin Andrea Manga Bell, die als Tochter eines schwarzen Jazz-Musikers und einer Hamburgerin in der Hansestadt aufgewachsen war.

Auch sie beteiligte sich an den Gesprächen am Nebentisch und verschwand öfters, um nach ein paar Stunden mit langen Listen wiederzukommen, die sie KG übergab. Der erklärte uns dann eines Tages, worum es sich handelte: Man schrieb beliebige Namen und Adressen aus deutschen Telefonbüchern ab und benützte sie zum Postversand von Anti-Nazi-Propagandamaterial nach Deutschland. KG fragte Mehring, ob er Texte dafür schreiben wollte.

Walter lehnte bescheiden ab; er sei nur ein Dichter. KG wandte sich an Carli und mich: er brauche wirklich dringend einen Assistenten, jemand für Sekretärarbeit. Carli nahm an und tippte nun Tag für Tag in einer kleinen Wohnung am Montparnasse Manuskripte, deren Inhalt er nicht verriet.

Zugleich schloss er enge Freundschaft mit Newday, und manchmal hörten wir nun Lieder, die sie zu Newdays Laute hinter verschlossenen Türen sangen. »Ich hab mein Herz in Heidelberg verloren«, klang es unter den Dächern von Paris, und tags darauf flog bei Heidelberg ein deutscher Munitionszug in die Luft. KG sorgte sich um Wera. Er erkundigte sich regelmäßig bei mir, ob sie nichts brauche und wie sie denn leben könne, ohne ein neues Engagement zu suchen. Ich konnte ihn beruhigen: nach Ödöns Wunsch, den er in einem alten Brief geäußert habe, teilten Lajos und Wera alle Einkünfte aus seinen Romanen, von denen »Jugend ohne Gott« nun auf Französisch erschien und sogar nach Amerika verkauft worden war.

Roth arbeitete weiter. Wenn er aufsah, suchte sein Blick über uns hinweg die andere Straßenseite, wo das alte Hotel Foyot, in dem er früher gewohnt hatte, niedergerissen wurde. Langsam, aber sicher verwandelte es sich in einen Schutthaufen.

»Rast angesichts der Zerstörung« setzte Roth mit seiner kleinen, wie gestochenen Schrift über einen Artikel für das »Neue Tagebuch«, das Leopold Schwarzschild in Paris herausgab.

Roth schrieb und trank, trank und schrieb. Am Stammtisch warnte ihn sein Arzt: »Wenn Sie das Trinken nicht aufgeben, sind Ihre Tage gezählt!«

Der Dichter schaute glasig auf und strich sich über den feuchten Schnurrbart: »Wenn ich nicht trinke«, sagte er langsam, »kann ich nicht arbeiten.«

Er rastete nicht angesichts der Zerstörung.

Sorgfältig nahm er ein neues, leeres Blatt zur Hand und begann es mit Schriftzeichen zu füllen. Er musste ein neues Büchlein für seinen Verlag in Amsterdam vollenden, in dem auch Horváths Werke erschienen waren. Für diese »Legende vom heiligen Trinker« sollte Lajos von Horváth die Umschlagzeichnung machen. Seine Skizze zeigte die kleine heilige Therese, die den Trinker beschützt, begleitet und am Ende lächelnd zu sich nimmt.

»Gott gebe uns allen, uns Trinkern, einen so leichten und schönen Tod«, schloss Roth seine Legende.

»Ihr müsst neue, junge Menschen kennenlernen«, meinte ein Neuankömmling in Paris, der Wiener Journalist Georg Stössler, dem es durch seinen tschechischen Pass gelungen war, noch herauszukommen. Er führte Carli und mich über die Straße zum Hôtel Select, Nr. 1 Place de la Sorbonne, gleich um die Ecke. Von außen sah es ganz wie das alte Tournon aus; erst innen traten wir in eine neue Welt.

Schon auf der Stiege hörten wir aus dem Zimmer, dem Stössler zustrebte, ebenso lebhafte wie unverständliche Stimmen. Ein Wikinger, hochaufgeschossen und blond, öffnete und schüttelte uns die Hände. Französisch radebrechend – da er bemerkte, dass wir kaum Englisch verstanden – stellte er uns seiner hübschen Frau mit Madonnenscheitel vor und dann der übrigen vielsprachigen Gesellschaft.

Wie drüben um Roth, fand sich hier um Eric und Lois Sevareid allabendlich eine bunte Tafelrunde zusammen. Eric stammte aus Minnesota und war Reporter beim »Paris Herald«, dem damaligen Hausorgan der amerikanischen Kolonie in Paris. Lauter blutjunge Leute aus Nord- und Südamerika saßen bei billigem *vin ordinaire* um den Tisch, auf dem Lois Sevareid aus einer Riesenschüssel Spaghetti austeilte. Tagsüber arbeiteten sie im Hilfswerk für amerikanische Freiwillige aus dem Spanischen Bürgerkrieg.

Das unterbrochene Gespräch wurde wieder aufgenommen. Ich konnte nicht folgen und bat Stössler, zu übersetzen. Eric tat es selbst: »Faschismus führt zwangsläufig zum Krieg«, wiederholte er auf Französisch: »Früher oder später werden wir uns alle damit auseinandersetzen müssen.«

In Spanien, hatte uns Ernst Toller im Tournon erklärt, ginge es um unsere Sache. Der Dichter der »Masse Mensch« war aus New York zurückgekommen, um Freiwillige für die spanische Republik zu werben. Stössler hatte sich schon gemeldet und wartete nur auf den Transport an die Front – von der er nicht wiederkehren sollte ...

Jetzt redeten wir plötzlich alle wild durcheinander, und wir verstanden uns, Europäer und Amerikaner, ohne die gleiche Sprache zu sprechen. »Wir hörten, was in den Festungen des Faschismus vor sich ging«, schrieb Eric später. »Die Gegenbewegung erfasste meine ganze Generation, vielleicht unser ganzes Jahrhundert.« Er gestand: »Keine Willenskraft oder Einfühlung konnte mich ganz in die Welt versetzen, die meine Freunde erlebten.« Uns aber schienen die jungen Amerikaner sehr wohl zu verstehen, was wir ihnen nächtelang begreiflich zu machen suchten, und als Motto vor sein Erinnerungsbuch setzte Eric dann auch die Worte eines amerikanischen Dichters: »Brüderlichkeit ist kein so wilder Traum ...« Wir waren jung, wir waren viele, wir fühlten uns stark genug, dass eines Tages uns die Welt gehören würde.

Umsonst zerbrachen sich die Sevareids und ihre Freunde die Köpfe, wie man uns nach Amerika bringen könnte. Erics Kollege, Ted Meltzer, schaute eines Abends tief in sein Whiskyglas und dann auf mich: »Ich könnte dich heiraten, Hertha«, erklärte er langsam, »aber mein *girlfriend* in St. Paul würde mir das übelnehmen ...«

Ted war ein Riese, noch viel größer als Sevareid. Wenn er mich in meinem Hotelzimmer abholte, musste er sich in der Tür tief bücken, um nicht anzustoßen. Er kam aus Minnesota, wie Eric, war aber deutscher Abkunft, wusste auch ein paar deutsche Brocken, hasste den Puritanismus seiner Landsleute und liebte Paris – vielleicht, weil es nicht so puritanisch war.

Er zeigte mir die Stadt auf seine Weise. Der Ort, der ihn am meisten anzog, war der Zoo von Vincennes, und sein bester Freund dort war der See-Elefant im großen Teich. Wie ein Felsblock lag der Koloss im Wasser, und wenn er schnaubte, floss das Becken beinahe über. »Er ist ein Philosoph«, fand Ted Meltzer.

Die Fahrt nach Vincennes wurde immer so eingerichtet, dass wir die Fütterung des Riesen beobachten konnten. Der Wärter kam mit einem großen Kübel voller Fische, stieg auf den Rücken des Elefanten, der dabei den Kopf fast liebevoll zurückbog, und goss ihm einfach den Inhalt des Kübels ins weitaufgesperrte Maul. Ted sah neidvoll zu. »Das möchte ich auch, dass mir alles Gute so zufließt«, sagte er immer wieder.

Leider floss ihm der Whisky nicht so selbstverständlich zu. Bei Sevareids gab es nur Wein, für ihn ein zu schwaches Getränk, also tranken wir meist allein im Café Capoulade am Boulevard St. Michel. In blauen Morgenstunden erzählte Ted dann von Charlotte, seiner Freundin in St. Paul. Sie hatte eine gute Stellung in einem Modehaus, und als ich mich einmal besonders schön gemacht hatte, runzelte er mitten im Gespräch über meine Aussichten, ein Visum zu erhalten, die Stirn und erklärte: »In Amerika musst du dich aber besser anziehen.«

»Keine Angst – unsereins kommt sowieso nicht zu euch!«, gab ich wütend zurück. »Prost!«

»Hertha«, sagte er, »du machst mich verrückt ... Mir hat

schon geträumt, ich hätte meinen amerikanischen Pass verloren.«

Ich musste lachen. »Und mir hat geträumt, ich hätte einen gekriegt!«

Wir hatten wilde Träume.

Eines Tages kamen wir ins Tournon und fanden Roths Platz leer. Er war im Spital. »Nur ein kleiner Anfall«, versicherte Freund Morgenstern. Manga Bell schwieg. Die Wirtin, die Roth immer umsorgt hatte, schenkte uns mit düsterer Miene Wein ein und hatte auf alle Fälle seine Manuskripte an sich genommen; wohl in der richtigen Annahme, dass sonst kein greifbarer Gegenstand zur möglichen Deckung seiner Schulden vorhanden sei.

Sein Platz blieb leer, wir saßen herum, als wäre er hier. Nur wussten wir nicht recht, was wir sagen sollten, ohne ihn. Von dem Platz hinter den Flaschen, wo das Radio stand, erscholl der grölende Jubel der Massen. Die Stimmen kamen vom Nürnberger Parteitag, und ich weiß nicht mehr, ob wir nur ihre Übersetzung hörten, so vertraut klangen sie. »Gerechtigkeit für unsere Volksgenossen! Deutsche gehören zu Deutschen – Sieg Heil!«

Die Wirtin stellte das Radio ab, ihr sagte es nichts. In den Zeitungen konnte man lesen, dass Hitler den Sudetenführer Henlein zu sich befohlen hatte, um die bedrohliche Lage der unterdrückten Volksgenossen zu klären. Denn die tschechische Regierung wolle nicht nachgeben, sondern habe vielmehr das Standrecht proklamiert.

Aber Premier Daladier – dies stand fett gedruckt daneben – sei der Ansicht, dass sich die Lage entspannen werde und keine unmittelbare Gefahr bestehe. Die verbündeten Großmächte, mit denen er in Verbindung stand, pflichteten ihm bei.

Dazu wusste Newday zu erzählen, dass der englische Botschafter gestern aus der Opéra-Comique geholt worden war, um mit Daladier zu konferieren. So weit ginge man hier, fügte der Engländer hinzu, *comique*, nicht? Wollenberg warf ihm aus seiner dunklen Hornbrille einen zurechtweisenden Blick zu. Er war einmal General der Roten Armee gewesen und verband den entschiedensten Anti-Stalinismus mit der festen Überzeugung, dass die Entscheidung bei der Sowjetunion liege. »Die Lage ist ernst«, stellte er fest. »Die Herren sollten lieber mit Litwinow konferieren.«

Wir stritten über den leeren Platz von Roth hinweg. Er allein verstand es, die verschiedensten Ansichten an seinem Stammtisch auf einen gemeinsamen Nenner zu bringen: den Kampf gegen Hitler. Hier pflegten sie sonst einander die Hände zu reichen, Legitimisten, Geistliche und Revolutionäre. Als sie Roth später zu Grabe trugen, legte ein Herr im Gehrock einen Kranz mit schwarz-gelber Schleife im Namen Seiner Majestät Otto von Habsburg neben den mit einem roten Band von Kollegen für »unseren Genossen«. Ein Priester, ohne Stola, sprach ein kurzes Gebet und Juden sagten Kaddisch.

Was würde Roth jetzt wohl sagen, dachte ich damals, als KG sich auf die Seite von Wollenberg stellte, während Rauschning die Streitenden zu beruhigen suchte: »Ruhe«, rief er. »Der deutsche Generalstab wird nicht mitmachen.«

Totenstille. Ein Hoffnungsschimmer – wir wollten keinen Krieg und hofften immer noch, dass das »andere Deutschland« sich erheben werde, aber konnte der Umschwung wirklich von den Generälen ausgehen? Jetzt lachte Wollenberg, unser roter Ex-General. »Deutsche Generäle machen keine Revolution«, sagte er, als wäre dies ein ungeschriebenes Gesetz, das er auswendig wusste.

Ein Sturm brach los, in dem die Worte wie Hiebe fielen. Ich duckte mich – durchs Fenster konnte man beobachten, wie das Hotel gegenüber Stück um Stück abgetragen wurde. Ein Schatten huschte vorüber; ich sah ein Taxi vor dem Tournon halten, hören konnte man es in dem Geschrei nicht. Joseph Roth erschien in der Tür, von Manga Bell, der dunklen Geliebten, und Soma Morgenstern, dem einstigen Schulkollegen, wie von zwei Schatten begleitet. Augenblickliche Stille trat ein. Er sagte kein Wort, nur sein glasiger Blick grüßte uns. Dann ging er auf den leeren Platz zu, setzte sich mit leisem Nicken und winkte der Wirtin. Sie brachte ihm sogleich das Wasserglas mit dem Üblichen.

Die Hand, die aus dem schlotternden Ärmel nach dem Glase griff, glich der eines Skeletts. Schon nach dem ersten Schluck lebte Roth auf. Lächelnd legte die Wirtin die Manuskriptseiten, die sie beschlagnahmt hatte, vor ihn auf den Tisch. Roth zog seine Füllfeder aus der Tasche und begann mit seiner kleinen, wie gestochenen Schrift eine leere Seite zu füllen ...

*Hier sitze ich am Wanderstabe ... Das Elend hockt sich neben mich, wird immer sanfter und größer ... Der Schmerz bleibt stehen, wird gewaltig und gütig, der Schrecken schmettert heran und kann nicht mehr schrecken. Und das ist eben das Trostlose ...*

Als Joseph Roth uns eines Abends erzählte, der Leiter des britischen Weltreiches habe den Führer um eine Audienz gebeten, meinte ich erschrocken, er wisse nicht mehr, was er sage.

Aber es entsprach den Tatsachen. Als Chamberlain an jenem 15. September in München landete, fuhr er ohne Unterbrechung nach Berchtesgaden weiter. »Der glaubt, er ist der Schuschnigg«, sagte ich entsetzt; Berchtesgaden brach zum zweiten Mal über uns herein.

Chamberlain wurde auf dem »Berghof« im selben Zimmer empfangen, in dem vor sieben Monaten unser Bundeskanzler gesessen hatte. Auch dieser zweite Gast soll kaum zu Wort gekommen sein. Ob Hitler auch ihm das Rauchen verbot, wurde nie bewiesen. Doch der Eindruck, den Hitler auf Chamberlain machte, blieb kein Geheimnis, als dieser nachher feststellte: »Hier ist ein Mann, auf dessen Wort man sich verlassen kann.« Der Führer hatte versprochen, vor einer weiteren Unterredung mit Chamberlain nicht militärisch vorzugehen. Dieses Versprechen hielt Hitler tatsächlich. Am 22. September schon empfing er den Engländer wieder, diesmal in Godesberg am Rhein, um ihm mitzuteilen, dass deutsche Truppen zwischen dem 26. und 28. in Böhmen einrücken würden.

»Ist das ein Ultimatum?«, stammelte Chamberlain. »Keineswegs«, antwortete der Führer und erklärte sich entgegenkommend bereit, das Einmarschdatum dem englischen Freund zuliebe auf den 1. Oktober verschieben zu wollen. »Sie sind einer der wenigen, für die ich je so etwas tun würde«, erklärte er dabei.

Erst nach dem Zweiten Weltkrieg ging aus den Akten der deutschen Wehrmacht hervor, dass die »Einverleibung« der Sudetendeutschen von Anfang an auf den 1. Oktober festgesetzt gewesen war.

Im »Temps« lasen wir, dass von einer Verpflichtung Frankreichs, für die Tschechen einzugreifen, keine Rede sein könne. Trotzdem tauchten am 23. September 1938 mit einem Mal Mobilisierungsplakate an den Pariser Anschlagsäulen auf. Drei Tage später erschien eine englische Regierungserklärung: Im Falle eines Angriffs auf die Tschechoslowakei werde England mit Frankreich gehen. Daraus schloss Wollenberg messerscharf, dass sich auch Russland anschließen werde.

Tage des Wartens. Nächte der Ruhe vor dem Sturm.

Da drängte sich plötzlich aus dem Süden der Name von Benito Mussolini in die Schlagzeilen. Hatte Daladier zuvor Chamberlain zu Hilfe gerufen, so zog dieser nun den Duce hinzu. Und Hitlers italienischer Freund setzte noch einmal eine Fristverlängerung durch – um ganze vierundzwanzig Stunden. Gerade Zeit genug zu einem neuen Stelldichein.

Am 30. September landeten Mussolini, Daladier und Chamberlain in München. Mit ernsten Mienen, sinnlos still, konnten wir die Herren in der Pariser Wochenschau an uns vorüberziehen sehen. Und keiner wird den großen Regenschirm vergessen, den Chamberlain bei sich trug.

Die deutschen Generäle folgten ihrem Führer, schwarzweiß im Bild, die Orden auf der Brust, und schwiegen. Wir schwiegen auch.

In der folgenden Nacht fehlte keiner an Roths Stammtisch. Hie und da stand er selber langsam auf, ging mit schwankenden Schritten zum Telefon, um Verbindung mit Gott und der Welt zu suchen; wenn er wieder an seinen Platz zurückkehrte, nahm er einen Schluck.

»Haben Sie den Quai d'Orsay erreicht?«, fragte Mehring.

Roth hob das Glas. »Morgen«, sagte er, »ist Krieg ...« Morgen ...

Irgendwo heulen Sirenen, irgendwann – gestern, heute – morgen? Fäuste ballen sich gegen eindringende Panzerkolonnen in den Straßen von Prag, Finger schmieren Hakenkreuze auf den Stahl ... weiter rollen die Tanks über den Wenzelsplatz – in eine waffenlose Menge hinein, Männer, Frauen und Kinder ... Ein gellender Schrei, ein Panzerwagen steht in Brand – Infanterie rückt vor, in gleichem Schritt und Tritt – doch die Stahlhelme zieren keine Hakenkreuze, sondern Sowjetsterne ... Die Rote Armee marschiert mit blitzenden Bajonetten in eine wehrlose Menge – die Brüder aus der Sowjetunion ziehen in ihre Schwesterrepublik ein ...

Langsam kommen sie auf mich zu, marschieren mitten durch

mein Zimmer ... nicht mehr in der Pariser Wochenschau, sie sind mir bis New York nachgekommen.

Dreißig Jahre stürzen zusammen – München und Moskau –, bis alles in Scherben fällt ...

In Prag gefilmt, nach Wien geschmuggelt, nach London geflogen – via Satellit auf meinen Bildschirm geworfen –, verfolge ich die Besetzung von Prag. 1968 ... Das Bild verschwimmt; aus der Zerstörung formt sich ein vertrautes Gesicht: Eric Sevareid hält seinen allabendlichen Kommentar für das Columbia-Fernsehnetz. Kleine Fältchen spielen um den Mund, der zu mir spricht. Seine hellen Augen schauen mich an, aber sie sehen mich nicht.

Die Fronten haben sich verschoben, aber der Brüderlichkeit sind wir nicht näher gekommen.

Kein so wilder Traum ...

»Kennen wir unsere Geschichte nicht zu gut, um sie wiederholen zu müssen?«, schreibt mir Carli aus Indien. Auch der Informationschef der Weltgesundheitsorganisation denkt beim Einmarsch der Russen in Prag dreißig Jahre zurück. »Wieder die Tschechen ...«

Es war unsere Geschichte. »Wir haben eine totale Niederlage erlitten«, hatte Winston Churchill schon nach dem Rendezvous in München festgestellt. »Andere Länder Mitteleuropas und die Donaustaaten werden eins nach dem anderen in das totalitäre System einbezogen werden ... Und glaubt nicht, dass das das Ende sein wird; es ist nur der Anfang.«

Es war nur der Anfang.

Roth hatte sich geirrt; der Krieg kam nicht – noch nicht. Chamberlain versprach sich und der Welt »den Frieden in unserer Zeit«, weil Hitler erklärte: »Dies ist meine letzte territoriale Forderung.«

Was sich dann ereignete, erfuhren wir nicht aus dem Radio. Es geschah in Paris und sprach sich wie ein Lauffeuer herum. In der deutschen Botschaft fiel am 7. November ein Schuss. Ein siebzehnjähriger polnisch-jüdischer Emigrant hatte vergebens versucht, zum Botschafter vorzudringen; stattdessen war der dritte Legationssekretär herausgekommen, um zu fragen, was der Junge wolle. Kein Wort fiel, nur der Schuss. Der Legationssekretär, Ernst vom Rath, brach tödlich verletzt zusammen; der Schütze, Herschel Grynszpan, wurde festgenommen. Sein Motiv: Mit zehntausend anderen in Deutschland wohnhaften polnischen Juden war auch sein Vater nach Polen deportiert worden.

Polen war schon immer ein antisemitisches Land gewesen; der Sohn glaubte wohl, es sei schlimmer als das Dritte Reich. Er wusste auch nicht, dass sein Opfer, der Legationssekretär vom Rath, sich durch ungenügenden Judenhass bereits den Unwillen der Gestapo zugezogen hatte.

Die Folge war die »Kristallnacht«, in der im ganzen Reich die Synagogen brannten und keine Fensterscheibe eines jüdischen Wohn- oder Geschäftshauses unversehrt blieb. Die Statistik der Zerstörung wurde veröffentlicht – die Rubrik »Totalschaden« enthielt 119 Synagogen, 815 Geschäfte und 171 Wohnhäuser – und den Opfern wurde obendrein noch eine Buße von einer Milliarde Reichsmark auferlegt.

Die angeblich spontane Volksdemonstration war von Goebbels genau vorbereitet und angeordnet worden. Er führte darüber Buch, und wer Jude war, wurde bestraft, bis ins dritte und vierte Glied.

»Du sollst Vater und Mutter ehren«, sagten meine Lippen vor sich hin, »aber wehe, wenn sie Juden sind ...«

KG horchte auf. Er saß mir gegenüber, in ein Gespräch mit Wera versunken, und schien kaum anderes wahrzunehmen. Jetzt wandte er sich plötzlich an mich: »Genau das können wir brauchen«, stellte er fest. Damit begann meine neue Arbeit, solche Texte wurden gedruckt und gingen nach Deutschland, in harmlose, weitverbreitete Bücher, wie den Katechismus, gebunden, in dem bald mein neues »Gebot« zu lesen stand. Newday war unser Verbindungsmann mit der Zentrale in London, Carli Sekretär, wir waren wieder ein Team.

Wir konnten das Geld, das wir dabei verdienten, gut brauchen. Unsere »Österreichische Korrespondenz« wurde mit jedem Fall eines neuen Landes mehr und mehr eingeschränkt, wenn wir auch bisher noch Glück gehabt hatten. Zu Beginn verkauften wir noch meine Suttner-Biographie nach Holland, später den Roman »Morgen wird alles besser« an Gallimard. Die Autorin, meine Freundin Annemarie Selinko, hatte sich durch eine Heirat mit einem dänischen Journalisten nach Kopenhagen retten können.

KG war sehr großzügig, er musste Geld aus der Londoner Zentrale beziehen. Später entdeckten wir auch, dass er außer der mehr als bescheidenen Bude am Montparnasse heimlich noch viel anspruchsvollere Quartiere besaß. Schließlich konnten wir einen zweiten Sekretär aufnehmen, Alex, einen Rumänen.

»Wir werden immer weniger«, hatte Horváth geschrieben. Doch an Roths Stammtisch wurden wir mehr. Eine neue Flüchtlingswelle aus der Tschechoslowakei traf bei uns ein. Aus Prag landete der Verleger Rolf Passer in Paris, per Flugzeug; auf dem Landweg konnte man nicht mehr heraus. Er musste seine Verlage, die ich hier vertreten hatte, aufgeben. Sie waren beschlagnahmt worden.

»Man hat uns verkauft«, erzählte uns Passer am Stammtisch. Der Führer drückte sich anders aus: »Die Tschechoslowakei existiert nicht mehr«, erklärte er stolz vom Hradschin. »Tausend Jahre war Böhmen und Mähren schon ein Teil des deutschen Lebensraumes gewesen«, lautete Hitlers Morgengruß, »deshalb musste nun das Deutsche Reich in gerechter Selbsterhaltung die

Grundlage einer neuen, vernünftigen Ordnung in Mitteleuropa aufbauen.«

So wurde das zweite Land der früheren Donaumonarchie in zwei Tagen verschluckt. Der französische Protest war eine reine Formsache. In England rang Neville Chamberlain sich eine Rede ab, deren Windungen wir kaum zu folgen vermochten, als sie aus dem Radio hinter den Flaschen kam. Wieder erfasste nur Winston Churchill, was vorging. Er sah den großen Zusammenhang des Geschehens. »Keinem der Völker, keiner der Provinzen, aus denen das Habsburgerreich bestand, hat der Gewinn ihrer Unabhängigkeit nicht solche Qualen verursacht, wie sie die alten Dichter und Propheten der Hölle vorzubehalten pflegten.«

Eines Tages fanden wir Roth versteinert an seinem Platz im Tournon. Er saß da und starrte in eine Zeitung. Mehring nahm Carli und mich beiseite. »Ernst Toller«, flüsterte er uns zu, »hat sich in seinem New Yorker Hotel erhängt.«

Warum, dachte ich, der Glückliche war doch in Amerika.

»Es geht um unsere Sache«, hatte uns Toller in Paris gesagt – die war nun auch in Spanien zusammengebrochen, Madrid war gefallen. Roth sagte kein Wort, er hielt die Zeitung. Dann griff er wieder nach dem Glas.

Er schrieb nicht mehr, er trank nur noch.

Mit immer neuen Versen hielt Walter Mehring das Bild von Tod und Leben fest. »In Memoriam« schrieb er mir später in einem »Brief aus der Mitternacht«:

> *ERNST TOLLER, Freund aus Jugendland,*
> *Bestimmt, um Bühnen, Meetings, Zell'n*
> *Mit ernster Tollheit zu erhell'n,*
> *Löschte sich aus mit eigner Hand ...*
> *In Übersee, weitab der Schlacht –*
> *Warum hat er sich umgebracht ...?*

Eine Woche nach Tollers Tod, zu Pfingsten, erreichte mich ein anderer Brief von Mehring. Wir waren ans Meer gefahren, Passer, Carli, Lajos und ich. Wir mussten heraus aus Paris, um uns ein wenig zu erholen. Wera fuhr anderswo herum, auf Engagementsuche. Es war noch zu kalt, um zu schwimmen, aber wir gingen stundenlang in den Dünen spazieren. Ich schaute über die Wellen mit den weißen Kämmen, die immer wieder kommen, immer wieder ...

»Ich liebe das Meer«, hatte Ödön gesagt.

Im Hotel lag der Brief. Joseph Roth, so schrieb mir Mehring, sei in einem zweiten Ausbruch von Säuferwahn ins Spital gebracht worden. Dort habe man ihm den Alkohol entzogen und er starb im Delirium. »Es war kein leichter Tod.«

Wir fuhren sofort nach Paris zurück, doch wir kamen zu spät. Der Dichter Roth ruhte schon unter der Erde. Wir hatten Wort gehalten, Wera und ich, und beide beim Begräbnis gefehlt. Dass es nicht Absicht war, hätten wir ihm gerne gesagt ...

Schwarz, ohne Rose, schweigend, saß Manga Bell am gewohnten Platz. Soma Morgenstern murmelte vor sich hin, als könne er es nicht recht glauben: »Er hat sich Tollers Tod zu sehr zu Herzen genommen ...« Dann verstummte der Stammtisch.

Aus der Mitternacht schrieb Walter Mehring:

> *Wo in der Welt wächst nun die Art*
> *Von Stammtisch, nah dem Luxembourg*
> *Rechtspolitik und Linkskultur,*
> *Die Joseph Roth um sich geschart ...*
> *Von dessen Bart Weissagung troff,*
> *Sich weise drum zu Tode soff ...*

Ich schaue zurück.

Es ist sehr still auf der Welt.

# 5

# ZWISCHENSPIEL

Ich liebe Brücken.

Sie führen über einen Fluss, ein Tal oder von einer Insel zur anderen, wie in New York. Aus den Häuserschluchten wölben sich die Riesenbrücken von Manhattan über die Meeresbucht. Hängt Nebel und Dunst tief in der Stadt, kann man kaum ihr Ende erkennen. Regenbogen gleich verlieren sich Manhattans Metallwunder dann in den Wolken.

Aus den Wolken, heißt es in der Bibel, ist nach der Sündflut der erste Regenbogen erschienen, zum Zeichen von Gottes neuerlichem Bund mit der Erde. Brücken verbinden Raum und Zeit.

Ich liebe Brücken.

Ich stand auf der Brücke von Clairac.

Zwischen Weinbergen und Tabakfeldern fließt hier der Lot in sanftem Bogen der Garonne zu. »Lot-et-Garonne« heißt dieses Departement in Südfrankreich, auch »Garten Gottes« genannt. Ich konnte stundenlang auf der Brücke stehen, ans Geländer gelehnt. Die beiden Ufer lagen wie verschiedene Hälften eines Gesichtes vor mir, trotzig abfallend das eine, sanft geschwungen das andere.

Der kleine Ort Clairac, in den die Brücke mündet, entstand im sechzehnten Jahrhundert um eine Abtei und wuchs zusammen mit dem Tabak, den die Familie von Mendès-France zuerst im siebzehnten Jahrhundert importierte. Die erste uralte Kettenbrücke war gerade durch eine neue Bogenbrücke ersetzt worden, als ich im Sommer 1939 dorthin verschlagen, vielmehr eingeladen wurde. Der Tabak war's, der den Verleger Passer in die Gegend zog.

Unsere Bücher, so meinte er, hätten keine Zukunft. Er verkaufte, was es noch an Verlagsrechten gab, um für den Erlös ein Gut in Südfrankreich zu erstehen. Er wollte die Kunst des Tabakbaus lernen und nistete sich als eine Art Knecht bei tschechischen Landsleuten ein, die ein Gut in der Nähe von Clairac besaßen. Mich lud er für vierzehn Tage zur Sommerfrische in Clairacs einziges Hotel.

Auch ich sollte mich dort umsehen. Vielleicht könnte ich statt mit Büchern einmal mit Tabak handeln oder an einem langen Tisch den Knechten, die Passer dann haben werde, aus einer großen Schüssel die Suppe servieren; wie Lois Sevareid uns in Paris die Spaghetti servierte, dachte ich, aus einem runden Topf.

Ich war froh, den heißen Boden der Stadt verlassen zu können. Der Stammtisch im Café Le Tournon war verwaist, die meisten Freunde fort, Lajos zu den Eltern nach Wien zurückgefahren, Wera auf einer Tournee in Spanien, Mehring am Meer. Clairac schien mir wie ein Paradies, ich aus der Sündflut gerettet.

Nur Schatten folgten mir. Carli wollte die Verbindung aufrechterhalten und mir mit KG Material nachsenden, das heißt Nazi-Propagandaschriften. Vielleicht kämen mir dadurch neue Ideen. Außer der Post besaß Clairac mit der Umwelt keinerlei Verbindung. Die nächste Bahnstation, Tonneins, lag ein paar Kilometer entfernt. Dort hatte Passer mich abgeholt und auch für mich ein Fahrrad ausgeliehen. Damit radelte ich von nun an hin und her.

Jeden Nachmittag besuchte ich Passer auf den Tabakfeldern. Ich schaute bei der Arbeit zu oder las in einem Buch, das ich mitgenommen hatte: »Gone with the Wind«. Es trug mich in Gedanken in den Süden der Vereinigten Staaten. Nur Passer wollte nicht nach Amerika. Dort würde er untergehen, sagte er, die Konkurrenz sei zu groß.

Passer ging hinter den Ochsen her und versuchte, mit dem Pflug schnurgerade Furchen zu ziehen, bis ihn der Rücken schmerzte. Als die Sonne endlich hinter dem Hügel versank, durften auch die Ochsen heim in den Stall. Wenn man nach der gesunden Arbeit todmüde ins Bett fällt, kann man voller Genugtuung schlafen, meinte Passer zum Abschied. In den letzten Strahlen der Abendsonne radelte ich dem Lot entgegen.

Auf meinem Lieblingsplatz, mitten auf der Bogenbrücke, blieb ich stehen. Unter mir flüsterten die Wellen im Schilf und kräuselten sich um spitze, herausragende Steine. Während die Schatten höherkrochen, tauchten Gespenster aus dem Wasser auf. Was eins gewesen, zerrissen sie tändelnd, was getrennt war, einten sie spielerisch. In fließendem Wechsel aus Schatten und Licht formten sich Bilder, Erinnerungen und zerrannen wieder ...

Der Strom rauscht unter der Nussdorfer Brücke. Trotzig steil erhebt sich der Leopoldsberg am Donauufer, freundlich breit grüßt der Kahlenberg herüber. In den Anblick der Heimat versunken, freue ich mich an ihrem Besitz und weiß doch zugleich, dass alles nur ein Trugbild ist. Unzertrennlich mit ihr verbunden, scheint sie doch für immer verloren. Ich bin nicht nur auf einer Reise, nein, ich kann, darf nicht mehr zurück. Das war der Unterschied. Nichts und niemand konnte diese Kluft überbrücken. Nie mehr?

Zwischen Tabakfeldern und Weinbergen stand ich auf der Bogenbrücke, die zwei fremde Ufer verbindet. Aus der Tischlerwerkstatt am Brückenende klangen Hammerschläge zu mir herauf, dazu ein fröhliches Lied: »*Mon cœur se rappelle ...*«

Dreißig Jahre später stand ich zum ersten Mal wieder auf der Brücke von Clairac. Ich war aus New York über Toulouse hierhergekommen. Wie rasch das jetzt geht.

Im Dorfbrunnen, gleich hinter der Brücke, wuschen Frauen ihre Wäsche, als wäre die Zeit stehengeblieben. Es war mir, als sähe ich Horváth auf den Dorfbrunnen von Henndorf bei Salzburg zugehen, wo, wie er sagte, die Frauen meist um Mitternacht ihre Wäsche wuschen. »Die Wäsche«, meinte er, »muss schrecklich schmutzig sein« – doch dann verschwand alles, wie ein Spuk. Am Brunnen von Clairac plauderten die Wäscherinnen munter im südlichen Argot miteinander und unterbrachen ihre Arbeit nicht, als ich an ihnen vorbeiging. Jetzt ist man im Ort an fremde Touristen gewöhnt. Die Sonne versank hinter den Weinbergen, wie damals. Die Tischlerwerkstatt am Brückenende war geschlossen. Statt des Schildes: *Dubois, père et fils*, stand jetzt *Ne pas s'arrêter*, nicht stehenbleiben, an die Wand gepinselt.

Durch kleine, krumme Gassen führt der Weg hügelaufwärts zum Hauptplatz mit dem Hotel, in dem ich damals wohnte. Da pflegten mir aus den Holzhütten hinter verstaubten Scheiben böse Blicke zu folgen. Ich beachtete sie kaum und erfuhr erst später, dass man mich im Dorf »l'Autrichienne« nannte, wie einst Marie Antoinette, die Königin. Es stellte sich dann heraus, dass man es auch auf meinen Kopf abgesehen hatte. Heute sind die mittelalterlichen Buden verfallen oder renoviert. Aus den Ruinen schauen Sonnenblumen. Ich ging auf das alte Hotel zu. Der Platz davor ist ausgebaut. Statt der Fahrräder stehen Autos vor der Tür. Beim Eintreten blieb ich verwundert stehen. Ich fand mich in einem frischausgemalten Speisezimmer statt in der alten Bar. Dort thronte einst die dicke Patronne hinter bunten Flaschentürmen, wie die im Café Le Tournon. Madame Lacoste vom Hotel-Restaurant Les Glycines erhob sich nur selten, weil es eine anstrengende Aufgabe war, ihre Körpermassen hervorzuholen. Wenn sie mit ihrem kurzen Fuß die obere Stufe erreichte, kam der gewaltige Busen auf die Theke zu liegen. Meinetwegen erhob sie sich kaum.

In irgendeiner Ecke saß meist der Patron bei einem Glas Wein. Die beiden besaßen erwachsene Kinder, doch hatte sich Madame bisher nicht zur Heirat mit ihrem Lebensgefährten entschließen können, da dieser Schritt nach französischem Recht ihn zum Mitbesitzer des Hotels gemacht hätte. Bei aller Liebe dachte Madame nicht daran, ihren Besitz mit jemand zu teilen. Ich fand das neugetünchte Speisezimmer leer, in der Küche jedoch die neuen Besitzer, ein junges Ehepaar, eben aus Toulouse gekommen. »Wir haben viele Sommergäste aus Paris«, erzählten sie mir. »Aber Sie können ein Zimmer haben. Es ist noch Vorsaison.«

Wieder füllte ich einen Meldezettel aus. Statt *Ex-Autrichienne* schrieb ich nun *U. S. A.* in die Rubrik »Nationalität«. Wieder trafen mich verwunderte Blicke, doch diesmal nicht feindlich. »Ich war vor dreißig Jahren mal hier«, erklärte ich und fragte nach Madame Lacoste. Der Name sagte den jungen Leuten nichts. Das Hotel habe vor ihnen schon mehrmals die Besitzer gewechselt. Doch rieten sie mir, den Patron der Bar nebenan zu fragen. Die habe früher zum Hotel gehört.

Erst ging ich ein wenig spazieren. Der alte Heidentempel auf dem Weg zur Gendarmerie ist ganz überwachsen. Eine neue, kleine Allee führt hinter dem Hotel zum nahen Friedhof. Auf dem Straßenschild steht: Avenue des Déportés.

Der Barbesitzer neben dem Hotel kann sich weder an Madame Lacoste noch an die Deportation erinnern. Das sei vor seiner Zeit gewesen, aber es sprechen noch manche im Ort davon, wie zu Beginn der vierziger Jahre immer mehr Flüchtlinge aus Bordeaux, Toulouse und Agen gekommen seien, um hier ein

Versteck zu suchen. Es wurden zu viele. Eines Nachts kamen die Gendarmen, auch aus Bordeaux, Toulouse und Agen, um die Flüchtlinge zu holen. Die wurden dann deportiert, wer weiß wohin. Nur wenige konnten sich retten. »Durch unsere Résistance«, schloss er stolz.

Von dieser Deportation wusste ich nichts. Ich hatte Clairac schon Ende 1939 verlassen. »Gibt's einen *Claquesin à l'au?*«, fragte ich den Wirt, denn plötzlich fiel mir der Name des Aperitifs ein, den wir damals immer tranken. »*Mais certainement*«, sagte der Wirt und ich rief ihm zur Bar nach, was ich fast vergessen hätte: »*Avec citron.*«

*Mon cœur se rappelle ...*

Der Zwischenfall begann auf der Bogenbrücke. Eines Abends, als ich angeradelt kam, sah ich einen jungen Mann, völlig angezogen, vom Geländer ins Wasser springen.

Ein gellender Schrei zerriss das Läuten der Abendglocken. Am Ufer stand eine Menschenmenge wie gelähmt und starrte in den Fluss. Ich hielt auf der Brücke. Die Gestalt des Mannes tauchte im Wasser auf, dicht vor dem Wehr. Dann verschwand sie in den Wirbeln. Schon wollte ich nachspringen, da sah ich ihn wieder auf- und untertauchen, als ob er etwas suche. Ich radelte am Ufer entlang, an den Wäscherinnen vorbei, die ihr Linnen fallen ließen und hinterherliefen.

»Jeannot, Jeannot«, kreischte eine Frauenstimme.

Zwei Männer rissen ein Boot vom Ufer los und ruderten damit zur Flussmitte. Mit triefendem Haar erschien der Taucher vor ihnen und versuchte, etwas aus dem Wasser zu heben. Der Kahn drohte umzukippen, als die Männer nach dem kleinen Körper griffen. Im letzten Augenblick konnte der Mann im Wasser das Boot fixieren und der Kinderkörper glitt hinein. Langsam, mit müden Armbewegungen schwamm er hinter dem Boot an Land.

In der Menge eingekeilt, stand ich auf den Zehenspitzen und sah, wie man das Kind in den Sand legte. Aus dem offenen Mund rann Wasser mit grünem Tang. Eine Frau warf sich darüber. Die Menge wich zurück. Da standen plötzlich zwei Gendarmen, und ich machte mich aus dem Staub.

Lieber nichts damit zu tun haben, schoss es mir durch den Kopf. So schnell ich nur konnte, schob ich mein Rad hügelauf, vorbei am verlassenen Brunnen und der Tischlerwerkstatt. Die Tür, über der das Schild *Dubois, père et fils* hing, stand weit offen. Ein Hund bellte mir nach. Durch ausgestorbene Gassen erreichte ich mein Hotel.

Die Arme in die Seiten gestemmt, wutschnaubend, stand die Wirtin drinnen vor dem Patron. »Warum lernen die Fratzen nicht schwimmen?«, schrie sie ihn an, als wäre er daran schuld. Sie wusste es schon; wie rasch die Nachrichten den Umlauf machten.

In der Fensternische, etwas abseits, stand mein Tisch, gedeckt wie immer.

Mit geröteten Augen hantierte die Kellnerin Paulette herum. Mehr noch als sonst schien sie heute einem Kaninchen zu gleichen. Da ihre Oberlippe zu kurz war, um über die vorstehenden Zähne zu reichen, blieb ihr Mund stets wie fragend offen. Auch Sanftmut und Wehrlosigkeit hatte sie mit einem Kaninchen gemein. So war Paulette die allgemeine Jagdbeute des Ortes, und als sie schließlich ein Kind gebar, war wohl der ganze Burschenstammtisch der Papa.

Die Stammtischrunde kam angerückt. Ich konnte den einen kaum vom anderen unterscheiden, sie waren alle ganz jung.

»Paulette«, rief einer schon in der Tür, »eine Runde für alle.« Das Häschen lief. Zwei große schwarze Augen trafen mich. Wo hab' ich die Stimme bloß schon gehört, fragte ich mich, den Blick erwidernd. *Quel beau garçon* – wo habe ich ihn bloß schon gesehen? Das Blut stieg mir zu Kopf, ich wollte mich abwenden, konnte es nicht ...

»Auf den Lebensretter«, zirpte ein schmächtiger Blonder hingerissen. Mir fiel ein Stein vom Herzen: Das Kind lebt.

Jemand füllte mein Glas. Der Wein schäumte. Es war Champagner. Die schwarzen Augen standen vor mir. »*A nos amours*« – da erkannte ich die Stimme, sie kam aus der Tischlerwerkstatt.

Mit dem Glas hob ich den Blick: eine hohe Stirn über Kohlenaugen, ein schwarzer Schopf, der nicht mehr triefte. »*A vous*, Monsieur Lebensretter«, antwortete ich.

Die Gläser klangen zusammen und die schwarzen Augen tanzten. »*Voilà*«, jubelte die Stimme. »Ich habe die Wette gewonnen.« Eine Hand berührte meinen Arm und Ameisen liefen mir den Rücken hinunter. »*S'il vous plaît, Madame*«, schmeichelte die Stimme, »kommen Sie mit an unseren Tisch.« Plötzlich war ich dabei, im Kreis eingeschlossen. Jeden Abend hatte ich allein in der Ecke gesessen, mein Buch wie einen Fächer aufgeschlagen: »Gone with the Wind« ...

Eine Parfumwelle schlug mir entgegen, als ich mich setzte. Der schmächtige Blonde neben mir, René, war Gehilfe im Friseurladen; der Dicke auf der anderen Seite, Gaston, Garagenbesitzer. Monsieur Dubois, genannt Gilbert, war mein Visavis. Wie hatte ich die Jungen nur verwechseln können? Keiner glich Gilbert Dubois.

»War die Wette, wer dem Kind zuerst nachspringt?«, wollte ich wissen. Ein Pfropfen knallte, und der Tisch schien sich vor Lachen zu biegen. »*Quelle idée*«, rief der Lebensretter. »Inzwischen wär' Jeannot ertrunken. Hätte ich Zeit zum Überlegen gehabt, wär' ich bestimmt nicht gesprungen, denn ich bin ein Feigling. Aber weil ich auf der Brücke nach Ihnen ausgeschaut hab', konnte ich's als Erster sehen: Jeannot ist seinem blauen Ball nachgerannt, immer tiefer ins Wasser ...« In den blauen Rauchkringeln über dem Tisch meinte ich den Ball zu sehen. Dem Stimmengewirr entnahm ich, dass die Wette um mich gegangen war, darum, wer mich zuerst ansprechen könne. Die größte Chance hatte man Gaston gegeben, der mir eine Autofahrt bieten konnte. »Jetzt muss er zahlen«, rief Gilbert und bestellte *foie gras*, die Spezialität der Gegend.

Dem Champagner folgte automatisch der Armagnac. »Auf *l'Autrichienne* in Clairac«, sagte Gilbert. »*Je l'aime.*« Clairac oder mich? Der Kopf schwirrte mir. Meine Wangen brannten. Der Patron in seiner Ecke war beim Wein eingeschlafen.

Wie mit sanften Händen streichelte die laue Luft meine erhitzten Wangen, als mich Gilbert durch den Hof zum Hintereingang führte. Dort oben im ersten Stock lag mein Zimmer. Im Himmelsdreieck über uns hing der Mond wie ein Ball. »*A demain*«, sagte Gilbert zum Abschied, auf morgen.

In meinem Bett legte sich grüner Tang um meine Glieder und zog mich hinab. Da tauchten vor mir im Wasser zwei schwarze Augen auf. Ich schwamm ihnen nach, als sie höherstiegen, ganz einfach hinauf, aus dem Wasser, hoch in die Luft. Vor mir schwebte der blaue Ball und sah mich aus den schwarzen Augen an. Sie leuchteten auf. Es war der Mond.

Beim Frühstück in der Fensternische versuchte ich den Traum zusammenzureimen. Doch er zerging in der Morgensonne. In ihren Strahlen glänzte ein weißes Fahrrad. Eine schlanke Gestalt sprang ab, und ich erkannte das Jungengesicht von gestern wieder, die hohe Stirn, die römische Nase, die geschwungenen Lippen. »Kommen Sie mit, Ertha«, sagte Monsieur Dubois, das H spricht ein Franzose nicht aus. »Heut mach ich Feiertag, um Ihnen Clairac zu zeigen.«

Von diesem Morgen an lernte ich Clairac mit Gilberts Augen zu sehen. Über eine wackelige Holztreppe stiegen wir in den

Glockenturm. Von oben sah man weit über Berge und Burgen in die Gascogne hinein, unten im Tal flossen Lot und Garonne ineinander, und weiße Kämme säumten den Himmel, die Pyrenäen.

Gilbert begann zu singen. »*Nous sommes les Cadets de Gascogne, les Cadets du Casteljaloux.*« Er sah aus, als habe Cyrano de Bergerac für ihn die Liebesbriefe an Roxane geschrieben. Aber davon wusste er nichts. Im Hinuntersteigen wies er auf die hohen Zypressen, die wie zufällig in die Landschaft gestreut, paarweise so dicht beisammenstanden, als seien sie der gleichen Wurzel entsprungen. »Das sind Hugenottengräber«, erklärte Gilbert. Die Hugenotten durften nicht auf dem Friedhof unter den Kreuzen liegen.

Clairac sei ein Herd der Revolution gewesen; immer wieder erhoben sich die Hugenotten gegen jeden königlichen Befehl. Man hat sie zur Warnung im Dorf aufgehängt. Bis heute ging der Streit hinter den Kulissen weiter. »Aber da mach' ich nicht mit«, sagte Gilbert. Er führte mich zum alten Heidentempel, der damals nur halb verwachsen war. »Ein herrliches Liebesnest«, hörte ich. Wir gingen rasch weiter, meinem Lieblingsplatz, der Bogenbrücke, zu. »Die alte Kettenbrücke war noch schöner gewesen«, sagte Gilbert.

Das Haus, in dem die Werkstatt lag, gehörte seiner Familie. Ein Hund begrüßte uns wedelnd am Tor. »Das ist Diane«, stellte Gilbert vor, sie war ihm ganz klein und verhungert zugelaufen, jetzt aber sei sie eine große Dame. Als Diane sich schüttelte, flogen die Sägespäne nach allen Seiten. Um die elektrische Maschine herum häuften sich die Späne, daneben standen duftend die fertigen Bretter an die Wand gelehnt. Unzählige verstaubte Hobel und Sägen hingen zwischen Spinnweben vom Plafond.

Die Sägemaschine hatte Gilbert aus Bordeaux mitgebracht, wo er Lehrling gewesen war. »*Un temps formidable*«, denn die

Meisterin führte ihn dort in die Liebe ein, weshalb ihn der Meister hinausschmiss. Der Vater wollte Gilbert bei der Heimkehr mitsamt der Maschine hinauswerfen; er konnte das Teufelswerkzeug nicht leiden. Langsam gewöhnte er sich daran, jetzt freilich ging der siebzigjährige *père* lieber nur Geld kassieren.

Zwischen den Sägen und Spinnweben über uns entdeckte ich vier zierliche Holzrädchen. Gilbert reichte sie mir. Sie waren federleicht und kunstvoll verschnörkelt. Damit hatte ein Urahn von Gilbert ein Perpetuum mobile bauen wollen. Er dachte, wenn die Rädchen nur völlig tadellos waren, würden sie sich leicht bis in alle Ewigkeit drehen. Mit der Arbeit zufrieden, verfertigte der Urgroßpapa noch ein Paar Flügel dazu, befestigte die Räder daran, schnallte sie um und flog eines Tages damit vor der staunenden Menge direkt in die Ewigkeit, denn er landete mitten im Fluss. »*C'était la fin de tout.*« Das war sein Ende.

Zwischen allerlei angefangenen Möbelstücken fand sich eine kahle, rechteckige Kiste. »Das wird ein Sarg«, sagte Gilbert. Dazu müsste man nur ein paar Bretter zusammennageln, denn was braucht einer mehr, wenn er tot ist? Manchmal komme ein Jesus Christus oben auf den Deckel. »Die Arbeit lohnt sich. Denn sie ist leicht.«

Neben dem Sarg stand eine kunstvoll geschnitzte Wiege. Die hatte Gilbert umsonst für das erste Kind seiner Schwester gemacht. Janine mochte sie aber nicht. Ihr Mann war Seidenfabrikant und liebte nur das Moderne. »Ich lieb' alles hier«, sagte Gilbert, »nicht grad die Arbeit, niemand in Clairac arbeitet gern. Aber wenn ich genug verdient hab', sperr' ich einfach die Werkstatt zu. Denn ich bin mein eigener Herr und hab' so ein herrliches Leben.«

Fast neidisch sah ich ihn an; was für ein herrliches Leben hier, zwischen Wiege und Sarg. Ein Hans im Glück, nein, ein *Jean de la Lune* …

Er wollte mir auch zeigen, wie gut man sich hier unterhielt. Das nächste Kino sei in Tonneins, aber auch in Clairac könne man tanzen gehen, im Strandrestaurant. Doch vorher wollte Gilbert mich warnen. Er genieße im Ort einen sehr schlechten Ruf, bald dreißig und noch nicht verheiratet, während schon seit hundert Jahren an der Tür stehe: *Dubois, père et fils.*

Er wird sich beeilen müssen, meinten die Leute. »Ich aber hab' Zeit«, sagte Gilbert. Gut, dass ich keine Zeit hab', dachte ich mir.

Seine nächste Warnung bezog sich auf mich. Man kenne kaum Landesfremde im Ort und könne besonders Flüchtlinge nicht ausstehen. Er natürlich nicht. Aus dem Spanischen Bürgerkrieg seien haufenweise Flüchtlinge herübergekommen, die wurden in Lager gesteckt. Er habe aber mal eine Spanierin herausgeholt und zu sich genommen. Eine reizende Frau. Ihr Mann war gefallen. Sie wurde ausgewiesen und sei bis nach Russland entkommen.

Von dort schicke sie manchmal Briefe. Die kämen immer offen zu ihm. Die Postmeisterin war eifersüchtig. »Aber keiner kann sie lesen«, schloss Gilbert, »wir sprechen nur Baskisch, nicht Spanisch.«

Auf die Frage, wie er sich wohl mit der Spanierin verständigt habe, lächelte Gilbert nur und schwieg.

Als ich abends vom Tabakfeld zurückkam, wartete er schon auf der Brücke. Wir folgten den Schildern mit dem Pfeil: »Zum einzigartigen Strand.« Da, wo der Fluss nach dem Sturz über das Wehr durch den angespülten Sand zu weitem Bogen ausholt, lag das Restaurant mit vorgebauter Terrasse. Den schmalen Sandstreifen säumten uralte Bäume.

Heute ist dort ein Camp, Bäume und Restaurants hat man niedergerissen. Das Wehr ist gewachsen, und vom ausgebauten Elektrizitätswerk strömt das Licht in hohe Bogenlampen.

Damals war es dunkel unter den Bäumen. Die Lampions schimmerten wie Glühwürmchen zwischen den Zweigen, wehten im Wind, und um den Mondball am Himmel tanzten die Sterne. »Die werden noch droben hängen, wenn wir schon drunten liegen«, hatte Horváth geschrieben.

*Mon cœur se rappelle*, weil die gleiche Platte immer wieder gespielt wurde, hatte sie schon einen Sprung: »*rappelle, rappelle*«, wiederholte sie, bis jemand die Nadel weiterschob. Unter den Lampions tanzten die Paare, René und das Kaninchen, Gaston mit der Postmeisterin Irene, Gilbert und ich. In den Musikpausen gingen wir an unseren Tisch und nahmen einen Schluck. Mir schmeckte der Wein der Gegend wie ein Heuriger.

»*Parlez moi d'amour*«, sang die nächste Platte. Gilbert nahm meinen Arm. »Sie gehören jetzt zu uns.« Die Platte sang weiter: »*Et malgré moi je veux y croire.*«

Wir tanzten erst die eine, dann die andere Seite: »*J'attendrais…*«

Im Morgengrauen, wusste ich, wird alles zerfließen wie der Wienerwald an der Brücke. Im Morgengrauen standen wir vor meiner Tür. »Ich komm' mit«, sagte Gilbert selbstverständlich. Da gab ich ihm eine Ohrfeige. Seine Augen glänzten, als habe er noch eine Wette gewonnen.

Als ich oben heimlich aus dem Fenster sah, stand er immer noch da, im Mondschein an die Hofwand gelehnt, wie ein Schatten. Und wie aus dem Wind klang die Stimme zu mir: »*J'attendrais…*«

Auch Rolf Passer nahm sich einen Tag frei, um mir etwas zu zeigen. Wir wollten uns eine landwirtschaftliche Emigrantensiedlung anschauen, die ganz in der Nähe lag. Rolf konnte sich der drohenden Kriegsgefahr wegen doch nicht recht entschließen, ein Gut in Frankreich zu kaufen, und so dachte er daran, sich bei den Emigranten anzusiedeln, wo auch ein Freund von ihm, ein Tscheche, arbeitete.

Wir verirrten uns im welligen Hügelland, das wirklich dem Wienerwald glich. Ein echt französischer Ochsenkarren kam uns entgegen und schwankte auf seinen zwei Rädern unter der übergroßen Erntelast. Wir fragten den Bauern, der die Ochsen mit seinem Stock antrieb, nach dem Weg zur Landwirtschaftskolonie. Er schüttelte verständnislos den Kopf. Erst als ich nach den Fremden fragte, ging ihm ein Licht auf und er wies uns mit seinem Stock den Weg. Wir schoben unsere Fahrräder weiter bergan. Auf der Höhe bot sich uns ein lieblicher Blick: lauter gleiche kleine Häuschen mit Strohdächern, in regelmäßigen Abständen voneinander entfernt; zwischen ihnen weideten Schafe und Ziegen.

»Das Idyll!«, rief Rolf aus. Diesen ganzen Besitz habe ein Komitee den Emigranten ganz billig verpachtet und dazu Tiere und Maschinen geliefert. Schafe und Ziegen, wusste Passer, sind besonders billig zu halten. Die Ziegen meckerten, und wir klopften auf gut Glück an das erste Haus. Ein junger Mann kam heraus. Wir grüßten, und Rolf fragte nach seinem Freund Hanusch. Es stellte sich heraus, dass der Junge bei Hanusch in Arbeit stand, Huber hieß und aus Wien war.

Wir betraten die Hütte. Kisten bildeten das Mobiliar, und die Wände waren mit bunten Bildern bedeckt, die Huber selbst gemalt hatte; er sei Maler, nicht Anstreicher. »Und was arbeiten Sie sonst?«, wollte Rolf wissen.

»Eigentlich nichts«, meinte Huber vergnügt. Denn der Dr. Hanusch aus Prag und Dr. Mayer aus Berlin stritten immer, womit man anfangen solle. »Da muss halt einer die Führung übernehmen«, schlug Passer vor. Gedankenvoll schüttelte Huber den Kopf. »Die totalitäre Idee funktioniert bei uns nicht«, stellte er fest, »und schuld dran sind die Bücher.«

Das gefiel mir. »Was für Bücher?«, fragte ich. Es handelte sich um das landwirtschaftliche Lexikon, das Dr. Hanusch gehörte, und um Dr. Mayers pharmazeutisches Lexikon. Mayer, der Arzt gewesen war, wollte nämlich nicht nur Dünger erzeugen, sondern auch Futtermittel, mit denen er, wie Hanusch behauptete, die herzigen Haserln umgebracht hatte. Huber, der zwar nicht glaubte, dass Mayer es absichtlich getan hatte (obwohl ihm so manches verdächtig vorkam), stärkte Hanusch den Rücken. Der Mayer, erzählte er, wollte nämlich nicht, dass der Hanusch einen Weg benütze, der ihm, dem Mayer, gehörte und ganz funkelnagelneu war. Also hatte er, der Mayer, mit der neuen Maschine ein Loch gegraben, und in dem hat sich der Hanusch den Knöchel verknaxt. Dass der Kater vom Hanusch dann die Hühner vom Mayer g'fressen hat, war der pure Zufall. »Nur der Hahn blieb zurück, als Witwer«, schloss der Huber aus Wien.

Rolf beschloss, versöhnend einzugreifen, und wir machten uns auf die Suche nach Dr. Hanusch. Wir fanden ihn dabei, den Weg mit seiner Maschine weiter aufzugraben. Gleich nach der ersten Begrüßung begann ihm Rolf Ratschläge zu geben. Ich ging ins Haus zurück, weil ein Gewitter aufzog. Huber hatte Kaffee aufgesetzt, der lieblich duftete, und über dem Herd stand die Inschrift: »Trautes Heim, Glück allein.«

Draußen knallte es. Das Gewitter? Ich schaute hinaus, und auch im Nebenhaus erschien ein Kopf am Fenster, bärtig, mit einer Brille; das musste Dr. Mayer sein. Huber rannte zur Tür hinaus, und durch die offene Tür drang Rauch herein. »Nix is«, rief Huber von draußen, »nur die Maschin' is' explodiert.«

Als ich den bärtigen Mann von nebenan aus dem Haus stürzen sah, lief auch ich hinaus. Huber stellte sich schützend vor mich, während Hanusch und Mayer von links und rechts auf Passer losgingen: »Unsere Maschine«, brüllten sie wie aus einem Mund, »er hat sie ruiniert …«

Vom Himmel fielen die ersten Tropfen, und wir machten uns schleunigst auf den Rückweg. Die Unwetter der Gegend entsprachen dem Temperament ihrer Bewohner; kurz, aber heftig. Zu beiden Seiten des Weges flossen Bäche von Regenwasser. In Blitz und Donner flüchteten Rolf und ich unter einen Baum. Wenn es bloß nicht einschlägt, dachte ich und meinte zu Rolf: »Das war wohl ein Idyll.« Das schlug ein – zwischen uns. Wir stritten, bis der Himmel sich wieder klärte. Dann radelten wir zurück.

Als wir triefnass eintraten, erhob sich Gilbert vom Kartenspiel mit der Runde und grüßte uns. Ich stellte ihn vor, und er lud Passer zum Mitspielen ein. Der aber wollte nach Hause, die nassen Kleider wechseln. Zum Abschied vor der Tür sagte er: »Dass du dich mit den Dorfburschen einlässt, fehlt gerade noch.« Dann verschwand seine Radlaterne in der Dunkelheit.

Am nächsten Tag erklärte ich Gilbert, dass ich nicht tanzen gehen wollte. Fröhlich stimmte er zu. »Dann gehn wir eben Boot fahren.«

Wir nahmen den Kahn, in dem er das Kind gerettet hatte. Der war breit, flach und schaukelte bei der kleinsten Bewegung. Deshalb war er damals beinahe umgekippt.

Gilbert saß mir gegenüber und ruderte bis zur Flussmitte. Dann ließen wir uns treiben. Leise klang Tanzmusik zu uns herüber: »*Je t'aime, quand même*«, ganz ohne Sprung. Stromabwärts, immer weiter, folgte uns die Melodie. Gilbert hatte die Platte für mich mitgebracht.

Im Ufergras quakten die Frösche. Der Mond schien doppelt, einer stand als Ball am Himmel, der andere schwamm im Wasser mit. Ich hielt die Hand in die Silberwellen, die lau und weich waren wie die Luft. Gilbert sang, ein Wiegenlied zum Schaukeln des Bootes: *Jean de la Lune* ...

Der bist du, dachte ich. Nur der Mond kam mit uns, als wir

weitertrieben. Die Musik verstummte. Im schwankenden Boot kam Gilbert zu mir. Umschlungen, Körper an Körper, trieben wir weiter ins Dunkel hinein. Jede Bewegung hätte den Gleichklang gestört; Gilbert versuchte nicht einmal, mich zu küssen. Das tat mir leid.

»Ist es nicht schön, wenn man verliebt ist?«, fragte er. Ich horchte auf.

»Sagen Sie das jeder Frau beim Bootfahren?«

Er schüttelte den Kopf. »Nein – nur wenn es wahr ist.«

Ich darf mich nicht verlieben, ging's mir durch den Kopf. Ich sagte: »Wir treiben zu weit ab.« Gilbert griff in die Weidenzweige, die vom Ufer her die Wellen streichelten, und zog uns an Land. Dann band er den Kahn an einen hellen Weidenstamm und hob mich heraus.

Irgendwo in den Zweigen sang eine Nachtigall; es gibt hier viele. Im Wasser zitterte die Mondbahn. Die Luft war lau und trocken, ich glaubte plötzlich zu ersticken. »Springen wir ins Wasser«, schlug ich vor.

Das hätte ich nicht tun sollen, schon warf Gilbert seine Kleider über die Weidenzweige und stand splitternackt vor mir. *Quel beau garçon* ... Nackte Männer mag ich eigentlich nicht. An ihm gefiel mir alles.

»*Et vous?*«, fragte Gilbert, und ich wurde verlegen. »Es ist zu hell.«

Einmal hatte mir einer gesagt: »Es gibt Frauen, die bei der Liebe hell lassen und solche, die dunkel machen – so eine bist du.« Ich warf ihn hinaus, weil er recht hatte.

Lachend zeigte Gilbert auf den Mond, der eben hinter eine Wolke kroch. »Der Dummkopf will nicht zuschau'n.« Lachend schlüpfte ich aus den Kleidern und tauchte rasch im Wasser unter. Gilbert kam hinterher. Wir spielten Fangen in den Wellen, tauchten wirbelnd auf und unter, schwammen hin und her, kreuz und quer, über mir, unter mir erschien Gilbert, bis er mich fasste.

Dann trug er mich flach auf den Armen an Land, als hätt' ich gar kein Gewicht. Ausgestreckt blieb ich im Ufergras liegen, die Erde duftete. Er kniete über mir – nachtdunkle Augen im mondhellen Gesicht, weiße Haut, wie aus Marmor, im Dreieckschatten eingemeißelt, wie auf einem Blatt, eine zweite Figur ... »*Mon petit frère t'aime comme moi*« – liebt dich wie ich –, »*que faire?*«

Nur spielen, wünschte ich mir ...

Wie Weidenzweige über Wellen streichen, spielen seine zarten Hände mit mir – der Lot, die Landschaft, der Mond sind nur Kulissen –, meine Haut ist kühl, nur wo die Finger mich berühren, beginnt es darunter zu brennen ... Flammen züngeln aus meinen Brustspitzen ... Küsse saugen sie ein, saugen sich tiefer in mich, bis in meinen Schoß. – Ich gehe in Flammen auf ... ein Körper löscht den Brand ... ein Strom reißt uns mit ... auf seinen Wellen schwimm' ich fort, ein Wirbel dreht mich hoch in die Luft – ich löse mich auf im Mondschein ...

»*Chérie – tu reviens d'un joli petit voyage* ...« Ich komm' von der Reise zurück.

»Schau doch, *ton joujou*« – dein Spielzeug –, »es weckt mich auf. Schau doch, *chérie*, ein ganzes Leben reicht nicht aus für meine Sehnsucht nach dir ...« Ich schau in seine Augen, die dicht über mir sind. »Morgen muss doch alles vorbei sein.«

»Morgen?«, wiederholt Gilbert, »was ist das?«

Und mit seinen Küssen fällt das Morgen zurück in die Nacht.

»Hörst du, was der Lot sagt?«, fragte Gilbert, als wir wieder auf der Brücke standen. Er beugte sich lauschend über das Geländer. »Du musst bei uns bleiben.« Murmelnd umschlangen die kleinen Wellen die spitzen Steine, die sie aufzuhalten suchten; aufzischend zogen sie weiter, dem Meer zu. Ich möcht' auch gerne wieder ans Meer, dachte ich, hier kann ich nicht bleiben. Auf der kleinen Reise zum Mond hatte ich mich selber verloren, mein Gewicht und mein Bewusstsein. So ein Augenblick zwischen Himmel und Erde kann nicht verweilen.

»*Chérie*«, sagte Gilbert, »denk doch nicht nach. Sonst kannst du die Stimmen nicht hören.« Um das Unterbewusstsein bewusst zu machen, hatte Horváth geschrieben. *Lex extremes se touchent* ...

»Du liebst mich nicht«, sagte Gilbert leise. »*C'est seulement le béguin.*« Es ist nur *le béguin* – was war *béguin*? Ich kannte das Wort nicht, es musste ein spezieller Ausdruck aus der Gegend sein. Die rechte Übersetzung konnte ich niemals finden. Es ist etwas, das rasch vorübergeht, sagte mir eine Französin. Eine kleine Liebelei, meinte ich ...

Als Gilbert und ich uns auf der Brücke trennten, hatten wir uns für abends im Hotel verabredet. Auf der Post erwartete mich ein Brief von Carli. Mit einem eisigen Blick durch ihre Brille überreichte ihn mir die Postmeisterin; er war offen. Ich entfernte mich rasch von dieser Brillenschlange.

Der Inhalt des Briefes schien harmlos und enthielt glücklicherweise kein Nazi-Material. Oder hatte man es herausgenommen? Nur in allgemeinen Redensarten stellte Carli fest, wie sich die Lage in Polen zuspitze. Ich müsse rasch zurückkommen, es sei viel zu tun. Oder sollte Carli mich lieber abholen kommen, um sicherzugehen?

Wie konnte man sicher sein? Sicherheit gab's doch nicht mehr. Darin pflichtete mir auch Passer bei. Seit dem Idyll hatte er die Hoffnung begraben, mich für die Landwirtschaft zu interessieren. Im Augenblick könne man ohnedies keine Entscheidungen treffen. Im Kriegsfall wollte Passer sich sofort als tschechischer Reserveleutnant freiwillig melden. Indessen müsse man abwarten, meinte er, und das in möglichster Ruhe.

»Wart auf mich, nur zehn Minuten«, bat Gilbert abends im Hotel. Er müsse ganz rasch eine Kleinigkeit erledigen und wollte gleich wieder bei mir sein. Diese Kleinigkeit sei eine unwichtige Affaire mit einer Frau, die eben aus der Sommerfrische heimgekommen war. »In zehn Minuten erledige ich die Geschichte«, versprach Gilbert und ging.

Ich legte ein Blatt Papier vor mich auf den Tisch, um Carli zu antworten, dass ich komme. Das Ticken der Wanduhr ließ mich aufschauen. Die Zeiger schienen stillzustehen. Statt zu schreiben, begann ich sie zu fixieren; sie bewegten sich nur unendlich langsam. Sieben, acht, neun Minuten – das Blatt vor mir lag unberührt. Noch heute seh' ich das Zifferblatt dieser Wanduhr vor mir. Genug, dachte ich, bei zehn laufe ich fort – da stand Gilbert vor mir.

»Erledigt«, rief er vergnügt. »Jetzt gehen wir feiern – zum Ferkelschmaus.« Bald saßen wir im Wagen von Gaston, der selber nicht mitkommen wollte. Auf dem holprigen Waldweg, der indessen zur Avenue des Déportés geworden ist, fuhren wir links am Friedhof vorbei.

»Was hast du denn der Dame gesagt?«, forschte ich. Gilbert zuckte die Achseln: »Irgendwas.« Er sei kein Wahrheitsfanatiker.

So ähnlich pflegte Ödön zu sprechen. Als ich Gilbert heimlich von der Seite ansah, entdeckte ich plötzlich eine Ähnlichkeit mit Horváth in seinem Profil.

»Das Ganze war eine Dummheit«, fuhr Gilbert fort. Yvonne habe bloß hie und da bei ihm Zerstreuung gesucht, wenn ihr Mann auf Nachtdienst war, denn er sei Gendarm. Das erschreckte mich, Gilbert aber schien seiner Sache ganz sicher. Yvonne kann doch nichts sagen, meinte er fröhlich, uns also nichts tun. Damit sollte er sich irren.

Ein paar römische Ruinen hockten unheimlich am Wegrand,

dann öffnete sich vor uns der Wald in eine Lichtung. Zwischen uralten Bäumen lag ein altes Gehöft, davor brannte ein Holzfeuer; im Kreis herum, schattenhaft, saßen Gestalten. Nur ein scharfgeschnittenes Profil war grell beleuchtet. Es war das Gesicht des Mannes, der den Spieß in die Flammen hielt. Darauf drehte er ein Ferkel.

Wir waren als Letzte gerade noch rechtzeitig gekommen, schon ging der Schmaus los. Noguès, der Mann mit dem Spieß, dem der Bauernhof hier in der Wildnis gehörte, teilte den Schweinebraten aus. Noguès hatte ein bärtiges Adlergesicht, und niemand nannte ihn mit Vornamen. Die anderen, die von überall aus der Umgebung kamen, kannte ich nicht. Außer mir war noch ein Mädchen da, das sich zu mir setzte. Die dunkle, lebhafte Mara war die Tochter von Gilberts Nachbarn und arbeitete in einer Fabrik in Toulouse; ihr kleiner Wagen stand neben dem unseren.

Zum gebratenen Schwein floss Wein wie Wasser aus einem Fass. Als das Feuer heruntergebrannt war und es kühler wurde, tranken wir im Haus weiter, wo es zwar allerlei Gerät gab, aber nicht genug Stühle. Die Burschen lagerten sich auch hier auf den Boden. Mara setzte sich einem auf den Schoß. Gilbert wies auf die hohen Regale an den Wänden, die bis zu den Querbalken der Decke reichten. Sie waren von oben bis unten mit Büchern gefüllt. Plötzlich stand Noguès neben uns. »Das«, sagte er stolz, »ist meine anarchistische Bibliothek.« Er habe die kostbaren Bände selber zusammengetragen und alle gelesen.

Der schweigsame Noguès wurde plötzlich gesprächig. Er lebte hier ganz allein, mit seinen Tieren und seinen Büchern. Es war seine Welt. Er sei Pazifist und mochte keine Regierung. Denn jede führe nur immer wieder Krieg. Und dann fragte er so nebenbei, ob wir schon vom Hitler-Stalin-Pakt wüssten? Das hielt ich zunächst für ein Gräuelmärchen.

»Es ist nur ein Trick«, erklärte Noguès, »nicht ernst zu nehmen.«

Ich hasse Tricks.

»Noguès weiß Bescheid«, erklärte mir später Gilbert, »nicht nur aus den Büchern.« Er stehe mit gut informierten Kreisen in Toulouse in Verbindung.

Es war Noguès, der nach dem Zusammenbruch die Widerstandsbewegung von Clairac organisierte.

Nach dem Ferkelschmaus fasste ich einen Entschluss: Ich musste hier weg, zurück in meinen Kreis. Nur in Paris konnte ich arbeiten und unabhängig sein. Gilbert durfte nichts davon wissen, sonst würde er mich nicht fortlassen.

Jetzt wollte ich so schnell als möglich weg und schickte Carli anstelle eines Briefes ein Telegramm. Er sollte mich nicht abholen, das wäre zu auffällig. Doch wollte ich mich unterwegs mit ihm treffen, um in Ruhe alles besprechen zu können. Einen kleinen Umweg, dachte ich, kann ich mir dabei wohl leisten. Ich liebe das Meer, und ich wollte die Gascogne nicht verlassen, ohne die höchsten Dünen der Welt gesehen zu haben. Carli sollte mich am Postamt von Arcachon erwarten oder dort Nachricht hinterlassen. So stand es in meinem Telegramm. Ich schnallte einen kleinen Koffer auf das Rad und fuhr früher als sonst zu Passer hinaus, um ihm adieu zu sagen. Von den Tabakfeldern wollte ich dann gleich nach Tonneins an die Bahn. Ein paar Tage am Meer, so meinte Rolf, werden mir guttun, um wieder zu mir zu kommen. Doch sollte ich auf alle Fälle noch vor der Ernte zurück sein. Im Kriegsfall sofort. Er brachte mich selbst an die Bahn und löste eine Rückfahrkarte. Die Abfahrt des Zuges konnte er nicht abwarten, sonst hätte er den letzten Autobus versäumt.

Als der Zug sich mit einiger Verspätung endlich in Bewegung setzte, hielt ich die Rückfahrkarte unschlüssig in der Hand; ich überlegte, ob ich sie vielleicht zerreißen sollte, um nicht in Versuchung zu kommen, sie zu benützen. Ich durfte Gilbert nicht mehr wiedersehen, sonst würde ich nie mehr von ihm loskommen. Mein Gott, wohin soll das führen? Ich kann kein französisches Bauernmädchen sein. So hab' ich endlich ein richtiges Abenteuer erlebt, *le béguin* – wunderbar, einmalig, unvergesslich ...

Zerstreut steckte ich die Rückfahrkarte ein. Verloren schaute ich aus dem Fenster; Telegraphenstangen an der Landstraße zogen in gleichen Abständen vorüber. Dazwischen sauste ein Motorrad hinter dem Zug her und kam immer näher ... Der Fahrer war tief über die Lenkstange gebeugt, so dass ich sein Gesicht nicht sehen konnte. Die schwarzen Haare wehten im Wind. Gilbert, dachte ich und schloss die Augen.

Es ging entschieden zu weit, dass ich nun schon jeden Mann für Gilbert hielt.

Der Zug hielt an. Hatte ich die Notbremse gezogen? Ich schaute auf, wir standen in einer kleinen Station. »*Chérie*«, rief Gilbert außer Atem, »reich mir den Koffer durchs Fenster und komm.« Wir stellten den Koffer zwischen uns auf das Motorrad. Der Zug fuhr weiter, wir in entgegengesetzter Richtung.

»Ich kenn' hier ein kleines, reizendes Hotel«, sagte Gilbert. Das Motorrad blieb draußen, wir gingen hinein und Gilbert nahm ein Zimmer. Das war freundlich und auf dem Lotterbett lagen bunte Kissen. »Ich hab' Hunger«, sagte ich, um Zeit zu gewinnen.

Im Speisesaal bestellten wir Austern aus Arcachon. Nichts hatte mir jemals so gut geschmeckt; bald lagen ihre Schalen in hohen Türmchen auf unseren Tellern. Dann wollte ich mir erst den Ort ansehen. Den Namen hab' ich vergessen. Auch hier gab's eine Brücke, die führte über die Garonne in weite Auen hinaus.

Es war eine Vollmondnacht, Ende August, und keine Menschenseele weit und breit. Wir setzten uns auf eine Bank, unter

Bäumen, irgendwo in der Welt, endlich allein. Als wir müde wurden, legten wir uns ins weiche Gras. Ein Zimmer war doch viel zu eng für unsere Liebe ...

Der Morgen fand uns erfrischt und wach. Nur der Mond schien übernächtig und blass. Eng umschlungen wanderten wir heim. Das Zimmer lag dämmerig hinter blauen Gardinen, die bunten Kissen saßen in einer Ecke, das Bett stand offen. Ich legte mich hinein. Gilberts Arme umschlangen mich wieder, schlossen mich in Zärtlichkeit ein. Der kleine Raum wurde weit wie die Wiese.

Höchst indiskrete Sonnenstrahlen steckten goldene Zungen durch die blauen Gardinen und begannen mit den weißen Laken zu spielen. Da merkte ich erst, wie spät es schon war.

»*Chérie*«, sagte Gilbert leise verwundert, »wir können auch im Bett *faire l'amour*.« Später, als wir läuteten, brachte das Zimmermädchen Kaffee mit duftenden Croissants. Aus besonderer Aufmerksamkeit hatte sie auch eine Morgenzeitung auf das Tablett gelegt. Gilbert überflog die Schlagzeilen. »Hitlers letzte territoriale Forderung ...«, begann er zu lesen. »Das kennen wir schon«, unterbrach ich, und als er mir den Kaffee ans Bett reichte, fiel die Zeitung zu Boden.

Plötzlich begriff ich. »Gilbert, du wirst einrücken müssen.« Er schüttelte den Kopf.

»Nein«, sagte er, »auf keinen Fall – ich hab' das Leben zu lieb.« Und wieder bedeckte er meinen ganzen Körper mit seinen Küssen.

Beim Abschied am Bahnhof meinte Gilbert: »Das darfst du mir nicht antun, *chérie*, dass du nach Paris weiterfährst, ohne mich wiederzusehen.«

Schon setzte der Zug sich in Bewegung. Wir waren im letzten Augenblick gekommen.

»*Au revoir*«, klang es mir nach, immer weiter, »*au revoir* ...«

# 6

# DOSSIER D'AMOUR

In Bordeaux musste ich umsteigen; als ich am Abend nach Arcachon kam, fand ich das Postamt geschlossen und keinen Carli. Etwas ratlos streifte ich durch die Straßen, vorbei an Riesenhotels und einem Casino im Kurpark, wie in vielen Badeorten. Kurgäste gingen an mir vorüber, ihre Sprachen verstand ich nicht immer. Auf einen Pfiff hin blieb ich stehen: »O du lieber Augustin«, das war unser Signal, ich lief in die Richtung – an der Ecke stand Carli. »Hertha«, rief er, »ich hab' dir schon seit gestern was gepfiffen …« Einträchtig schlenderten wir weiter zu einem der Hotelkasten, wo ein Zimmer für mich wartete. Vom Fenster aus konnte man über den Golfe de Gascogne sehen, wie die weißköpfigen Wellen sich immer wieder überschlugen. Ein Perpetuum mobile, nicht von Menschenhand gezimmert …

Ich sprach vom Meer, Carli vom Krieg. Den hielten die Freunde in Paris jetzt für unvermeidlich. Der Hitler-Stalin-Nichtangriffspakt habe unseren Kreis entzweit. Die einen waren der Ansicht, er beschleunige den Kriegsausbruch, die anderen, er verzögere ihn.

»Ein Trick?«, fragte ich.

»Eine Katastrophe«, erwiderte Carli. So denke auch KG. Walter Mehring habe im Pariser »Tagebuch« ein Spottgedicht auf den Pakt geschrieben, zugleich veröffentlichte Leopold Schwarzschild darin einen Protest, den viele unterschrieben hatten, sogar der österreichische Kommunistenführer Paul Friedländer und der deutsche Willi Münzenberg. Ihre Unterschriften kosteten beiden später das Leben.

»Und da soll ich dabei sein?«, fragte ich Carli.

»Du gehörst zu uns«, erwiderte er. »In deinem Hexennest darfst du nicht bleiben.«

Das neue Material, das er mir mitgebracht hatte, wollten wir erst später lesen. Wir gingen ins Strandrestaurant; es lag am Bassin, wo das Meer wie ein Teich aussah, und war bis spät in die Nacht geöffnet. Auch hier gab es Lampions, elektrische Birnen, in bunte Papierhauben gesteckt. Auch hier gab's Musik, die aus Lautsprechern kam und zu der elegante Paare in Smoking und Abendkleid tanzten.

Wir saßen still in einer Ecke. Ich war sehr müde. Zwischen einem Lambeth-Walk und einem Tango wurde ein Aufruf von Präsident Roosevelt an Hitler verlesen. Auch diese Warnung klang wie eine Wiederholung.

Außerdem gab es hier Extra-Preise; beim Essen und Trinken musste man die Aussicht und Musik mitbezahlen, stellten wir fest und gingen.

Der Strand war am Morgen schon so voll, dass wir kaum einen Platz fanden. Wir schwammen bei Flut, so weit wir konnten, hinaus. Wenn sie sich zurückzieht, bleiben quallige Ausgeburten im Sand liegen. In fahlen Farben, durchsichtig wie Glas, erstarren sie dann, und der schmutzige Tang riecht nach Moder.

Zur Zeit der Ebbe arbeiteten wir. Ich sah das Nazi-Material durch, das Carli mitgebracht hatte. Hakenkreuze krönten die Verlautbarung vom Hitler-Stalin-Pakt, der stehe nun fest für die nächsten zehn Jahre. Wie Schwertgeklirr und Donnerhall, dachte ich. Die Aufrufe, die KG nun für drüben verfasste, ließ er selber in Paris drucken. Carli arbeitete heimlich in dieser Druckerei. Ich versuchte, einen neuen Text für ihn aufzusetzen.

»Erst gegen die Russen, dann für die Russen«, notierte ich mir. »Was soll ich meinen Söhnen sagen?« Unterschrift: »Eine deutsche Mutter.«

Carli gefiel die Idee, und so wollte ich ihm den Text für KG mitgeben.

»Nein«, sagte Carli. »Bring ihm deine deutsche Mutter brav selber.« Das Wort »brav« gebrauchten wir etwas ironisch, so wie Horváth von den »braven Huren« sprach. Folgsam legte ich die Notiz mit dem neuen Nazi-Material in meinen Koffer.

Es war der letzte August, und in der Hotelhalle standen die Koffer in Reih und Glied. Nicht nur das Monatsende war daran schuld; viele Gäste fuhren vorzeitig nach Hause, der drohenden Kriegsgefahr wegen. »Ist doch wieder bloß falscher Alarm, wie im Vorjahr«, suchte uns der Portier zu beruhigen. »Hitler hat den Polen den Frieden versprochen, wenn sie nur auf seine Bedingungen eingehen. Die werden schon nachgeben müssen, so wie die Tschechen«, schloss der Portier. Das Radio schwieg. Wahrscheinlich war es abgestellt. Die Zeitungen waren schon ausverkauft. Der Strand lag leer, am Bahnhof drängten sich die Leute. Uns lockte die Düne, weit, hoch und leer. Wir stiegen durch den heißen Sand hinauf. Erreicht man endlich den hohen Gipfel, sieht der Ort unten mit seinem Kasino, den Riesenhotels und den bunten Villen so klein wie ein Kinderspielzeug aus. Als wir zurückkamen, begrüßte uns die Nachricht, Polen habe Hitlers Punkte abgelehnt. Alles war ruhig – wie vor dem Sturm. Ich wollte nicht nach Paris zurück, Carli mich nicht allein lassen. So waren wir am ersten September noch immer in Arcachon. Der Strand lag verlassen. Die Vergnügungsboote, die von hier zu den größten Austernbänken der Welt hinausfahren, ließen traurig ihre Fähnchen hängen. »*Aller-retour*, nur vier Francs«, rief ein junger Bootsmann, »zum letzten Mal, kommen Sie mit zu den schönsten Austern – heute nur drei Francs ...«

Wir stiegen ein. Der Strand und das Hotel, die Zeitungsstände und Radioapparate blieben zurück. Vor uns tauchten die riesigen Austernbänke auf. Drei Jahre lang dauert es, bis die Austern diese Größe erreicht haben, in drei Stunden kann man sie besichtigen. So viel Zeit wollten wir nicht verschwenden, nur rasch über das schmale Kap zur anderen Seite laufen, ans offene Meer. Hinter dem letzten Sandhügel tauchte die Wasserfläche auf, kein Mensch weit und breit, nur die Wellen, die kamen immer wieder.

Mit dem Schaum der Brandung verliefen die Minuten in den Sand. Wir liefen ins Wasser. Ich vergaß, meine kleine Uhr abzulegen. Ihre Zeiger blieben stehen, nur der Wellenschlag ging weiter. Wir betrogen die Zeit um die Dauer der Flut.

Als wir zum Landungsplatz zurückkamen, empfing uns statt des jungen Bootsmannes eine alte Frau, die weinte. Was war geschehen? Die Deutschen hatten Polen überfallen, ohne Kriegserklärung. Ihr Sohn war schon fort, zur Mobilisierung. Im letzten Krieg – kurz vor seiner Geburt – war sein Vater gefallen. »Immer diese *boches*. Haben denn die keine Mütter?«, fragte die Frau.

Wir mussten auf den letzten Dampfer warten. In Bergen von Koffern landeten wir. Durch Einberufene, Flüchtlinge, Heimreisende drängten wir uns durch die Straßen. Vor den Postschaltern standen Schlangen. Interurbane Telefongespräche waren unterbrochen. Telegramme blieben liegen, zur Kontrolle.

Keiner wusste einen Rat, nicht einmal unser Portier. Heute Abend sollten noch Züge für Zivilpersonen gehen, hieß es. Das melodische Pausenzeichen aus dem Radio klang wie ein Hohn. Wir packten, zahlten und rannten zur Bahn. Vor unseren Augen fuhr der Zug nach Bordeaux davon. Das kam von der gestohlenen Stunde am Meer. Jetzt hatten wir Zeit.

Carli reihte sich in die Schlange vor dem Schalter ein, um mir eine neue Fahrkarte zu lösen. »Wirf die alte weg«, sagte er, als er die neue brachte. Ich aber steckte sie sorglich zur alten Rückfahrkarte. »Es geht noch ein Zug nach Bordeaux«, sagte Carli, »er hat nur keinen Anschluss nach Paris.«

Auf dem Bahnhof in Bordeaux, wo wir umsteigen mussten, brannten nur wenige blaue Lichter; Verdunkelung war angesagt worden. Der Nachtzug nach Paris sollte um 22 Uhr 20 abgehen. Auf der anderen Seite des Perrons stand ein zweiter Zug. Der fuhr zur selben Zeit ab, doch in entgegengesetzter Richtung, nach Toulouse. »Also über Tonneins«, sagte ich.

Carli packte meinen Arm. »Du kommst mit mir.« Ich rührte mich nicht.

»Das darfst du mir nicht antun, *chérie*, dass du nach Paris weiterfährst, ohne mich wiederzusehen«, hatte Gilbert gerufen. »*Au revoir ...*«

Mitten auf dem Perron, zwischen den beiden Zügen, standen Carli und ich. Zwei Schaffner riefen »Einsteigen«, zwei Pfiffe ertönten. Meinen Koffer packend schrie ich: »Ich komm' dir nach«, und sprang in den Zug nach Toulouse. Auf die Minute genau fuhren wir los, in entgegengesetzter Richtung. Das verdoppelte unsere Geschwindigkeit, als wir uns aus den Fenstern im Vorbeifahren noch zuzuwinken suchten; mit einer hilflosen Bewegung, wie einst in Wien, sah ich Carli verschwinden.

Der Schaffner zog die Vorhänge zu, es durfte kein Lichtschein hinaus. Ich reichte ihm zuerst die falsche Fahrkarte, die er mit den Worten zurückgab: »Der Zug nach Paris fährt da drüben.«

Dann fand ich die richtige Fahrkarte. »Nach Tonneins«, sagte er, »auf dem Land ist es sicherer.«

Da hätte ich die Räder zurückdrehen mögen, doch es war zu spät, zu spät für alles. Es gibt kein Zurück, und Gilbert wird schon fort sein. Die Räder ratterten weiter. Ich fuhr allein in die Nacht. Auch der Schaffner war weitergegangen. Kein Lichtschein drang herein. Ich konnte die Stationen kaum sehen, nur zählen. Als ich schließlich ausstieg, glaubte ich, mich geirrt zu haben. Mit meinem Koffer stand ich in einer dunklen, fremden Leere, während der Zug weiterfuhr.

Aus dem Dunkel näherte sich mir ein Lichtschein, eine Radlaterne. Eine schattenhafte Gestalt sprang ab und ein helles Gesicht grüßte mich: »*Chérie* ...« Die Tränen, die mir über die Wangen liefen, schmeckten salzig wie das Meer. Auf der Lenkstange des weißen Fahrrades, wie man manchmal Kinder mitnimmt, fuhr Gilbert mit mir den Lot entlang.

»Wieso bist du gekommen?«, fragte ich. Ganz einfach, seit gestern wartete er auf jeden Zug aus Bordeaux. Das Hôtel Les Glycines lag längst im Schlaf, als wir eintrafen. Aber Gilbert hatte die Schlüssel. »Wir melden uns beide erst morgen«, sagte er. Die Nacht gehörte noch uns.

Die Doppeltüren des Bürgermeisteramtes von Clairac standen am nächsten Morgen weit offen; links und rechts, auf jeder von ihnen, klebte ein großes weißes Plakat. Das eine betraf militärpflichtige Franzosen, das andere *Ressortissants Allemands*. Das war hier nur ich allein.

Vor den Plakaten stauten sich die Leute, um herauszufinden, ob es sie anginge oder nicht. Sie wichen uns aus, als wollten sie mit uns nichts zu tun haben, so traten wir in die Amtsstube. Der Sekretär wies Gilbert gleich wieder hinaus, er habe noch Zeit. Mich behielt der Beamte bei sich.

Über seine scharfen Brillengläser hinweg warf er mir einen missbilligenden Blick zu und verlangte meine Ausweispapiere zu sehen. Als ich ihm meine Aufenthaltsbewilligung von der Pariser Präfektur zeigte, fuhr er mich an: »Warum haben Sie keine *carte d'identité?*«

Ich versuchte zu erklären, dass Flüchtlinge wie ich immer nur eine befristete Aufenthaltsbewilligung erhielten, die aber für ganz Frankreich gelte. Das schien ihn noch misstrauischer zu machen. Er musterte das Papier. »Wer hat denn da ein *Ex* vor *Autrichienne* hingeschrieben – mit anderer Tinte?«, fragte er lauernd.

»Die Präfektur von Paris«, erklärte ich rasch, »nach dem Anschluss.« Seine Schnurrbartspitzen schienen sich zu sträuben. Er starrte abwechselnd auf das Dokument und auf mich.

»Ich seh' keinen Stempel«, stellte er fest. Das konnte ich nicht erklären.

»Die Sache stimmt nicht«, fand er heraus. »Sie sind *allemande*.«

»*Ça non*«, rief ich aus. »Aus mir eine Deutsche zu machen, ist nicht einmal Hitler gelungen.«

Er pfiff durch die Zähne. »So – und was machen Sie hier bei uns?« Ich suchte mich zu sammeln. »Ich war nur auf Ferien hier. Jetzt will ich zurück nach Paris.« »*Voilà*«, erwiderte er. »*On verra*. Das wird sich zeigen. Sie sind nicht *en règle*.«

Dann entfernte er sich mit meinem Ausweis, der ihm nicht in Ordnung schien, und ließ mich auf einer Holzbank sitzen.

Schließlich kam er mit dem Bürgermeister zurück. Dieser rundliche, freundliche Mann versicherte mir wohlwollend, er sei in der Sache nicht zuständig. Mein Fall gehöre auf die Gendarmerie. Der Herr Sekretär werde mich dorthin begleiten.

Als dieser nun mit mir an neugierigen Blicken vorbei zur Gendarmerie hinüberging, nahm er nicht nur meinen kleinen Ausweis mit, sondern zugleich ein dickes Dossier, das schon vor langer Zeit angelegt worden sein musste.

Die Gendarmen begrüßten uns in neuen Uniformen, militärisch. Chef Lefèvre klopfte dem Sekretär jovial auf die Schulter und meinte: »Bald werden Sie auch in Uniform sein.« Der Beamte erblasste. Was mich betraf, so werde er, der Chef, erst meinen

Akt durchsehen und mich indessen im Auge behalten. Durchs Fenster der Gendarmerie sah ich Gilbert wie eine Schildwache auf und ab gehen.

Dann kam er mir entgegen. »Ich dachte«, versuchte er zu scherzen, »die Brüder behalten dich gleich.« Im Weitergehen flüsterte ich ihm zu: »Das hab' ich auch befürchtet.« In gemessenem Abstand folgten uns zwei Gendarmen.

Gilbert radelte am Nachmittag zu Passer nach Colleigne, um ihm Bescheid zu sagen. Ich traute mich nicht, den Ort zu verlassen. Die Gendarmen folgten mir überallhin. Gilbert kam mit Rolf zurück. Er erklärte sich bereit, auf der Gendarmerie jede Garantie für mich zu übernehmen. Seine Aussage vergrößerte wahrscheinlich mein Dossier.

»Hätte ich das *sauf conduit* für dich bekommen«, sagte Passer, »so müsstest du mit, ob du willst oder nicht.« So aber musste ich bleiben. Er war auf dem Weg nach Paris, um sich dort freiwillig bei der tschechischen Armee zu melden. Hier habe er nichts mehr zu tun, sagte er, dort könne man ihn brauchen.

Es war der 2. September; eine offizielle Kriegserklärung lag noch nicht vor, doch hatten die Engländer und Franzosen Hitler nach dem Überfall auf Polen ein Ultimatum gestellt.

Ich ließ die Freunde grüßen und Carli mitteilen, er möge meinen Einfall für den Text an KG weiterleiten. Rolf gab mir etwas Geld, damit ich durchhalten könne. Er werde mir schreiben, wo immer er auch sei, versprach er zum Abschied. Dass ein Brief von ihm, aus der Armee, der als Witz gedacht war, zu meiner Belastung beitragen sollte, erfuhr ich erst später.

Am Tag nach seiner Abreise, dem 3. September, musste Gilbert zur Musterung. Die Gendarmen ließen uns nicht mehr aus den Augen. Chef Lefèvre saß höchstpersönlich in der Hotelbar und fixierte mich, als ich am Nachmittag allein auf Gilbert wartete. Am Nebentisch plauderte eine Damenrunde um Madame

Lacoste, der Burschenstammtisch stand leer. Die Frauen, die mich wie Luft behandelten, warteten wohl auch. Nur Madame Jacob, Jeannots Mutter, nickte einmal flüchtig zu mir herüber. Dann starrten wir alle auf das Radio, das eine Erklärung von Neville Chamberlain wiedergab: »Das ist für uns alle ein trauriger Tag, und niemand ist trauriger als ich. Alles, wofür ich gearbeitet habe, ist zusammengebrochen ...«

England hatte Adolf Hitler den Krieg erklärt – Frankreich, was war mit Frankreich? Noch kein Wort ... Die Damen am Nebentisch kreischten durcheinander. England, hörte ich, wird uns wieder in den Krieg hineinziehen – wer will sich denn schon für die Polen schlagen?

Einige Burschen kamen zurück und setzten sich drüben zu den Damen. Paulette eilte zu ihnen.

Gilbert kam zu mir. »Sie haben mich nicht genommen«, flüsterte er, während er sich setzte. Dann bestellte er Wein. »Wie hast du das angestellt?«, fragte ich, als Paulette außer Hörweite schien.

Er zuckte die Achseln. »Ist dir nie aufgefallen, dass mein linkes Bein etwas kürzer ist als das rechte?« Nein, das hatte ich nicht bemerkt, nicht einmal beim Tanzen.

»Was für ein Glück«, sagte Gilbert, »sonst hätt' ich mir diesmal mit der Axt absichtlich was antun müssen.« Nur gut, dass uns keiner hören konnte, weil das Radio laut die Marseillaise spielte, sie folgte der französischen Kriegserklärung, und alles erhob sich.

Da kam René zu uns herüber. Gaston und er seien genommen worden. Sie beneideten Gilbert. Was mich betrifft, so habe Gaston eine neue Wette angeboten, bei der auch die Damen mitmachten. Es ging darum, ob ich eine Spionin sei, ja oder nein.

René und ich mussten Gilbert festhalten, er wollte sich auf

Gaston stürzen. Dann saßen wir wieder allein vor unseren Gläsern.

Ich darf nicht zu viel trinken, nahm ich mir vor, sonst red' ich zu viel. Ich suchte Gilbert die Lage zu erklären; auf welcher Seite ich stand, wusste er wohl, auch von meinen Freunden, nur kein Wort von KG. »Wir hätten schon in Österreich kämpfen sollen«, sagte ich.

»Krieg führen hilft nie«, meinte Gilbert. »Vielleicht eine Revolution.« Er dachte an Frankreich. »Hier können sie uns nichts tun«, tröstete er. Er wusste kaum etwas von den Nazi-Verfolgungen, und was die Juden betraf, so war es wohl so wie damals mit den Hugenotten. Das aber war lange her. Juden kenne er keine.

»Und Léon Blum«, fragte ich, »euer Premier?«

Gilbert lachte, der sei doch Sozialist, kein Jude. Und er erklärte mir: »Juden, das sind Hausierer, wie sie manchmal hier durchkommen, um ihr Zeug zu verkaufen.« Einmal war eine reizende Frau darunter gewesen, die sagte Gilbert, ihre Leute könnten nicht so küssen wie er; ja, jetzt erinnerte er sich. Und strahlend trank er mir zu: »*A nos amours ...*«

Ein Schatten fiel zwischen uns. Vor uns stand Lefèvre. »Sie feiern wohl den Kriegsausbruch?«, fragte er drohend. Gilbert ließ sich nicht stören. »*Fichez nous la paix*«, gab er zurück. Im Augenblick verschaffte uns das Ruhe.

»Erschrick nicht«, flüsterte Gilbert, und ich drückte mich fest an ihn, als es zum zweiten Mal an die Tür klopfte. »Aufmachen«, brüllte es draußen. »*Un moment, s'il vous plait*«, rief ich zurück, während wir lautlos aus dem Bett krochen.

»Lass das Wasser laufen«, riet Gilbert und so hörte man nicht, wie er sich anzog. »Wirf die bitte nach«, sagte er und reichte mir seine Schuhe. Bloßfüßig schwang er sich aufs Fensterbrett.

Er schob die Gardinen beiseite und kroch hinaus. Ich wickelte seine Schuhe in eine alte Zeitung. Als ich den Wasserhahn abdrehte, hörte ich vorsichtige Schritte auf dem Dach. Dann pfiff es von unten ganz leise, und ich warf die Schuhe durchs Fenster. Schon rüttelte es wieder an der Türe. »Wird's bald?« Mutiger gab ich zurück: »Ich bin gleich angezogen ...« Dann öffnete ich und fand mich zwischen zwei Gendarmen gefangen. So, zwischen ihnen, musste ich auf die Wache gehen, dabei folgten uns neugierige Blicke von allen Seiten.

Vor der Wache stand ein großer schwarzer Polizeiwagen. Drinnen empfing mich Lefèvre mit einem Herrn Inspektor aus Toulouse. Der sei eigens meinetwegen gekommen. Mein Dossier lag offen auf dem Amtstisch, ich stand daneben. Man nahm meine Fingerabdrücke ab.

Dann begann das Kreuzverhör, wie bei der Gestapo. Warum sei ich aus Deutschland fort? Was ich hier tue? Woher ich Geld beziehe? Ach, eine literarische Agentur – ich unterhalte also Beziehungen zum Ausland.

Mit einer Lupe studierte der Herr Inspektor meinen *permis de séjour.* »Läuft bald ab«, sagte er. Ein Stempel zu dem *Ex* fand sich endlich, er war nur verrutscht. Der Herr Inspektor legte das Papier zu den Fingerabdrücken, zur weiteren Untersuchung, für später. Jetzt kam eine neue Seite aus meinem Dossier zur Sprache: persönliche Anzeigen gegen mich von angesehenen Damen aus Clairac.

Madame Lacoste, meine Wirtin, wies auf meine verdächtigen Beziehungen hin: zu einem Ausländer in der Nachbarschaft und einem übel beleumundeten Dorfbewohner. Madame Lefèvre hatte Angaben darüber gemacht, dass ich stundenlang die Brücke studiere. Sehr verdächtig. Auch suche ich versteckte Plätze auszukundschaften. Die Postmeisterin, verwitwete Madame Irene Duval, hatte meine verdächtige Korrespondenz beschlagnahmt, darunter Auslandsbriefe, wie eine Geldsendung aus Paris, die statt des Absenders bloß zwei Buchstaben trug.

»Keine Ausflüchte!«, unterbrach der Inspektor meine gewundene Erklärung. »Spione werden bei uns füsiliert. Kommen Sie mit.« Ich erblasste. »Wohin?«, stammelte ich. »Zunächst zurück ins Hotel, Ihre Sachen durchsuchen.«

Der Koffer, dachte ich, als ich ihnen folgte.

»*Attention*«, schrie jemand in der Bar bei unserem Eintritt, und ein paar Burschen sprangen von Stühlen und Tischen herunter und gaben den Blick auf ihre Mitte frei – Gilbert und Gaston. Ich glaubte, zwei gezückte Messer verschwinden zu sehen, so rasch, dass keiner mehr wusste, was vorgefallen war.

Die Gendarmen hielten nur mich, die Burschen ließen sie laufen. Kaum in meinem Zimmer, sperrten sie hinter uns die Tür ab. Kasten und Schubladen hingegen wurden aufgerissen. Bald glich mein Zimmer dem Zugscoupé auf der Flucht an der Grenze …

Die Wände schienen ein wenig zu wanken, da durfte ich mich setzen. Plötzlich öffnete sich die Tür und Madame Jacob trat ein. Sie setzte sich neben mich, als wäre ich Luft, und Monsieur Lefèvre reichte ihr etwas aus meinem Dossier. Ich verstand, dass man sie als Übersetzerin bestellt hatte, weil sie aus dem Elsass stammte und etwas Deutsch sprach.

Als Erstes gab man ihr ein deutsches Telegramm zu entziffern. Es war – über Paris – von einem schwedischen Verlag gekommen, und es ging um die Erwerbung der Rechte von meiner Suttner-Biografie. Man verlangte Aufklärung von mir.

Ich versuchte zu erklären: Es handle sich um ein altes Buch von mir, das von den Nazi verboten worden war, die Geschichte einer österreichischen Pazifistin.

»Die bieten Sie jetzt an?«

Ich verstummte. Wann Carli das Telegramm beigelegt hatte, erfuhr ich nicht. Jetzt ging's an seine Briefe, weitere Beilagen fanden sich nicht.

Wort für Wort, mühsam, übersetzte die Elsässerin, manchmal musste sie eine Stelle wiederholen. Ein paar Worte schmetterte sie freilich ohne Zögern hinaus: »Unsere braven Polen, *nos braves Polonais* ...«, was auf Französisch die »tapferen« bedeutet. Hier unterbrach der Inspektor, musterte mich nachdenklich und meinte: »Vielleicht schicken wir Sie einfach zurück.« Ich schnellte hoch. »Dann lieber füsilieren ...«

In der Pause, die folgte, läutete es vom Glockenturm zwölf, die heilige Mittagsstunde. Die durfte nicht unterbrochen werden. Zu weiterer Überlegung zog sich der Herr Inspektor zurück, bis nach Toulouse. Ich sollte hier unter Bewachung bleiben. Mein Dossier nahm er mit. Fänden sich meine Fingerabdrücke in seinem Verbrecheralbum, werde er mich zunächst ins Toulouser Frauengefängnis stecken.

Damit verließ er mich, und die Gendarmen folgten ihm. Um mich verstreut, ringsherum, lagen meine Habseligkeiten. In der Ecke, unberührt, stand der kleine Koffer aus Arcachon. Als ich den Deckel aufriss, schauten mich die Hakenkreuze an ...

Ich steckte sie unter meine Bluse und stürzte über den Gang zur Toilette. Dort zerriss ich das Zeug zu kleinen Fetzen und spülte es hinunter. Unbemerkt kam ich in mein Zimmer zurück, der Boden hob und senkte sich wie auf einem Schiff, ich fand keinen Halt und fiel um.

Gilbert stand neben mir, als ich aus der Ohnmacht erwachte.

»Wir sind beisammengeblieben«, sagte er. Für wie lange, das wussten wir nicht. Jeden Morgen und Abend hatte ich mich auf der Gendarmerie zu melden. Ich durfte Clairac nicht mehr verlassen.

Heimlich, in verschiedenen Orten der Umgebung, warf Gilbert meine Briefe nach Paris ein. Antworten sollten an ihn adressiert sein, trafen aber nicht ein. Wir wussten nicht genau, wie weit die Blicke der Brillenschlange reichten. Sie hasste Briefe im Allgemeinen, wusste Gilbert. Und gerade deshalb sei Irene kurz nach dem Tod ihres Mannes Jacques Postbeamtin geworden.

Noch hatte Gilbert am Sarg für Jacques gearbeitet, als Irene ihn dringend zu sich bat, um ihm etwas zu zeigen. Es waren glühende Liebesbriefe von Jacques, von seiner letzten Geschäftsreise, eben erst bei ihr eingetroffen. Vor Rührung wagte Gilbert kaum genau hinzusehen. Da zeigte Irene auf die Adresse der Briefe: Sie waren an Melanie Gazette, die Dorfschneiderin, gerichtet. Noch vor dem Begräbnis hatte die brave Melanie ihrer Freundin Irene die Liebesbriefe des Toten geschickt.

Nach dem Begräbnis, bei dem Gilbert den Sarg tragen half, bat Irene Gilbert unter Tränen um Trost. Er konnte keine Frau weinen sehen. Aber *petit frère* machte da nicht mit, so was kommt halt vor, meinte Gilbert, die arme Irene ...

Die Brillenschlange, dachte ich, ein schönes Paradies ist unser Clairac.

Die Sonnenblumen um die Hexenhäuschen verblühten. Das Strandrestaurant wurde geschlossen, weil der Wirt einberufen worden war. Der Tanz war vorbei. Die jungen Männer zogen fort und die Frauen blieben allein mit ihren Intrigen.

In den Dorfstraßen lungerten die Kinder herum, denn der Schulbeginn war wegen des Kriegsausbruches verschoben. Manchmal tanzten sie Ringelreihen und sangen dabei Spottliedchen auf die Engländer, die uns in den Krieg gehetzt hatten. Jeannot lief am liebsten hinter Gilbert drein.

Der nahm ihn auf die Schulter und trug ihn wie eine Trophäe zur Werkstatt hinunter. Unter dem Schild *Dubois, père et fils* setzte Jeannot sich gern neben mich oder wir spielten mit Diane. »*Je t'aime, quandmême*«, klang es zwischen den Hammerschlägen zu uns herauf.

Morgens und abends begleitete mich Gilbert zur Gendarmerie. Auch aus Toulouse war keinerlei Nachricht für mich gekommen. Die hatten wohl Wichtigeres zu tun, als sich um meinen Fall zu kümmern. Indessen schien sich Lefèvre an uns zu gewöhnen. »Nützt die Zeit«, kicherte er und drückte ein Auge zu. Der nahe Heidentempel gehörte zu meinem erlaubten Bereich. Eigentlich hätte er renoviert werden sollen, doch reichte das Gemeindebudget wegen der Kriegskosten jetzt nicht dafür aus. Wir saßen auf den Ruinen oder lagen in ihrem Schutz im grünen Gras. Nur der Mond schaute zu.

Eines Tages, völlig unerwartet, erreichte mich eine Nachricht aus Paris. Statt eines Briefes schickte Carli einen Freund zu mir, seinen Cousin Otto Frucht. Carli selber saß, mit zweitausend anderen Landesfremden, im Sammellager Colombe in Paris fest. Den *Ex-Autrichiens* wurde dort offiziell nahegelegt, sich freiwillig in die Fremdenlegion zu melden, sonst müssten sie gefangen bleiben. Zur Meldung riet auch KG, der sich als einziger von den Freunden, die aus Deutschland geflüchtet waren, auf freiem Fuß befand. Mehring sei derzeit in einem Lager bei Lisieux und hoffe, sein Freund Comert werde ihn bald befreien. Otto selber war auf dem Wege zur tschechischen Armee, wie Passer, doch ging er nicht freiwillig. Das verstand Gilbert gut.

Nach dem Zusammenbruch wurde Otto so spät vom Militärdienst entlassen, dass er nicht mehr über die Grenze flüchten konnte, sondern nur bis Clairac. Hier nahm Gilbert ihn auf. Unter dem Vorwand, kein Jude zu sein, durfte Otto monatelang in der Werkstatt mitarbeiten. Als es zu gefährlich wurde, nahm ihn ein Freund von Gilbert, Monsieur Martin, in das Elektrizitätswerk. Später versteckte ihn Noguès auf seiner Farm, und in jener Nacht, in der die Gendarmen aus Toulouse und Bordeaux kamen, um alle Flüchtlinge einzufangen, fuhren ihn Noguès und Gilbert in einem bewaffneten Lastwagen zu einer versteckten Widerstandsgruppe. Zuletzt entkam er nach Toulouse, wo er blieb.

Von dort bin ich mit Otto und seiner französischen Frau Maguy im Frühling 1969 wieder nach Clairac gekommen, zu Besuch. Erst da erfuhr ich die Zusammenhänge.

Am 27. September 1939, kurz nachdem Otto zum ersten Mal in Clairac auftauchte, fiel Warschau. Neunzehn Tage lang hatten es die Polen verzweifelt gegen die deutsche Übermacht verteidigt. Noch während der Übergabe hörten wir aus dem Radio das Pausenzeichen von Radio Warschau, drei Noten aus Chopins Polonaise in A-Dur. Dann verstummten *les braves Polonais*. Zwei Tage später teilten sich Hitler und Stalin die Beute.

»In Clairac ist alles ruhig«, schrieb ich Carli ins Lager, einen der vielen Briefe, die ihn nie erreichten. »Die Leute sprechen von *la drôle de guerre*.«

Die Männer säßen sicher hinter der Ligne de Maginot, die Frauen im Ort hatten die Hosen an. Vom Friseurladen bis zur Garage und sogar im Elektrizitätswerk hatten sie die Leitung übernommen. Nur in Gilberts Tischlerei blieb alles beim Alten, wenn ich auch mitzuarbeiten versuchte. Das lässt sich nicht so leicht lernen, meinte Gilbert. Bis uns eines Tages wieder ein Klopfen an meiner Tür weckte.

Erst dachten wir, es seien wieder die Gendarmen. Dann hörten wir zu unserer Beruhigung eine Frauenstimme, die nach Gilbert rief. Es stellte sich heraus, dass seine Mutter eine Nachbarin hergeschickt hatte; sie suchte Gilbert, weil sie dringend einen Sarg brauchte. Ihr Mann war gestorben.

Erst schaute ich Gilbert, wie schon so oft, zu, wie er Bretter schnitt und zusammennagelte. Dann mischten wir die Farbe. Während sie trocknete, fand Gilbert noch eine Christusfigur für den Deckel. Die könnte ich draufnageln, meinte er, das sei ganz leicht. Doch in meinem Übereifer schlug ich mit dem Hammer allzu fest auf, und der Heiland zersprang in zwei Teile. Ich erschrak, aber Gilbert gelang es, den Sprung so zusammenzuleimen, dass keiner ihn später bemerkte. Und von da an durfte ich immer wieder Christusfiguren auf die Särge nageln, wenn sie gebraucht wurden.

Einmal ertappte mich Mutter Dubois bei dieser Arbeit. Sie wunderte sich und bemerkte anerkennend: »L'Autrichienne ist auch nicht schlechter als irgendeine andere.« Das gab mir den Mut, den Frauen bei der Weinernte zu helfen. Auch ich trug Holzpantoffeln, eine Schürze und einen großen Korb. Wir pflückten dunkle, süße Trauben hinein; es musste ein gutes Weinjahr werden. Wo werde ich sein, wenn die den Wein trinken, ging es mir durch den Kopf. Mein Korb füllte sich. »Es wird ein Wein sein, und wir werd'n nimmer sein«, sangen wir oft beim Heurigen in Wien ... Ich schaute über die Wienerwaldhänge am Lot, die Tischlerwerkstatt an der Ecke, die Hexenhäuschen – wenn ich all das bloß festhalten könnte. Und ich sagte Gilbert, dass ich einen Roman von Clairac schreiben wollte.

Keinen Roman, riet er. »Du musst alles so schreiben, wie's wirklich gewesen ist.«

Das konnte ich noch nicht, dazu war mir alles noch viel zu nah. Auch die Namen änderte ich. Clairac hieß »St. C.«, Gilbert nannte ich »Jean«, und der kleine Jeannot wurde Pierrot. Als Titel schrieb ich darüber: »Dossier d'Amour«.

Mein offizielles Dossier blieb wohl in Toulouse. Das andere trug ich dann auf der Flucht durch Frankreich im Rucksack mit. Schwarz auf weiß, etwas verblichen, liegt es vor mir. Dazwischen steht die Wirklichkeit. »Du musst alles so schreiben, wie's wirklich gewesen ist«, hatte Gilbert gesagt.

Ob ich seit damals schon weit genug gegangen bin? Gilberts-Lieblingsgeschichten spielten in seiner Gegend, wie die von

Giono. Als ich ihm Horváths »Jugend ohne Gott« in Pierhals Übersetzung gab, fürchtete ich, es werde ihm nicht viel sagen. Aber er liebte das Buch, eine Stelle besonders.

Welche denn?

»Das Gespräch mit dem Pfarrer«, antwortete Gilbert zu meinem Erstaunen, »wenn er dem Lehrer sagt: Gott ist das Schrecklichste auf der Welt.«

Am 15. November läutete die alte Kirchenglocke von Clairac zu einer Hochzeit. Dieses Datum merkte ich mir, wenn es auch kein Weltereignis markierte. Eigentlich wollte der Dorfpfarrer bei diesem Ereignis eine neue Kirchenglocke einweihen, doch der Krieg hatte auch diesen Plan zunichtegemacht.

Anderseits war es gerade der Krieg, der die bevorstehende Hochzeit zustande brachte. Denn Mademoiselle Lacoste hatte sich plötzlich zur Heirat mit ihrem Lebensgefährten entschlossen, um dadurch den Sohn als legalen Hotelwirt einsetzen zu können und ihn so vor der Einberufung zu bewahren – was auch gelang. Schon die Vorbereitungen zur Hochzeit brachten ganz Clairac in Bewegung. Gilbert, der sonst die Kirche nur betrat, wenn er einen seiner Särge tragen half, fand, dass wir bei dieser Hochzeit nicht fehlen durften. Ich ließ mir also bei Madame Gazette ein Kleid umarbeiten, und bei der Anprobe erzählte sie mir, auch sie werde die Hochzeit zum Anlass einer Veränderung nehmen. Sie müsse sich nämlich mit der verwitweten Postmeisterin Irene versöhnen, denn sie beide würden Kranzeljungfrauen sein.

Der Bräutigam hatte sich seinen alten Frack erweitern lassen, den er einst zur Taufe des Sohnes bekommen hatte, und die massige Braut trug ein hohes Blumenarrangement auf dem Kopf, doch keinen Schleier. Rosenrot und himmelblau folgten die beiden frischversöhnten Jungfrauen. Durch die buntbemalten Kirchenfenster krochen neugierige Sonnenstrahlen, die auch zuschauen wollten. Es duftete nach Weihrauch. Vor dem Altar, auf dem Kerzen brannten, legte der Pfarrer die Hände der Wirtsleute ineinander und sagte wie immer dabei: »Bis der Tod euch scheidet.« Dann tauschten Patron und Patronne die Ringe und küssten sich. Hinter einem kleinen Seitenaltar, so verborgen, dass niemand uns sah, küsste mich Gilbert. »Jetzt haben wir geheiratet«, sagte er.

Zum Hochzeitsschmaus – es sollte Gänsebraten geben – waren wir nicht geladen. Während der Pfarrer und die Gemeinde dem neuvermählten Paar ins Hôtel Les Glycines folgten, wanderten wir zur Werkstatt zurück. Wir verschlossen die Tür von innen, ließen die Jalousien herunter und legten uns in die duftenden Sägespäne.

Draußen am Brunnen spielte Jeannot mit den Dorfkindern. Ein paar Sonnenstrahlen stahlen sich durch die Spalten in den Jalousien. Gilbert küsste mich wieder. »Wir müssen ein Kind haben, du und ich.« Die Staubkörnchen in der Luft tanzten in bläulichen Kreisen. »Einen kleinen Jeannot«, sagte ich. Wie wir so ganz beisammen waren, fiel es uns ein: »Dann wird uns unser Glück noch überleben ...«

Von da an sprachen wir von unserem Jeannot. Er müsse an der Sorbonne studieren, meinte ich; aber erst ein Handwerk lernen, entschied Gilbert. Grinsend gab uns Lefèvre die Bewilligung, bis nach Agen zu fahren. Für zweihundert Francs lieh uns Madame Gaston einen Wagen. Gilbert wollte eine Französin aus mir machen, die Heiratserlaubnis dazu mussten wir auf der Präfektur in Agen einholen, so sollte ich endlich *en règle* werden.

Auf der Präfektur ließ man uns warten. Das Militär kam zuerst dran. Als wir endlich an der Reihe waren, ging alles ganz rasch. Kein Franzose darf eine Person heiraten, die keine *carte d'identité* besitzt. Das hätte ich wissen sollen.

»Wir müssen halt warten bis nach dem Krieg«, meinte Gilbert zuversichtlich. »Es kann nicht allzu lange dauern, *chérie*, ich will nur dich.«

Bald darauf traf mein *sauf conduit* in Clairac ein. »Damit müssen Sie jetzt nach Paris fahren«, sagte Lefèvre, als er mir das Papier überreichte. Fast schien er es zu bedauern.

»*Je t'aime*«, sagte Gilbert, zum letzten Mal auf der Bogenbrücke, und küsste mich.

»Du wirst wiederkommen.«

Als ich wiederkam, 30 Jahre später, ging ich langsam die Brücke hinauf, und auf ihrem höchsten Punkt, dort, wo man zur Tischlerwerkstatt hinuntersieht, blieb ich stehen. Der wundervolle Strand war noch da und ein einziges kleines Hexenhaus, jetzt ein Museum. Man bekommt dort Ansichtskarten zu kaufen, doch ich wollte mir all das, diesen kostbaren Augenblick, einprägen, um ihn für immer mitzunehmen.

Eine wackelige Holztreppe führt im Hexenhaus zum alten Zimmer hinauf; an den Wänden steht die Geschichte von Clairac, in Bildern, die über Jahrhunderte bis zu uns führen. Ein junger Mann verwaltet die Sammlung, Claude Martin. Gleich bei unserem Eintritt erkannte er Otto, obwohl er damals, als sein Vater Otto aufgenommen hatte, noch ein kleiner Junge gewesen war. Auch Claude arbeitet hauptberuflich im Elektrizitätswerk. Der Vater gehe kaum mehr aus. »Erinnern Sie sich auch an Gilbert Dubois?«, fragte ich Claude, während wir hinausgingen, um Ansichtskarten anzusehen.

»Ja«, sagte Claude, »er war *le coq du village.*« Der Hahn im Dorf – ich schwieg. Von Gilberts Tod hatte mir Otto schon geschrieben, vor über zehn Jahren. Als ich fragte, ob ich vielleicht die Witwe aufsuchen könne, riet Claude Martin davon ab. Sie sei verheiratet und wolle, wie andere auch, nichts von der alten Zeit hören. Aber während Claude mit Otto und Maguy seinen

Vater besuchte, ging ich rasch zur Brücke hinunter, an der Werkstatt mit dem Schild *Ne pas s'arrêter* vorbei und klopfte an das Haus, das auch auf der Ansichtskarte ganz deutlich zu sehen war.

»*Qui est là?*« Wer ist da, klang es von drinnen. Ich antwortete: »Madame Pauli – aus Amerika.«

Die Tür ging auf, ein erstaunter Blick aus schrägen Katzenaugen traf mich, und Madame sagte: »Kommen Sie herein.«

Ich folgte ihr. Auf dem großen Holztisch in der Wohnstube lag ein Wecken Weißbrot neben einem Glas Wein. »Entschuldigen Sie«, sagte Madame, »ich bin gerade erst nach Hause gekommen und habe gegessen.«

Ich blieb verlegen stehen. »Bitte, lassen Sie sich nicht stören, Madame.«

Sie führte mich in die Fensternische.

»Sie stören mich nicht«, sagte sie und bot mir Platz an. »Ich kenne Ihren Namen. Sie haben erst lange nach dem Krieg geschrieben. Gilbert hat mir Ihren Brief gezeigt. Er hat gleich geantwortet.«

Ich erinnerte mich.

Mit einem »*Je t'embrasse*« hatte der Brief geendet, vorher erzählte er von seinen Kindern.

»Jeannot muss jetzt schon sehr groß sein«, sagte ich. »Ja, Jean Pierre studiert schon in Toulouse«, antwortete Madame, »ich nenne ihn Pierrot. Unsere Tochter Nicole lebt mit einem Maler in Paris; na ja, die Kinder …«

Ich schwieg. Wir schauten uns an. Ein Strahl der untergehenden Sonne fiel auf ihr kurzgeschnittenes Haar. Es schimmerte rötlich, wie meines.

»Wie schade, dass Gilbert Sie nicht mehr sehen kann«, sagte sie. »Er hätte sich so gefreut.«

Sie war jünger als ich.

»Vielleicht wäre er enttäuscht gewesen«, sagte ich. Sie schüttelte den Kopf. »Das glaub' ich nicht. Er hat so oft von Ihnen gesprochen. Sie sind Schriftstellerin; verheiratet, wie Sie ihm schrieben ... Haben Sie Kinder?«

»Nein.«

Mehr fragte sie nicht, dann sprach sie pausenlos weiter, in die Dämmerung hinein. Gilbert und sie waren Nachbarskinder gewesen. Sie hieß Juliette, und ihr erster Mann war im Zweiten Weltkrieg gefallen. Ihr jetziger Mann, auch Witwer, war ein ehemaliger Kumpan von Gilbert. Nächtelang zogen die zwei miteinander umher. Jetzt aber, seit ihrer Heirat, dürfe sie Gilbert ihrem Mann gegenüber nicht mehr erwähnen ...

»Es ist so lang her«, sie dachte nach. »Was für ein Talent zur Liebe Gilbert besessen hatte, es wäre doch zu schade gewesen, hätte er nicht so viele glücklich gemacht, nicht wahr ...«

Einmal, als sie ihm nachschlich, weil er immer heimlich nachts aus dem Fenster sprang, bemerkte sie, dass er ein Gewehr mitnahm. Er hatte sich der Résistance angeschlossen, um Deportationen zu verhindern. Sie wusste nicht, ob es gelang. Ein andermal musste sie Gilbert selber bei einer Hausdurchsuchung verstecken. Manchmal lief sie davon, weil sie es nicht mehr aushalten konnte – das mit den anderen Frauen. Aber sie kam immer wieder zu ihm zurück.

Sie sprach und sprach.

*»Quel beau garçon ...«*

Zum Schluss sei er ganz plötzlich verfallen. Niemand durfte ihn mehr sehen, nur sie. Er hatte einen Gehirntumor. Erst nach der Operation heirateten sie. Gilbert wollte eine Trauung in der Kirche haben und lud auch seine Schwester dazu ein. Während der ganzen Zeremonie hatte Gilbert geweint, ja, die Tränen liefen ihm über die Wangen.

Aber er beklagte sich nie. Bis zuletzt blieb er freundlich. Solange er konnte, arbeitete er in der Werkstatt. Geschlossen wurde sie erst nach seinem Tod. Das Haus hier gehöre jetzt ihr und den Kindern. Sie vermiete auch Zimmer. Im Augenblick sei aber gar nichts frei. »Vielleicht ein andermal, wenn ich wiederkomme«, sagte ich und stand auf. Schatten krochen zum Fenster herein.

»Wieder in dreißig Jahren?«, fragte Madame, während wir zur Tür gingen.

»Dann wird's zu spät sein«, erwiderte ich auf der Schwelle. »Oder wir sehen uns woanders wieder …« Im Zwielicht kniffen sich die schrägen Augen zusammen. »Daran hat Gilbert nicht geglaubt«, sagte Juliette und reichte mir die Hand mit einem unsicheren *Au revoir.*

Sie blieb in der Tür stehen, schlank, im grauen Kostüm, und schaute mir lange nach, Schritt für Schritt, bis zum Dorfbrunnen, wo die Frauen die Wäsche wuschen wie eh und je.

# 7

# IM NAMEN VON UNS ALLEN

Paris, die Stadt der Lichter, war dunkel wie die Nacht, als ich Ende November aus Clairac eintraf. Das Blinklicht neben dem Hôtel de l'Univers zwinkerte blau statt rot. Madame Boucher hatte mehrere Zimmer frei und steckte mich wieder in eines, das in den Hinterhof führte.

> *Verlassen grinst*
> *Und leichenblass*
> *Der Montparnasse*
> *– ein Hirngespinst ...*

schrieb Walter Mehring.

Wir waren wieder in unserem kleinen Hotel beisammen. Er war durch eine Intervention des französischen P. E. N.-Clubs aus dem Lager entlassen worden. Jetzt dichtete er weiter.

KG, der nie im Lager gewesen war, hatte Alex, den Rumänen, an Carlis Stelle gesetzt. Carli sei eigensinnig, meinte KG, weil er sich nicht wie viele andere zur Fremdenlegion melden wollte. Dadurch hätte er herauskommen können. So aber war es unmöglich. Carli sollte nun in ein anderes Lager, nahe Le Mans, überführt werden.

Ich hatte mir gleich auf der Pariser Präfektur einen neuen, noch kürzer befristeten *permis de séjour* besorgt, mit dem ich

Paris nicht verlassen durfte. Ich arbeitete wieder für KG, doch fiel mir derzeit nichts ein, das es wert gewesen wäre, über die Grenze geschmuggelt zu werden. Ich stöberte mit Manga Bell die deutschen Telefonbücher durch, die es noch auf Pariser Postämtern gab, die meisten Adressen aber erwiesen sich für KGs Listen als überholt.

Der Stammtisch am Luxembourg lag so verlassen wie der Park im Novembernebel. Unser Kreis war geschrumpft. Zwei neue Freunde besuchten Mehring und mich manchmal an den langen Abenden im Hotel; die beiden Schriftsteller Ernst Weiss und Hans Natonek stammten aus der Tschechoslowakei und waren schon über das militärpflichtige Alter hinaus. Deshalb befanden sie sich auf freiem Fuß.

So saßen wir vier beisammen, diskutierten die Lage und wussten weder ein noch aus. Rechtsgerichtete Blätter wie »Le Journal« und »Le Matin« hatten ein gewisses Wohlwollen für den Führer keineswegs aufgegeben und sahen nur in Russland den wahren Feind. Gerüchte wollten wissen, dass Pierre Laval hinter dem Rücken der französischen Regierung mit Hitler eine Verständigung suche.

Was sollte aus uns werden?

Ernst Weiss hielt die Lage für aussichtslos. Er sei zu müde, um weiterzuflüchten. Auch war er krank; er litt an einem Magengeschwür, was ihn besonders deprimierte. Die Arbeit an seinem Roman hatte er aufgegeben – es hat keinen Zweck. »Sie leben nicht«, sagte er zu mir, »Sie schreiben bloß. Was soll das für eine Frau?«

Ich schrieb mein »Dossier d'Amour«.

Natonek zerstreute sich auch mit Arbeit an einem neuen Roman. So könne er am ehesten vergessen, was vorging.

Manchmal verirrte sich KG abends zu uns. Er schien voll Zuversicht. Die Maginot-Linie sei ein zuverlässiger Schutz, erklärte er. Nachrichten von einem Durchbruch der Deutschen stellten sich immer als Gräuelmärchen heraus.

Ein anderes Gräuelmärchen hingegen erwies sich als Tatsache. Am 30. November fielen die Russen in Finnland ein. Mit dieser Nachricht erschien Wollenberg bei uns. Wenn wir jetzt nicht eingreifen, sagte er, sind wir verloren. Er meinte die Westmächte. KG widersprach. Wir können keinen Zwei-Fronten-Krieg führen. Das wäre das Ende.

In den Nächten gab es manchmal Fliegeralarm, und wir wussten nicht, ob es nur ein Manöver oder Ernst war. Die Sirenen heulten, Monsieur Boucher klopfte an unsere Türen und schrie: »*Les avions, les avions!*« Dann eilten wir in den Luftschutzkeller hinunter, der eng und unheimlich war. Was geschieht, dachte ich, wenn das Haus über uns zusammenbricht, dann liegen wir in den Trümmern hier unten gefangen. Ich glaubte, hier zu ersticken. Manche brachten ihre Gasmasken mit, aber ich besaß keine.

KG hörte wie gewöhnlich nur das, was er wollte. Auf diese Weise schlief er jede nächtliche *alerte* friedlich durch. Nichts geschah in diesen ersten Dezembertagen. In den Lagern, in denen die unzähligen Flüchtlinge festsaßen, gab es keinen Luftschutz. Einige Zeilen von Carli erreichten uns, als er von Colombe nach Le Mans überführt wurde, weil er sich noch immer nicht zur Fremdenlegion melden wollte. Bei der Fremdenlegion seien zu viele Nazi-Unteroffiziere, wusste er. Keiner konnte das leugnen.

In der französischen Armee, so hieß es, könne man die Flüchtlinge nicht als Soldaten verwenden, weil sie dort gegen ihre eigenen ehemaligen Landsleute zu kämpfen hätten. Anderseits könne man aber auch nicht gestatten, dass die Flüchtlinge in den Pariser Cafés herumsäßen und sich dort unter die französischen Soldaten mischten. Das wäre eine Zumutung für die Frontkämpfer.

An den Fronten selbst war noch alles ruhig. Französische Soldaten durften mit uns nicht verkehren. Später, in den Vereinigten Staaten, wurden die Flüchtlinge als Bürger eingeschworen und unter die Soldaten eingereiht. Sie erhielten sogar besondere Aufgaben, zu denen sie zum Beispiel ihre Sprachkenntnisse befähigten. Als Vernehmungsoffizier in amerikanischer Uniform sollte Carli bei der Invasion der Normandie nach Frankreich zurückkehren, um dort deutsche Kriegsgefangene zu verhören.

In der amerikanischen Kolonie von Paris herrschte Empörung über die Zustände in den französischen Flüchtlingslagern. Auch der Kreis um Eric Sevareid war zusammengeschmolzen. Viele hatten das Land verlassen, Eric reiste als Berichterstatter oft an die Fronten. Bisher hatte kein ausländischer Journalist eine Bewilligung erhalten, die Flüchtlingslager zu besuchen. Aber in amerikanischen Zeitungen waren Hinweise erschienen, dass die sogenannten französischen Sammelzentren für Flüchtlinge den deutschen Konzentrationslagern glichen.

Als Eric auf den schlechten Eindruck hinwies, den diese Berichte hinterließen, erhielt er schließlich vom Innenminister Sarraut eine Bewilligung, das Lager bei Le Mans zu besichtigen. Verstört kam er zurück und erzählte mir:

Der französische Lagerkommandant sei ein früherer Major der Kolonialarmee. Er hatte Eric Sevareid die Tür zu den Baracken geöffnet. Hinter Stacheldraht standen die Lagerinsassen, zwischen sechzehn und sechzig Jahre alt. Eiseskälte kam aus dem kahlen Raum. Die Gefangenen suchten sich zitternd in ihre Militärkotzen zu hüllen. Eric stand in seinem warmen Mantel verlegen vor ihnen.

In der Mitte der über hundert Fuß langen Baracke befand sich ein kleiner, kalter Eisenofen. Seinen Schutzbefohlenen einführend, erklärte der Kommandant: »Das sind lauter Diebe. Jeder von diesen *boches* ist ein Dieb. Sie haben in der Nacht Holz stehlen wollen ...«

Köpfe drehten sich Eric zu, als er durch den Stacheldraht auf den lehmigen Boden trat. Zu Beginn hatten die Gefangenen auf diesem Boden schlafen müssen, sagte der Kommandant, indessen aber habe er für die Diebe Pritschen und Heu beschafft, ja sie durften sogar ihre alten Kleider als Kissen benützen. Aber nichts schien ihnen gut genug.

Ein Mann suchte Erics Arm zu fassen. »*Please, sir ...*«, stammelte er, »wir kennen uns ...« Es war ein Österreicher, den Eric einmal als Korrespondent des Amsterdamer »Telegraaf« getroffen hatte. Er steckte ihm seinen Namen und eine Pariser Adresse zu, und im Nu war Eric von Bittstellern umringt. Englisch, französisch und deutsch redeten die bärtigen, schmutzigen Gestalten auf ihn ein, suchten sich verständlich zu machen. Einige weinten. Alle sahen wie Bettler aus: ein Tenor der Wiener Oper, ein Dichter, ein Filmregisseur, Journalisten, Ärzte, Rechtsanwälte und Studenten. Sie schrieben ihre Namen auf Zettel, die sie Eric in die Taschen stopften.

Hilflos stand er da und fühlte sich selbst schuldig. Jemand rief seinen Namen. Er drehte sich um – da stand Carli Frucht, den er im ersten Moment kaum erkannte. Ein zerraufter Christusbart um die eingefallenen Wangen machte die Augen größer, dunkel und tief. Eric fröstelte, als er Carli so sah; es schnürte ihm die Kehle zu. Er konnte nicht sprechen und wandte sich ab, weil ihm Tränen in die Augen stiegen. Er bedeckte sein Gesicht mit dem Taschentuch, während er mit Carli bis ans Gittertor ging. Miteinander reden konnten sie nicht, sie fanden nur ein paar Phrasen. Dann, im Weggehen, am Stacheldraht, ließ Eric seinen Mantel bei Carli zurück. Die Szene wurde festgehalten. Sie steht in Eric Sevareids Buch »Kein so wilder Traum«.

Das Jahr 1939 näherte sich seinem Ende, Weihnachten stand vor der Tür. Die Schaufenster in der Rue de la Paix glitzerten wie immer voller Juwelen, und die seidenen Schals, blau-weiß-rot, trugen die Farben der Tricolore. Im Casino de Paris sang Maurice Chevalier für Zivilisten und Soldaten: »*Paris sera toujours Paris.*«

Die Frontsoldaten lagen frierend in ihren feuchtkalten Bunkern am Rhein und der Maginot-Linie; Carli saß bereits vier Monate im Lager. Eric Sevareid hatte wohl berichtet, konnte aber nicht helfen. Nur seine eigene Lage sollte sich verändern.

Eines Tages erreichte ihn ein Anruf vom Londoner Büro des Columbia-Fernsehnetzes. Er kam von Edward Murrow, dem dortigen Berichterstatter, den Eric einmal kurz in Paris getroffen hatte.

»Über Ihre Erfahrung weiß ich nur wenig«, sagte Murrows bekannte Stimme, aber Sevareids Stil und Ideen hätten ihm Eindruck gemacht. Er wollte ihm eine Chance geben und bot ihm an, Radioreportagen für Amerika zu versuchen. Tatsachen – keine Sensationen. Sei einmal nichts Neues zu berichten, genüge auch diese Meldung. Zunächst sollte Sevareid eine Probesendung für die Direktion in New York machen. »Vielleicht«, schloss Ed Murrow, »wird was draus.« Damit begann Eric Sevareids Rundfunk-Karriere.

Um eine Weihnachtssendung zu machen, verbrachte Eric den Heiligen Abend in einer Befestigung an der Maginot-Linie. Die Soldaten hatten aus ihrem Bunker eine Art Kapelle gemacht, hier fand die Weihnachtsmesse statt, und die Botschaft vom Frieden auf Erden verklang in der Nacht.

Am nächsten Morgen fand Eric eine neue Weihnachtsgeschichte. Die Soldaten auf der Straßburg-Kehl-Brücke erzählten sie ihm. In der Nacht zum 24. Dezember hatten die Deutschen auf der anderen Brückenseite einen Christbaum aufgepflanzt und waren so weit gegangen, die Lichter darauf anzuzünden. Die Franzosen sahen darin eine höhnische Herausforderung. Um Mitternacht zog einer der Soldaten die Stiefel aus und kroch waffenlos und allein auf die andere Brückenseite. Von dort brachte er den deutschen Christbaum mit. Er zeigte ihn Eric als Weihnachtstrophäe; die Lichter waren heruntergebrannt.

Ich verbrachte den Weihnachtsabend mit Lois Sevareid und den wenigen Freunden, die in Paris geblieben waren. Ted Meltzer war nicht mehr bei uns. Durch Erics Erfolge ermutigt, hatte auch er sich um eine Stelle als Rundfunkreporter beworben. Man suche noch mehr Berichterstatter für Amerika, hatten Ed Murrow und William Shirer bestätigt. Bis kurz vor Weihnachten wartete Ted Meltzer auf ihren Bescheid. Dann riss ihm plötzlich die Geduld, das Heimweh packte ihn. »Lass mich Weihnachten nicht allein«, hatte ihm Charlotte aus Minnesota geschrieben.

Zu Weihnachten war er unterwegs, auf hoher See, als in Paris das Angebot für ihn eintraf. Wir konnten ihm das Telegramm aus New York nicht mehr auf das Schiff, nur noch nach Hause weiterleiten. Es war zu spät gekommen. Ted Meltzer hatte seine Chance verpasst.

Noch ein zweiter Heimweh-Fall lichtete unseren Kreis. Wera Liessem kam nicht mehr zu uns zurück. Sie hatte von ihrer Tournee durch Spanien immer verzweifeltere Briefe geschickt: Dieses Engagement, das sie durch Nachtlokale führte, enthielt Nebenverpflichtungen, die nicht ausgemacht waren und die sie keineswegs zu erfüllen gedachte. So ging ihr das Geld aus – und in Anbetracht der Nachrichten aus Paris und eines traurigen Briefes ihrer Mutter aus Hamburg entschloss sie sich plötzlich, nach Deutschland zurückzukehren. Schließlich war ja auch Horváths Familie dort. »Sei mir, bitte, nicht böse«, schloss sie ihren Brief.

Wir werden immer weniger, hatte Ödön vor undenklichen Zeiten gesagt.

Es war ein stiller Weihnachtsabend, nur Lois Sevareid hatte eine Überraschung für uns, die Mitteilung, dass sie ein Kind erwarte. Hoffentlich würde alles gut gehen. Die meisten französischen Ärzte befanden sich schon an der Front, doch hatte sie einen alten Doktor aufgetrieben, der in einem Pariser Militärspital tätig war. Der kam sie regelmäßig an seinen freien Sonntagen besuchen. Er fand so weit alles in Ordnung, nur ihre rasche Gewichtszunahme wunderte ihn.

Ich wartete nicht mehr auf Jeannot. In meiner Lage war es besser so. Ich wartete auf Gilbert. Es war nicht leicht für ihn, wegzukommen. Er hatte jetzt Lieferungen für das Militär, die brachten wenigstens Geld ein – er wollte nur über die Feiertage zusperren und zu mir kommen ...

Und er kam wirklich.

Wir sahen uns wieder. Er schien verändert in seinem grauen Sonntagsanzug, mit einer Krawatte über dem seidenen Hemd; ein Weihnachtsgeschenk von Janine, die nur das Moderne liebte. Wir dachten beide an die Wiege. »Wie schön wär' unser Jeannot darin gelegen«, sagte Gilbert. Dann küsste er mir die Tränen von den Wangen. »Wir müssen halt warten bis nach dem Krieg«, sagte er.

Meine Freundinnen folgten uns mit neidischen Blicken. Natürlich gefiel Gilbert ihnen sehr. Sie hielten ihn für einen Architekten, wenn er von den Häusern in Clairac sprach, und wir ließen sie in dem Glauben. Wir wollten allein sein, unzertrennlich, Tag und Nacht, die kurzen Stunden genießen, die uns blieben.

Eines Nachts störte uns der übliche Fliegeralarm. »*Les avions, les avions*«, schrie Monsieur Boucher.

Gilbert hielt mich fest. »Wär's nicht schön, so zusammen zu

sterben?«, fragte er. Ich fürchtete mich nicht mehr. Wir blieben, wo wir waren.

»*Chérie*«, sagte Gilbert, als wir Abschied nehmen mussten, »wirst du jede Nacht an mich denken, wie ich an dich?« Er küsste mich.

»Anstellen kann ich ja sonst nichts mehr. *Je t'aime* ...« Ich ging nie mehr in den Luftschutzkeller. Jede Nacht – wie er an mich – dachte ich an Gilbert ...

Zu Neujahr 1940 befand sich Paris in Panikstimmung. Einerseits fürchteten die Franzosen eine Niederlage, andersseits wollten sie nichts dazu tun, den Krieg zu gewinnen. Auch der letzte Sieg über die Deutschen hatte ihnen keinen tatsächlichen Gewinn gebracht. Sie waren bereit, wenn es nötig sein sollte, ihr Land zu verteidigen, eine Offensive wurde jedoch nicht in Betracht gezogen.

Die französischen Soldaten saßen in ihren Befestigungen am Rhein und an der Maginot-Linie, wir in Paris und konnten uns nicht rühren. Wollenberg erklärte, die französischen Generäle hätten unbedingt einen Angriff auf Deutschland vorbereiten müssen.

Eric Sevareid war auf seinem Weg zur Grenze auf dem Gare de Lyon in Carli gerannt, der über einer Uniform, die ihm viel zu weit war und an ihm herumschlotterte, den Mantel trug, den ihm Eric im Lager gegeben hatte. Carli hatte sich nicht zur Fremdenlegion gemeldet, doch waren Flüchtlinge wie er schließlich unter britischem Kommando als sogenannte Arbeitssoldaten, *prestataires*, dazu ausersehen worden, ohne Waffen militärische Befestigungen zu bauen. Wir waren glücklich über das Wiedersehen, Carli wieder einer von uns. Bleiben konnte er allerdings nur ein paar Tage.

Wann würden wir uns wiedersehen, wie wiederfinden? Carli

hatte eine Idee: Sollten wir uns verlieren, die Fronten sich verschieben – Clairac blieb unser Treffpunkt, dorthin wollten wir unsere Briefe adressieren. Mit dieser Verabredung trennten wir uns.

Während Carli zu den Befestigungen nach Süden zog, tauchte Rolf Passer auf dem Weg zur Nordfront vorübergehend in Paris auf; er trug eine tschechische Leutnantsuniform. Verwunderte Blicke folgten uns, als wir zusammen durch die Straßen gingen. Seine Uniform schien so ungewöhnlich.

»Man wird uns an der Front als Vorhut nehmen«, sagte Passer, »um die Franzosen zu decken.« Er sei zu allem bereit. Er habe mir damals nach Clairac einen lustigen Brief geschrieben, in dem er erzählte, wie viele Leute und Pferde ihm unterstanden. Das habe ihn beinahe vor ein Kriegsgericht gebracht.

»Mich auch«, sagte ich.

Der Krieg war doch nicht so komisch.

Auch wir beschlossen zuletzt, wenn nötig, uns über Clairac Nachrichten zu übermitteln.

Wellen von Gerüchten überfluteten Paris. Im Norden zögen sich französische Truppen zusammen. Sie sollten gegen die russische Invasion in Finnland, nicht gegen die Deutschen eingesetzt werden. Wollenberg freute sich darüber, KG fragte in London nach. Als Eric Sevareid einen versteckten Hinweis auf diesen Plan Frankreichs im offiziösen »Le Temps« fand, beschloss er, darüber nach Amerika zu berichten. Die Zeit reichte nicht für eine Erklärung, nur für einen flüchtigen Hinweis.

Wie ein Lauffeuer pflanzte sich seine Meldung fort, es kam gedruckt aus den Vereinigten Staaten nach Europa zurück. Schließlich konnte sich die Regierung in Paris nicht mehr um eine Erklärung drücken. Die Truppen würden nur in Nordschweden einziehen und dort die Bergwerke sicherstellen. Der Schock über diese Eröffnung brachte das Kabinett Daladier ins

Wanken. Man hatte also einen Zusammenstoß mit Russland riskiert. Die Neuwahl offenbarte die tiefe Spaltung Frankreichs. Mit einer einzigen Stimme Mehrheit ersetzte Paul Reynaud als Premierminister Édouard Daladier. Das steigerte die Unsicherheit.

Die Iden des März brachten diesmal einen Friedensvertrag zwischen Russland und Finnland. Wollenberg, der sich dagegen aussprach, wurde in ein Lager gebracht, irgendwo im Süden. Dort trafen sich viele Kollegen, wie der in Russland geborene Journalist Leo Lania und der deutsche linksorientierte Romanschriftsteller Leonhard Frank.

Kommunistenführer wie Willi Münzenberg und Paul Friedländer, die sich gegen das Bündnis mit Hitler aussprachen, wurden als »Verdächtige« gleichfalls in Lager gebracht. Noch saßen wir vier, Mehring, Weiss, Natonek und ich, im Hôtel de l'Univers hinter heruntergelassenen Jalousien flüsternd beisammen. In den Straßen von Paris begann man nun auch Frauen einzufangen.

An der Ecke des Boul' Mich' erwischten sie mich, zwei Flics nahmen mich fest und schleppten mich auf die Präfektur. Einer der Beamten wollte meine Aufenthaltsbewilligung sehen. Ich trug sie bei mir, auch war sie gültig, aber das half nichts.

»Es ist in Ihrem eigenen Interesse«, erklärte mir der Mann in Uniform, »dass wir Sie aus Paris heraus, in den Süden bringen, ins Frauenlager von Gurs.«

Ich kochte vor Wut, aber ich sagte ruhig: »Darf ich mir meine Sachen holen?«

Nein, durfte ich nicht; ich sollte gleich mit. Ich fixierte diesen Franzosen, als wär' er der SS-Mann aus dem Zug.

»Wie viele Frauen sind denn schon dort?«, wollte ich wissen.

So ein paar tausend, verstand ich. Mir schoss das Blut in den Kopf, ich kniff die Augen zusammen. »*Ah ça*«, zischte ich durch die Zähne. Dann sah ich ihn groß an: »Und wie viele Aufseher habt ihr?« Er zuckte die Achseln. Er wusste es nicht.

»Schickt mich nur hin«, sagte ich lauernd. »Dann wird man schon sehen ...«

Er schlug mit der Faust auf den Tisch und brüllte: »*Nous ne voulons pas de vous* ...«

Wir wollen Sie nicht ... Schon war ich draußen, ich lief, lief wie gehetzt, kam atemlos, kreideweiß ins Hotel zurück.

Ich fand Mehring am Telefon – er hatte meinetwegen mal wieder mit Pierre Comert gesprochen, der hätte nichts machen können. Man wolle die Frauen in Sicherheit bringen. »In Schutzhaft«, höhnte ich.

Die Pariser Präfektur zu betreten, wagte ich von da an nicht mehr. Dass mein *permis de séjour* indessen ablief, fiel zunächst nicht weiter auf. Wir lebten alle nur auf Abbruch.

Durch eine Pariser Agentin, Denise Clairouen, mit der Carli und ich zu tun gehabt hatten, erhielt ich ein eigentümliches Stellenangebot: ob ich als Deutschlehrerin des französischen Konsuls nach Algier gehen wolle? Es handle sich darum, manches Mal auch bestimmte Nachrichten weiterzuleiten. Ich verstand. Es musste sich um ein Spionagenetz handeln.

Denise Clairouen, eine kleine, unscheinbare Frau, war eine Heldin der Untergrundbewegung und wurde später von den Nazis ermordet. Ich konnte mich nicht entschließen, die sonderbare Stellung anzunehmen. So blieb ich bei den Freunden in Paris. Wir gehörten zusammen.

Als ich Lois Sevareid wieder einmal besuchte, fand ich sie blass und verstört. Sie war von einer Röntgenaufnahme aus dem Spital zurückgekommen, mit einer neuen Überraschung: Sie erwartete Zwillinge. Es könne eine schwere Geburt werden; überdies bestehe die Gefahr, dass sie die Zwillinge vor der Zeit verliere; sie sollten Ende April zur Welt kommen, und bis dahin durfte Lois nicht mehr aufstehen. In den letzten Wochen blieb sie flach auf dem Rücken liegen, wagte kaum, sich zu rühren.

Eric sah die Weltereignisse und seine Frau zugleich einer Krise entgegengehen. Am 9. April überfielen die Deutschen im Blitzkrieg Dänemark und Norwegen. Es gab kein Halten mehr. In Fischerbooten wurden Flüchtlinge nachts in das neutrale Schweden gebracht. Annemarie Selinko und ihrem dänischen Mann gelang es, nach England zu flüchten. In einem Versuch, die deutsche Invasion aufzuhalten, landeten britische Truppen in Norwegen und nahmen Narvik ein.

Truppen marschierten durch Paris. Wir durften die Stadt nicht verlassen. Uns war, als hätten wir eine Schlinge um den Hals, die sich immer fester zuzog. Aus erster Quelle, durch Eric Sevareid, erreichten uns die Schreckensnachrichten.

In der Nacht zum 25. April musste er eine Sendung absagen, um Lois ins Spital zu schaffen. Bis zum Morgen wartete er dort vor der *maternité*.

Einmal kam der Doktor heraus, um wortlos wieder zu verschwinden. Dann erschien er nochmals, zündete sich mit blutigen Händen eine Zigarette an, lehnte sich an die Wand und nickte Eric zu. »Ich hoffe, es geht gut«, sagte Doktor Vigne, »aber für einen Moment war ich gar nicht sicher ...« Damit ging er zurück.

Minuten später stürzte eine Nurse herein und schrie: »*Deux beaux garçons!*« Und diese gute Nachricht war die erste seit langer Zeit, die Eric uns bringen konnte. Mir liefen die Tränen über die Wangen. Als ich Lois in der Klinik St. Pierre in Neuilly besuchte, hielt sie die Kinder still-glücklich im Arm. Eric war unterwegs nach Algier. Dort sollte er für den Fall einer italienischen Attacke Sendungen vorbereiten.

Tag für Tag warteten wir, dass Mussolini an Hitlers Seite eingreifen werde. In der Nacht zum 9. Mai schrie Monsieur Boucher beim Sirenengeheul statt »*les avions*« zum ersten Mal: »*Les bombes, les bombes ...*«

Über den Dächern von Paris dröhnten die Bomber. Ich blieb wieder im Bett liegen; aber ein schöner Tod wäre das kaum gewesen.

Am Morgen hörten wir, dass der Gare de Lyon getroffen worden sei, während die deutschen Truppen zu Lande, zu Wasser und aus der Luft gleichzeitig in drei Länder einfielen: Belgien, Luxemburg und Holland, das sich verzweifelt wehrte.

Es gab viele Opfer in Holland. Unser Verleger Landauer soll aus dem Fenster gesprungen sein, wie Egon Friedell damals in Wien. Nur war es hier kein Missverständnis gewesen.

Radio Paris rief die Reserven auf; in wilden Haufen strömten Offiziere und Soldaten zu den Zügen, die noch gingen. Wir waren gefangen. Von ferne hörten wir Kanonendonner. Vom Norden kamen Ströme von Flüchtlingen. Holland, Luxemburg, Belgien – zusammengebrochen, hieß es. Die Maginot-Linie wankt. In London resignierte der »Mann des Friedens in unserer Zeit«, Neville Chamberlain. Winston Churchill setzte eine Koalitionsregierung ein, bewaffnete eine Heimgarde in London mit Gewehren und Messern, was immer es gab ...

Neuer Luftalarm über Paris ... In einem Taxi raste Eric Sevareid durch die Straßen und versuchte, die Klinik von Neuilly zu erreichen. Als er ankam, wurden Frauen und Babys eben evakuiert. Lois aber fand er mit den Kindern allein im verdunkelten Zimmer. Stundenlang hatte man sie so liegen lassen, hilflos. Unfähig zu sprechen, starrte sie Eric nur an.

Die Ambulanz, die er schließlich mit Hilfe von ein paar Tausendfrancsnoten fand, sah wie ein Sarg aus. Doch war es ein halbwegs sicherer Platz, der sicherste, den er für seine Familie außerhalb von Paris finden konnte. Er beschloss, Lois und die Kinder bei der ersten möglichen Gelegenheit nach New York zu bringen. Die italienische Schifffahrtslinie nahm Erics Anzahlung und erklärte dann prompt, der Duce habe weitere Fahrten abgesagt. Das schien auf den baldigen Kriegseintritt Italiens hinzudeuten.

Aber ein amerikanisches Schiff, die Manhattan, sollte am ersten Juni noch von Genua nach New York fahren, und dafür erhielt Eric durch die Associated Press eine Kabine. Es würden noch andere amerikanische Journalistenfrauen auf der Manhattan flüchten. Nur um der Kinder willen stimmte Lois zu, ohne Eric abzureisen. Sie trug die Babys in zwei Henkelkörbchen, links und rechts am Arm, als Eric sie zum Gare de Lyon brachte. Sie gerieten in ein wildes Gedränge. Frauen, Kinder, Geschrei – mit einem Mal war Lois im Gewühl verschwunden. Im letzten Augenblick erst, kurz bevor der Zug nach Genua abfuhr, sah Eric sie wieder – sie winkte.

Der Bahnsteig war überfüllt von Frauen und Kindern, nur wenige Männer waren darunter, manche trugen Gewehre. Die Kinder schrien nach Milch. Frauen aus Paris in weißen Spitalsmänteln versuchten zu helfen, füllten Milch in Papierbecher und schrien: »Nur für die Kinder, nur für die Kinder ...«

Eric war in eine französische Flüchtlingsgruppe geraten, die aus dem Norden kam. Die Deutschen kommen, *les boches* ... hieß es. Es wird bei Sedan gekämpft ... Sie mussten also durch die Maginot-Linie gedrungen sein, die Deutschen ...

Eric fand ein Telefon. Die amerikanische Gesandtschaft bestätigte die Nachricht. Da schickte Eric ein Telegramm nach New York – nur eine kurze chiffrierte Zeile vom Durchbruch. So schlüpfte seine Botschaft durch die Zensur. Am Tag, da Eric selbst aus Paris flüchten musste, landete Lois in New York ... In dieser ersten Juniwoche strömten die Flüchtlingswellen durch Paris, vom Norden herein, nach Süden hinaus. Wir aber durften nicht fort. Die Ausgänge waren bewacht. Am 4. Juni fielen die

Bomben auf das Ministerium der französischen Luftwaffe, die Citroën-Werke und die Seine-Brücken. Rauchwolken hingen über der Stadt, zogen über die Champs-Elysées. Meine Vision würde sich erfüllen ...

Die Engländer hatten Dünkirchen aufgegeben. »Wir werden bis zum Ende gehen«, erklärte Churchill. »Wir kämpfen in Frankreich, wir werden unsere Insel verteidigen, zu Land und zu Wasser ... Wir werden uns niemals ergeben!«

Die Situation war hoffnungslos, wir ohne Verteidigung, ohne Hilfe. Wohin konnten wir uns wenden? Ganz Europa schien um uns zusammenzubrechen. Amerika, nur Amerika könnte noch ein sicherer Hafen sein. »Uns bringt keiner hinüber«, sagte Ernst Weiss.

Plötzlich kam Natonek eine Idee. »Thomas Mann – er ist drüben. Schreiben wir ihm, man soll uns holen.« Mehring lachte höhnisch. »Natonek – Sie sind der wahre Dichter unter uns.«

Natonek hörte nicht auf zu phantasieren. »Ein Telegramm«, sagte er, »ein Telegramm an Thomas Mann – wir müssen heraus, wir brauchen ein Visum ...« Ich horchte auf. »Ausgerechnet wir vier«, höhnte Mehring. Dann wandte er sich plötzlich an mich. »Vielleicht kann ich – ich kenn' den Thomas gut ...« Einen Augenblick Stille, dann sagte Weiss: »Ja, lasst mich nur aus. Es hat doch keinen Zweck.« Ich sah ihn an, die eingefallenen Wangen.

»Nein«, sagte ich. »Alle oder keiner ...«

»Wir sind zu wenig«, sagte er. »Oder zu viel«, sagte Mehring. Wem es dann einfiel, weiß ich nicht mehr. Die Gedanken pendelten hin und her, bis wir den Ausdruck fanden: »Im Namen von uns allen«, ja, das wollten wir an Thomas telegraphieren, unterschrieben von uns vier. Aber die anderen, alle, die hier in Frankreich saßen, die waren gemeint, Thomas Manns eigener Bruder Heinrich, der in irgendeinem Lager steckte, Lion Feuchtwanger, Leonhard Frank, die Werfels, Hasenclever, wer immer noch am Leben war ... Im Namen von uns allen – wir sandten das Telegramm am 9. Juni an Thomas Mann. Es würde wohl niemanden und nichts erreichen, meinte Ernst Weiss. Doch er unterschrieb den Hilferuf. Die gemeinsame Anteilnahme band uns fester zusammen, der zerrissene Kreis schloss sich wieder. Ich war dankbar dafür, dabei sein zu dürfen in dieser Schicksalsgemeinschaft. Es war ein Trost, eine innere Heimat.

»Wo ihr auch seid, das gleiche Leid«, heißt es in Mehrings Emigrantenchoral. Wir gehörten zusammen.

Mochte uns auch niemals eine Antwort auf unseren Hilferuf erreichen, wir hatten die Frage gestellt, und wir hatten etwas, worauf wir warten konnten ...

In der Nacht zum 10. Juni glaubten wir uns verloren. Wir wussten: vom Norden kamen die Deutschen herein, im Süden fielen die Italiener ein. Wir saßen in der Falle.

Bei jedem Klopfen an der Türe fürchteten wir, noch im letzten Moment ins Lager geholt zu werden. Doch als ich öffnete, stand eine hübsche Frau vor mir. »Gilbert schickt mich«, sagte sie.

Da erkannte ich Mara, die Dunkle, Zierliche vom Ferkelschmaus bei Noguès.

»Wo ist Gilbert?«, fragte ich.

»In Clairac«, antwortete sie. »Wir fahren noch heute Nacht. Mein Wagen steht vor der Tür. Letzte Chance – es gibt keine Züge mehr.«

Heute Nacht, Gilbert, Clairac, dachte ich, da sah ich, wie vergessen, Mehring neben mir. »Kann ich den Freund hier mitnehmen?«, fragte ich.

Mara schüttelte den Kopf. »Ich nehme zwei Freunde mit, die herausmüssen. Es ist nur ein Platz.«

Es war unmöglich, ich konnte nicht allein fort. »Wir dürfen ja gar nicht heraus«, wusste ich plötzlich. »Bei euch ist das anders ... ich kann nicht mit, Gilbert wird verstehen ... tausend Dank und *bonne chance pour vous* ...«

Mit einem »*Au revoir*« lief sie weg, ohne sich umzusehen. Weiß wie die Wand stand Mehring neben mir. »Ich geh' nicht ohne dich«, sagte ich. Und die ganze Nacht telefonierte er wieder vergeblich um Hilfe, so wie damals in Wien.

Am Morgen des 11. Juni erfuhr er am Quai d'Orsay, dass auch die Regierung in der Nacht geflüchtet sei. Noch wussten wir nicht, wohin. Paris war offen, für die Deutschen ... Bei dieser Nachricht brach Mehring zusammen.

Ich rief KG an. Er sprach von einer neuen Maginot-Linie hinter der Loire. Dort müssten wir hin. Ich solle sofort zu ihm kommen und die nötigsten Sachen mitbringen. Ich nahm die Sachen und Mehring mit. Er packte nur seine Manuskripte ein. Wir mussten den Luxembourg durchqueren. Der Park lag verlassen wie die Straßen. Wer nicht schon geflüchtet war, schien sich zu verstecken.

Wir fanden KG beim Einpacken. Er schaute auf Mehring. »Ach so«, machte er. »Ich hoffe, wir haben noch Platz ...« Alex, der neue Sekretär, war unterwegs, um einen Wagen zu besorgen. Wir müssten fort, die ersten deutschen Tanks waren angeblich schon am Montmartre gesehen worden. Er stopfte viel Zeug in flache Koffer.

Erst gegen Mittag kam Alex zurück, er hatte eine rumänische Freundin mitgebracht, die ich nicht kannte. KG schien sie erwartet zu haben; sie hieß Lilly und sollte mitfahren. Der Wagen stand schon unten.

»Und Mehring?«, fragte ich. KG nickte. »Der Walter ist so klein, den kriegen wir schon noch hinein.« Ich nahm nur den Rucksack, ließ meinen Koffer zurück. Walter, die Manuskripte im Arm, drückte sich zwischen uns. Alex schnallte die flachen Koffer von KG auf das Wagendach. Was drin war, wussten wir nicht.

Alex sollte chauffieren, über den Boulevard Montparnasse zur Porte d'Orléans. »Wir haben Weiss und Natonek kein Wort mehr gesagt ...«, fiel mir noch ein. »Wozu auch?«, fragte KG. »Wir können ihnen doch nicht helfen.«

Natonek kam mit irgendeiner Gruppe heraus; wir fanden uns später wieder. Ernst Weiss aber fanden die Deutschen in Paris – tot. Er hatte sich in seinem Hotel die Pulsadern aufgeschnitten. Um ganz sicherzugehen, hatte Weiss, der auch Arzt war, vorher noch Gift zu sich genommen. Wir hatten ihn verlassen. Ich konnte es mir niemals verzeihen.

Der Boulevard St. Michel lag verlassen hinter uns, wer zurückblieb, versuchte, sich zu verkriechen. Am Friedhof Montparnasse vorbei fuhren wir also der Porte d'Orléans zu. Hier blieben wir zum ersten Mal stecken, eingekeilt in eine unübersehbare Menge von Autos, die, einer Riesenraupe gleich, auf den Ausgang der Stadt zukroch ...

Am Himmel über uns kreisten die ersten Nazi-Flieger, noch fielen keine Bomben. Paris wurde ja nicht verteidigt.

Wir saßen schon wieder fest. Die Wagengänge knarrten unter Alex' zitternden Händen. Zu Fuß wären wir rascher vorwärtsgekommen. Aber wir durften den Wagen nicht verlassen, erklärte KG. Er dürfe den Deutschen nicht in die Hände fallen.

Und wir? dachte ich.

Auf der Route nationale kreisten die Bomber über uns, so nah, dass man auf ihren Tragflächen deutlich die Hakenkreuze sehen konnte. Es knatterte und zischte in der Luft – die ersten Maschinengewehrsalven. Alex riss den Wagen herum, so dass wir fast in den Straßengraben fielen. »Man darf nicht hinaufschauen«, sagte ich und griff ins Steuer. Dann lenkte ich den

Wagen, wenn ich auch weder einen Führerschein noch sonst irgendein gültiges französisches Papier besaß. Es machte nichts mehr aus. Niemand kümmerte sich mehr um uns, wir waren eins mit dem Flüchtlingsstrom.

Die Zeit schritt voran, nicht aber wir. Ich schaltete vor und zurück, wir blieben immer wieder stecken. Sinnlos wand sich die Raupe herum. Die Benzinuhr zitterte am letzten Strich – null.

»Wenn wir nur das nächste Nest erreichen«, sagte KG, »dann füllen wir auf.« Mit Warten verging die Nacht. Am Morgen schoben wir den kleinen Wagen schließlich vor uns her. Er war sehr schwer.

Endlich kam irgendein Dorf, das selbst schon im Aufbruch war. Benzin gab es nicht mehr, doch konnte KG ein Fahrrad erstehen. Damit wollte er in Etampes Brennstoff besorgen und zu uns zurückbringen. Es sei ja nicht weit. Wir müssten im Wagen warten.

Wir warteten. Wagen an Wagen gepresst, bewegungslos, standen wir auf der Straße. Nur Fußgänger und Ochsenkarren kamen vom Fleck. Wieder wurde es Nacht. Ein Wetterleuchten zerriss das Dunkel. Ferner Donner folgte. Wie ein Lauffeuer erreichte uns im Morgengrauen das Gerücht: Die *boches* sind schon in Paris, das sich ergeben hat, die Deutschen kommen …

Wir erstarrten. »KG kommt nie zurück. Wir müssen fort«, sagte ich. Alex blieb fest.

»Wir müssen warten. Wir dürfen den Wagen nicht verlassen.« Lilly stimmte ihm zu.

»Ihr seid Rumänen«, sagte Mehring mit weißen Lippen, »euch wird man nichts tun …«

Daran hatte ich gar nicht gedacht. Walter war der Gefährdetste von uns, er stand auf Goebbels' erster Auslieferungsliste. Wenn ihn die Nazis erwischten, war er verloren. Ich nahm ihn an der Hand.

»Walter darf nicht bleiben«, erklärte ich. Wir stiegen aus und suchten nach unseren Sachen. Alex strafte mich mit einem zornigen Blick. Lilly zuckte die Achseln. »Entschuldigt uns bei KG«, sagte ich, »wenn er wiederkommen sollte …« Alex warf mir meinen Rucksack zu. »Wenn ihr ihn trefft«, rief er, »grüßt ihn von uns. Wir bleiben im Wagen.«

Tatsächlich hörten wir von KG erst wieder nach dem Zusammenbruch. Es war unmöglich gewesen, umzukehren. Alex und Lilly hatten vergebens gewartet. Von den Nazis gefasst, wurden sie als »Alliierte« nach Paris zurückgebracht. Ihnen geschah nichts, und sie entkamen später.

Den Wagen aber hatten sie im letzten Augenblick angezündet, damit er den Deutschen nicht in die Hände fiele. Durch das viele Papier war er gleich lichterloh in Flammen gestanden. Dass unter den Propagandapapieren auch Tausende von Pfundnoten versteckt waren, konnten wir nicht ahnen. So wurde alles verbrannt.

Der Wagen blieb zurück, als Walter und ich allein zu Fuß weitergingen. Ich trug den Rucksack auf dem Rücken, er hielt den kleinen Koffer mit seinen Manuskripten fest in der Hand. Über endlose Straßen, ohne uns umzublicken, wanderten wir so zusammen in das Morgengrauen hinein …

# 8

# FLUCHT

Die Sonne ging auf, als wir Etampes erreichten. Es lag in Trümmern. Daher das Wetterleuchten der letzten Nacht. In einer halb eingebrochenen Haustüre stand eine Frau; schreckensstarr, mit weitaufgerissenen Augen schaute sie in den Himmel hinein, der jetzt blau und leer war. Wir kamen näher und fragten die Frau nach dem Weg. Sie rührte sich nicht. Da bemerkten wir, dass ihre Augen ebenso blau und leer wie der Himmel waren.

An der Tür mit der Toten vorbei, hasteten wir fort, sorglich darauf bedacht, nicht auf die Leichen zu steigen, die quer über den Weg lagen. Durch das ausgestorbene Etampes, immer weiter, auf Nebenstraßen, um den deutschen Bombern auszuweichen. So verloren wir den Weg. Kreuz und quer, durch Wälder, über Felder, hetzten wir von Ort zu Ort ...

Plötzlich kamen Gendarmen hinter uns her, diesmal aber meinten sie nicht uns. Mit ihren Gewehrkolben schlugen sie an die Türen. »Aufstehen«, riefen sie, »einpacken, nur das Nötigste mitnehmen.« Verwunderte Köpfe schauten heraus, keiner verstand, was vorging, bis die Gendarmen erklärten: »Evakuierungsbefehl – die *boches* kommen, aus Paris ...«

Da erhob sich das Land. Die Bauern luden ihr Hab und Gut, so viel sie nur konnten, auf ihre Wagen. Zuletzt warfen sie noch Bündel von Heu über das Zeug, denn die Pferde und Ochsen mussten ja unterwegs ihr Futter haben. Die Frauen und Männer banden sich die kleinen Kinder auf ihre Rücken und stapften neben den Fuhrwerken einher.

Das Vieh ließ man los und laufen – es sollte nicht in den Ställen verhungern. Die Rinder steckten die Köpfe hoch in die Luft, als könnten sie das kommende Unheil riechen, dann wanderten sie ziellos querfeldein und zertrampelten mit ihren Hufen das reifende Getreide. Manchmal brüllten sie auf.

Zwischen Pferdewagen, Ochsenkarren, Männern und Frauen mit weinenden Kindern zogen wir weiter, in einer Völkerwanderung, immer nach Süden. Hunde liefen bellend hinterdrein. Ein Panorama der Massenflucht.

Haus, Hof und Felder liegen verlassen hinter uns. Geschäfte sind geschlossen. Es gibt kein Brot mehr. Der Evakuierungsbefehl folgt uns mit Gewehrkolben: Die Deutschen kommen ...

Die Deutschen selbst, hieß es später, hätten den Exodus Frankreichs arrangiert, um die Straßen zu blockieren. So konnte kein Militärtransport durch, und wir kamen kaum weiter.

Das Chaos der Flucht verwandelte Walter. Der ewige Zweifler wurde zum Optimisten. Die drohende Gefahr schien der Filigranfigur neben mir Riesenkräfte zu geben.

»Ich hab' nie Sport betrieben«, spottete er, »darum werd' ich nicht müde.«

Ich fall' gleich um. Ich kann nicht mehr. Meine Füße bluten. Im Straßengraben bleibe ich liegen. Da kniet Walter neben mir. »Schau nur, da drüben steigt Rauch aus einem Schornstein«, sagt er, »komm, bitte, komm, es sind nur noch ein paar Schritte ... «

»Ich habe genug. Geh du«, antwortete ich ihm, »lass mich nur liegen ... « Er sucht mich aufzurichten, redet mir zu. »In Orléans«, sagt er, »gibt's wieder Kaffee.« Was für eine *meringue*, denke ich und sage: »Ich brauch' nur ein Bett.« Dabei weiß ich genau, auch das ist unmöglich.

»Ja«, antwortet er, »ich besorg' dir ein Bett. Warte hier, ich bin gleich zurück.« Er läuft davon.

Ich schließe die Augen. Der kommt nie wieder, wie KG. Aber das macht nichts. Ich bin todmüde, will nur schlafen, nur noch schlafen ...

Walter rüttelt mich auf. »Komm ins Bett«, ruft er und zieht mich mit sich fort, irgendwohin. Das Bett gehöre einem toten Soldaten. Walter war es gelungen, die Witwe zu rühren. »Meine Frau liegt drüben halb tot im Straßengraben«, klagte er ihr.

Sie hielt uns für belgische Flüchtlinge und nahm uns ins Haus. Dort schlief ich im Bett des toten Soldaten, die ganze Nacht. Morgens gab es Kaffee und Brot, und wirklich, dann konnte ich weiter.

»In Orléans«, tröstete Walter, »können wir uns ausruhen. Von dort geht's dann weiter – ja, wir kommen schließlich nach Amerika, ganz sicher, ich versprech' es dir.« Was für ein Dichter er war – hinter uns rückten die *boches* vor, über uns zogen die Nazi-Flieger weite Kreise aus dunklem Kohlenstaub in den Himmel, die Markierung für den nächsten Bombenabwurf.

»Wir sind verloren«, schrien die Gezeichneten und flohen aus dem Todeskreis, die Massenflucht geriet durcheinander, löste sich in wilder Verzweiflung auf, als der Bombenregen niederprasselte.

Wir warfen uns in den Straßengraben, drückten uns gegen den Boden, deckten, wie es sich gehörte, ohne Befehl. Dicht über uns, immer näher ratterten die Maschinengewehre ...

Ich schloss die Augen, um den Tod nicht kommen zu sehen; doch ich konnte ihn hören, näher, immer näher. Im Pfeifen und Krachen kreischte Walter: »Ein Unterstand!«

Ich schaute auf, sah ein paar Soldaten, die unter einem Baum vis-à-vis Deckung suchten. Einer, der noch aufrecht stand, winkte uns zu. Walter wollte hinüberkriechen, ich riss ihn zurück. Eine Bombe schlug in den Baum. Der Soldat fiel um und stand nie mehr auf. Lieber Gott, dachte ich, wenn es einen treffen soll, bitte lieber mich, nicht den Walter, der hängt so am Leben ...

Es schlug wieder ein. Wir blieben liegen, bis der Höllenlärm verklang und der Kohlenkreis am Himmel verblasste. Er wurde nicht mehr benötigt, das Werk war getan – im Schatten der Hakenkreuze blieb ein Trümmerfeld mit toten Menschen und Tieren zurück. Von den Soldaten unter dem Baum überlebte nur einer. Der kam auf uns zu. »*Passez le pont*«, sagte er, »*et vous serez tranquils* ...« Wenn ihr die Brücke überquert, könnt ihr ruhig sein. Ruhe, nur Ruhe ...

Wir wankten weiter, der Loire zu, sie sollte die neue Verteidigungslinie sein, Frankreich war in zwei Teile zerschnitten ...

Als wir Orléans am 16. Juni erreichten, glaubten wir ein Riesen-Etampes zu betreten; die Stadt lag totenstill, von vielen Luftangriffen ausgebombt. Soldaten und Zivilisten waren noch immer mit dem Wegräumen der Leichen beschäftigt, als die Bomber zurückkamen. Sirenen heulten. Durch einen Hinterhof, eingekeilt in eine Menschenmasse, wurden wir in einen Keller gestoßen. Die Augen mussten sich erst an das Dunkel gewöhnen. Aus einer Ecke klang sonderbares Gemurmel. Dort hockte eine Gruppe bärtiger Männer. Sie trugen Kaftans und beteten. »Kaddisch«, flüsterte Mehring mir zu, »sie sagen Kaddisch, das jüdische Totengebet.«

Draußen heulten die Sirenen und Bomben schlugen auf. Bei jedem Aufschlag warf sich eine junge Mutter mit ausgebreiteten Armen über ihr Kind. Das Kind schrie. Beim nächsten Aufschlag stieß auch Walter einen Schrei aus.

»Schreck das Kind nicht«, rief ich ihm zu. Er verstummte. Die Mutter schaute mich an. »Heute Abend werden beide Loire-

Brücken gesprengt«, sagte sie und hielt ihr Kind jetzt im Arm. »Wie heißt der Kleine?«, fragte ich sie. Dann krachte es wieder, sie warf sich nieder, über ihr Kind.

Die Loire-Brücken, begriff ich erst jetzt, wir müssen hin, wir müssen hinüber ... »Wer wird sie denn sprengen«, versuchte ich das Getöse zu überschreien, »die Deutschen oder die Franzosen?«

Keiner hörte mich, bis die Sirenen und das Totengebet verstummten. Alle stürzten dem Ausgang zu. Wir mussten erst die Trümmer beiseiteschieben, dann kletterten wir über die Scherben hinaus. Dass sie unsere Schuhe zerschnitten, spielte schon keine Rolle mehr. Alles strebte den Brücken zu, Männer, Frauen und Kinder, auch viele Wagen, kleine und große. Nur die Leichen blieben liegen. Wir waren die Letzten in dem Zug, erreichten aber doch noch einen großen Lastwagen, der gerade Benzin auffüllte. Hier gab es noch Brennstoff, und der Fahrer füllte nicht nur seinen Tank, sondern auch riesige Kannen, die er auflud. Zwischen den Benzinkannen drängten sich drei Leute auf den Lastwagen, ich sprang neben den Fahrer, Mehring hinter mir drein. Als Letzter in der Wagenkolonne fuhren wir langsam auf die Brücke zu.

Die Uhr am Dom zeigte acht Uhr zehn – sie ging noch –, wir blieben am Brückeneingang stecken.

Über uns zogen die Bomber ihre langen Schleifen. Die Sirenen schwiegen. Wir krochen weiter, langsam, ganz langsam zur Brückenmitte, wo wir festsaßen. Unter uns rauschte die Loire, über uns kreisten die Flieger, kamen näher, immer näher.

Ich sah, wie die Hände des Fahrers am Lenkrad zitterten, wie die von Alex damals. Aber ich rührte mich nicht. Zwischen den Benzintanks hockten die Männer, Frauen und Kinder, regungslos. Vom Himmel herunter schoss ein Bomber direkt auf uns zu ... Wenn er trifft, würden wir wie eine Fackel aufgehen ...

»*Il pique*«, schrie Mehring hinter mir, schnellte hoch und warf sich im Sprung metertief auf die Brücke hinunter; dort, zwergenhaft klein, huschte er wie ein Schatten zwischen den eingekeilten Wagen weiter, dem anderen Ufer entgegen ...

Der Fahrer neben mir stieg aufs Gas, dann kreischten die Bremsen, wir waren in das Auto vor uns gefahren, saßen fest. Der Bomber hing schräg in der Luft.

Wenn ich Walter nachspringe, bricht Panik aus, wusste ich. Wir krochen wieder ein Stück vorwärts, Stoßstange an Stoßstange, der Bomber zog eine Schleife ...

Als wir als Letzte das andere Ufer erreichten, hielt der Fahrer an, nicht um Atem zu schöpfen, nur um mich hinauszuwerfen.

»*Nous ne voulons pas de vous* ...« Wo hatte ich das schon gehört: Sie brauchen wir nicht ...

Er fuhr weiter, hügelauf in den Wald hinein, ich stand hinter der Brücke, allein.

Ein Blitz zuckte vom Himmel, Rauchwolken stiegen auf. Mit Donnergetöse, dicht hinter mir, explodierte die Brücke. Die Loire wurde zum Blutstrom, der Himmel ein Flammenmeer ...

Im Feuerschein sah ich Walter auf dem Boden liegen, ausgestreckt, tot? Ich stürzte zu ihm, er klammerte sich an mich. Wir lebten – zusammen starrten wir auf Orléans zurück: ein Riesen-Scheiterhaufen, angezündet zum Weltgericht ..

Zusammen verbrannten wir darin nicht.

Die Franzosen selber hatten die Loire-Brücken gesprengt, um den deutschen Vormarsch abzuschneiden; mit dem Bombenabwurf hingegen gewartet, bis der letzte Wagen des Flüchtlingszuges über die Brücke war. Davon ahnten wir allerdings nichts, als wir im Wald verzweifelt Deckung suchten. Wir sahen nur noch die Nazi-Flieger, wie Riesenvögel über dem brennenden Orléans ...

Am Morgen, hügelauf, rannten wir aus dem Rauch hinter uns in irgendeinen Drahtverhau hinein. Stacheldraht zerriss mir den Rock, schlang sich um meine Glieder, hielt uns fest. Wir schauten uns hilfesuchend um, da bemerkten wir die Kanonen, die, sorglich unter grünen Zweigen versteckt, einen Halbkreis formten. Mit offenen Mäulern standen sie da, verlassen, ohne Soldaten. Wo waren sie? Wohin sollten wir?

Meine Gedanken gingen im Kreis wie wir selbst. La Loire, la gloire, la Loire ... Nur weg, weiter. Von Lichtung zu Lichtung hasteten wir vorwärts, über Baumwurzeln stolpernd, Holzfällerpfade entlang stießen wir endlich auf die Straße nach Tours. Zerlumpte Gestalten kamen uns entgegen, flüchtend wie wir. »Wohin?«, fragten wir.

Nach Tours – dort soll es noch Widerstand geben. Dort sei die Regierung ...

Im Straßengraben lagen ein paar Soldaten. Die hatten weiße Taschentücher um ihre Gewehre gebunden und winkten damit. Wir gingen auf sie zu. »Auf wen wartet ihr?«, fragten wir sie. »Frieden, nur Frieden«, riefen die Soldaten. Sie zeigten auf ihre Gewehre. »Wir sind ohne Munition, Madame, ohne Verteidigung. Verraten und verkauft ...«

Wir setzten uns neben sie an den Wegrand. Wir konnten nicht mehr. Ich band ein neues Taschentuch um meine blutenden Füße. Dann warf ich die durchlöcherten Schuhe fort. Ein paar Sandalen fanden sich noch in meinem Rucksack. Aber kein Stückchen Brot, nichts zu essen. »Hunger«, sagte ich vor mich hin, »ich habe solchen Hunger ...«

Der Soldat neben mir zog etwas aus seiner Tasche, ein Stück zerbröckelte Schokolade. Er hielt sie mir hin. »Nehmen Sie nur«, sagte er, »ich kann den Dreck nicht mehr riechen. Wir haben seit Tagen sonst nichts zu fressen gehabt. Mein Magen kann das Zeug nicht mehr vertragen.«

Ich teilte die Schokoladerippe mit Walter. Sie schmeckte bitter, und wir verschlangen sie gierig. Dann ging eine Feldflasche mit Wasser von Mund zu Mund. Wir hätten den Soldaten auch gerne was gegeben, doch wir hatten gar nichts. Mit leeren Händen saß Mehring neben mir, und jetzt, mit einem Mal, fiel es ihm auf: Er hatte die Manuskripte verloren.

»*C'est la fin du tout*«, sagte er. Wir waren am Ende. »Frieden, nur Frieden ...«, riefen die Soldaten und schwenkten ihre weißen Taschentücher auf den Gewehren ...

Da, am Himmel, sahen wir mit einem Mal die Riesen-Raubvögel wieder; sie formten einen Keil, zur Loire hin offen, die Spitze in Richtung Tours, so flogen sie über uns hin ... Tours, die neue Widerstandslinie, dort werden sie den neuen Kohlenkreis ziehen ... Walter sprang hoch, wie auf der Brücke von Orléans; er stürzte fort, ich hinterdrein. Querfeldein rannten wir, irgendwohin, wie das verlorene Vieh, ziellos, sinnlos zertraten wir das Getreide, so rasch uns noch die Füße trugen.

Ein Höllenlärm schlug uns entgegen. Wir standen still. Der Lärm kam diesmal nicht aus der Luft, der Boden dröhnte davon. Durch die Halme kroch ein langes Ungeheuer auf uns zu. Im Näherkommen sahen wir, dass es ein Pflug war, auf Riesenrädern, mit einem Mann auf dem Bock. Wir gingen ihm entgegen, winkten ihm zu, flehten ihn an, uns mitzunehmen.

Das Getöse verstummte. Er hielt vor uns an. Walter sprang neben den Mann, ich kletterte dahinter und hielt mich an einer Art Kotflügel fest, als wir weiterfuhren. Die Räder machten einen Lärm, dass man sein eigenes Wort nicht verstehen konnte. Dabei sah ich, wie Walter immer wieder vornübersackte. Ich brüllte ihn an: »Nicht herunterfallen«, aber er hörte mich nicht. In meiner Tasche fand sich irgendein Zettel, darauf kritzelte ich im Weiterkriechen mühsam in großen Buchstaben: »Nicht einschlafen.«

Als Walters Kopf nochmals vornüberfiel, stieß ich ihn in den Rücken und hielt ihm den Wisch unter die Nase. Er las, verstand und hielt sich gerade.

Von einem Feldweg zum anderen ratterten wir dahin, dann kamen wir auf eine Landstraße. Nun fuhren wir schneller, nur der Lärm zerriss mir nach wie vor die Ohren. Walter klammerte sich am Fahrer fest. Plötzlich verstummte das Getöse.

Wir standen vor einem Wirtshaus. Hinter unserem Fahrer stolperten wir durch die Türe. Vor leeren Tischen saßen ein paar Gestalten. Wir drückten uns in eine Ecke. Für Geld und gute Worte brachte der Wirt uns zögernd je ein Stück Brot und ein Glas Wein. »Sonst gibt's nichts mehr«, sagte er. »Erst sind die Belgier gekommen, dann die vom Norden, dann die aus Paris, jetzt ihr – es wird zu viel.«

Hinter den leeren Flaschen in der Bar gab es auch ein Radio. Erst hörten wir nur wirres Stimmengemurmel. Dann schlug die Marseillaise dazwischen. Keiner stand auf. Der Wirt begann, am Apparat herumzudrehen. »Wir wissen nicht, was wir erwischen«, sagte er. »Die *boches* funken dazwischen – unser Sender versteckt sich irgendwo.«

Er drehte. Die Marseillaise wurde lauter. »*Le jour de gloire est arrivé...*« Es krachte. Im Knattern hörten wir abgehackte Sätze. »Tours bombardiert... die Regierung in Bordeaux...« Aus, abgebrochen. Stille. Wir warteten. Dann eine Stimme, klar und deutlich, völlig ungestört: »Marschall Pétain hat mit dem Führer einen Waffenstillstand geschlossen.«

Die Gestalten sprangen auf, Gläser klangen aneinander, Jubel brach aus. »*La paix, la paix, nous voulons la paix*«, im Rhythmus zu den Worten schlugen die Hände die Begleitung auf die Tischplatten.

Der Wirt war verschwunden. Aus dem Radio jubelte die Marseillaise: »*Allons enfants de la patrie...*« Die Kellertür ging auf, der Wirt kam mit einem kleinen Fass heraus, er machte es auf, füllte die Gläser. »*Marchons, marchons ...*«, brüllte das Radio. Keiner achtete darauf. »*Qu'un sang impur abreuve nos sillons ...*«

Vor dem Radio, an der Bar, schnürte die Wirtin ein Bündel auf. Woher hatte sie es genommen? Aus dem Bündel rollten ein Laib Brot, ein Käseballen und eine lange Wurst. Mit einem großen Messer schnitt die Frau die Herrlichkeiten auf. Es war ein Fest. Wir saßen vor einem Tischleindeckdich, stürzten uns auf das Essen, verschlangen die Bissen und tranken in uns hinein. »*Attention, attention*«, schrie das Radio dazwischen. Wir horchten auf.

»*Vous entendez l'ordre du Général de Gaulle* ... Franzosen, vereinigt euch zum Widerstand an der Garonne – England steht hinter euch ...«

»*Merde!*«, ruft einer in die Stille hinein. Hände heben sich. Vor Wut zertrümmert der Wirt das Radio. Dann geht auch das Licht aus. Im Halbdunkel verschwinden Brot und Wein. Wir sitzen wieder vor leeren Tischen.

Im Streit, der ausbricht, flüchten wir.

Zur Garonne, zur Garonne, ein weiter Weg – ein letzter Hoffnungsschimmer.

Wir ziehen ihm nach, durch sterbendes Land. Kulissen gleich, unheimlich still, stehen Häuser am Wegrand. Türen schließen sich. Keiner nimmt uns auf. Für kein Geld der Welt gibt es noch etwas zu essen. Nur durch stundenlanges Anstellen kann man hie und da noch einen Wecken Weißbrot ergattern.

Irgendwo gab's noch eine Dose Tomatenmark, die wir gierig ausschleckten. Es floss kein Wein mehr, nur Wasser, aus Brunnen. Wenn wir Glück hatten, nahm uns ein Ochsenkarren oder Heuwagen ein Stück mit. Manchmal durften wir hie und da statt im Straßengraben in einer Scheune schlafen, und es tat gut, die wunden Glieder im weichen Heu auszustrecken.

Aus jeder Rast riss uns der Ruf: Die Deutschen kommen. Vom Norden, vom Süden, aus allen Himmelsrichtungen kamen sie auf uns zu, im gleichen Schritt und Tritt – liefen wir vor ihnen davon oder in sie hinein? Irgendwo sollte doch noch eine Demarkationslinie sein – oder gab es die auch nicht mehr?

»Bordeaux«, sagte Walter, »wir müssen den Hafen erreichen und ein Schiff ...« Nur die Angst trieb mich weiter, jede Hoffnung schien mit Frankreich zu zerbrechen, der Weg war endlos wie die Müdigkeit. Tag und Nacht, ein einziger Angsttraum, sanken in sich zusammen.

Zwei Wochen Flucht lagen schon hinter uns, als wir die Garonne erreichten.

Wir standen auf einer Brücke, vor einer Straßenkreuzung. Sie war markiert. »Bordeaux, 15 km« nach Nordwesten. »Bayonne, 250 km«, der Pfeil wies direkt nach Süden. Dazwischen standen wir. Dazwischen, irgendwo im Süden, fließt die Garonne in den Lot, wusste ich noch, oder umgekehrt. Vor uns, ganz nahe, lag das Meer – die Dünen von Arcachon, die gestohlene Zeit, längst abgelaufen ... mit den Zügen, die in zwei entgegengesetzte Richtungen fuhren ... Auch wir, Walter und ich, standen vor zwei entgegengesetzten Richtungen. Wieder wollte ich nach Süden. Er wollte nach Bordeaux, rasch auf ein Schiff, ehe es zu spät war.

Doch wenn es schon zu spät war? Wenn kein Schiff mehr ging, wenn wir in Bordeaux den Deutschen in die Arme liefen?

Niemand gab uns Rat. Also wollten wir das Schicksal fragen, »Kopf oder Schrift«, ganz einfach.

»Kopf« heißt Bordeaux, bestimmte Walter, »Schrift« nach Süden ...

Und ich warf ein Sous-Stück hoch in die Luft, das sich überschlug. Es kollerte auf den Boden, drehte sich noch einmal um und blieb liegen – auf Schrift.

Ein Wagen fuhr an uns vorbei, in der falschen Richtung. Wir sahen ihm nach – hatte uns das Orakel falsch geraten?

Wir überquerten die Straße, ein Wagen aus Bordeaux sauste an uns vorbei – Walter winkte zu spät, weg war er.

»Wink du«, riet Walter, »eine Frau rührt eher.« Ich stellte mich in die Straßenmitte. Wie ein Pfeil schoss plötzlich eine schwere Limousine auf mich zu. Ich warf mich fast vor die Räder. Bremsen quietschten. Ich richtete mich aus dem Straßenstaub auf und sah zwei französische Offiziere in einem Luxuswagen.

Flehend hob ich die Hände. »*Amenez nous, amenez nous ...*« Die Wagentür öffnete sich, der eine Offizier wies mit dem Daumen auf die leeren Rücksitze. Wir stürzten hinein, beide, und fort ging's ... nach Bayonne, jedenfalls in die Richtung, in rasender Flucht aus Bordeaux ...

Ausgebombt und verwüstet lag die Route nationale vor uns. Vorbei an zerschossenen Dörfern, im Hundert-Kilometer-Tempo durchquerten wir ein ausgeblutetes Land.

Wir fahren, wir fahren nach Süden ...

Zwei Stunden brachten uns weiter vorwärts als die ganzen letzten zwei Wochen. Wolkenfetzen zogen am Himmel mit, als wir weiterrasten, in die Abenddämmerung hinein ...

Wieder an einer Straßenkreuzung, so schnell, wie sie uns aufgenommen haben, lassen uns die Offiziere stehen, biegen ab, irgendwohin, und verschwinden im Dunkel.

Wir können nicht falsch gehen – die ersten Häuser von Bayonne sind schon zu sehen. Wir folgen dem Lichtschein. Der Himmel ist schwarz. Erst fallen leise Regentropfen, dann peitscht uns ein Sturm in einen Unterstand. Der Wolkenbruch prasselt auf das Blechdach.

Drinnen, auf Holzbänken, sitzen einige dunkle Gestalten, die reden uns in einer unverständlichen Sprache an. Einer kommt auf uns zu. »*Qui est là?*«, fragt er. Dann breitet er plötzlich die Arme aus und ruft: »Mehring – wo kommen denn Sie her?«

Während sich die beiden in die Arme fielen, erkannte ich den polnischen Dichter von »Salz der Erde«, einen Freund Joseph Roths – wie hieß er nur; wir hatten ihn im Tournon öfter gesehen – ja, es war Joseph Wittlin. Wir setzten uns zu ihm. Er war in einem polnischen Transport gekommen. Sobald der Regen nachlässt, sagte er, müssen wir weiter. Die Deutschen sind hinter uns. Aus Bayonne sollen noch zwei englische Schiffe abgehen – für polnisches Militär. Kommt mit, versuchen wir unser Glück …

Der Sturm ließ nicht nach. Wir tasteten uns durch Regen und Wind zum Hafen. Noch nie zuvor hatte ich so weiße Kämme auf so schwarzen Wellen gesehen. Eine einzige riesige Wassermasse rollte uns entgegen.

Wie ausgespien lagen die Fischerboote am Strand, triefende Netze hingen darüber, die Stricke wie Fangarme ausgestreckt. Am Pier wogte eine riesige Menschenmasse. Ein dunkler Schatten, den Mast im Sturm gesenkt, lag das Schiff vor dem Hafen verankert.

Wild schwankende Boote fuhren durch den Sturm zum Schiff hinaus und wieder zurück. Sie nahmen nur Militärpersonen auf. Soldaten mit gekreuzten Gewehren bildeten eine Mauer, drängten Frauen und Zivilisten zurück, die durchbrechen wollten. Etwas abseits stand eine hohe Gestalt: Der britische Kapitän, in goldbetresster Uniform, kerzengerade, unbewegt, überwachte den Vorgang. Er wendete den Kopf nicht. Nur seine leuchtend blauen Augen folgten den Booten auf ihrem Weg hin und zurück.

Plötzlich warfen sich ein paar Soldatenfrauen vor ihm auf die Knie. Mit erhobenen Armen flehten sie ihn an, ihre Männer nach England begleiten zu dürfen. Der Kapitän verzog keine

Miene. Mit ruhiger Stimme sagte er nur ein Wort: »*Sorry*«. Und auf einen Blick aus den blauen Augen rissen die Soldaten die Frauen hoch und trieben sie hinter die Sperre zurück.

Den Augenblick der Verwirrung benützte ich, um mich dem Kapitän zu nähern. Er schien mich gar nicht zu sehen, ich aber sprach ihn an: »*Please* ...«

Unter seinem eiskalten Blick verstummte ich. Aber er fragte freundlich: »Sind Sie Engländerin?«

Ich hatte nur ein Kopfschütteln, er die Antwort von vorhin: »*Sorry.*« Es klang wie ein Todesurteil.

Ins Wasser springen, dachte ich – schon zu spät, ein paar polnische Frauen stürzten sich gerade hinein, wollten den Booten nachschwimmen.

Die Boote kehrten um und bildeten eine neue Barriere. Man holte die Frauen zurück. Und der Ring der Soldaten schloss sich fester um uns. Jede Hoffnung erlosch. Im Morgengrauen legte sich der Sturm. Im letzten Boot verließ uns der Kapitän. Der Nebel über dem Wasser hob sich, als das Schiff in See stach.

Worauf warten wir noch, fragte ich mich. Wir standen da, Wittlin, Mehring und ich, und schauten dem Schiff nach, bis es sich im Blau zwischen Himmel und Wasser aufzulösen schien – blau wie die Augen des britischen Kapitäns, die ich niemals vergessen werde.

Wann uns die Nachricht erreichte, weiß ich nicht mehr genau. Wir hatten uns in Bayonne Gift besorgen wollen, um uns vor dem Zugriff der Deutschen zu schützen. Aber es gab kein Gift zu kaufen ohne Rezept. Wir saßen wieder beim Wein in der Hafenkneipe, als ein paar Matrosen hereinkamen. Die wussten schon alles. Das britische Schiff, erzählten sie uns, war auf eine Mine gefahren; untergegangen mit Mann und Maus. Keiner gerettet.

Am nächsten Morgen wurden die ersten deutschen Motorradfahrer irgendwo in Bayonne gesehen. Wir wollten zur nahen spanischen Grenze, aber man ließ uns nicht durch, sie war wie der Hafen bewacht, eine undurchdringliche Mauer. Auch ein polnischer Militärtransport wurde zurückgeschickt, der nahm uns mit, die Küste entlang.

Wir kamen nur bis Saint-Jean-de-Luz; dort ging uns das Benzin aus. Die Polen versuchten, Benzin aufzutreiben, vergebens, es war wie vor Etampes. Das Straßenbild hingegen, das sich uns bot, glich dem von Arcachon – vor der Kriegserklärung. Leute mit Badetaschen zogen zum Strand, die Geschäfte waren geöffnet und – wir trauten kaum unseren Augen – im Strandcafé war Hochbetrieb – ein Bild des Friedens.

Wir merkten kaum, dass Köpfe sich verwundert nach uns drehten, als wir uns an einen der Tische setzten. »Kaffee«, sagte Walter, »es gibt Kaffee ...« Es gab auch frische Croissants dazu mit Butter, Marmelade und Honig. Wir waren in einem Paradies, der Sintflut entronnen – ich glaubte mich nach Clairac zurückversetzt. Und im Augenblick wollte ich nicht daran denken, dass auch dies hier nicht von Dauer sein würde ... Schluck um Schluck schlürfte ich den duftenden Kaffee, ein Lebenselixier.

Als ich ein drittes Croissant zum Mund führte, zupfte mich jemand am Arm. »Pauli«, sagte eine freundliche Dame mit großem Strandhut, »wie schau'n denn Sie aus?« Und flüsternd setzte sie hinzu: »Soll ich Ihnen vielleicht etwas Geld leihen?«

Ich starrte sie an. Schließlich erkannte ich das Gesicht unter dem Bänderhut. Es war eine Schauspielerin aus Berlin, die Gertrud Kaunitz hieß.

»Danke vielmals«, antwortete ich verwirrt, »wir können bezahlen.«

Indessen begrüßte sie Mehring und deutete auf eine Gruppe an einem Nebentisch. »Wir sind zur Sommerfrische hier, Rudi

Löwenthal, der Filmagent, und ich – uns ist nichts passiert«, sagte sie. »Wo kommt ihr her?« Woher? Ich musste nachdenken.

»Aus Paris«, sagte Walter. Da verstand sie. Ach so. In Paris waren die Deutschen. Auch schon in Bordeaux. Die Regierung sei jetzt anderswo, der Waffenstillstand endlich in Kraft. »Hier sind wir in Sicherheit«, setzte die Kaunitz hinzu. »Hinter der Demarkationslinie.«

Wir trauten dem Frieden nicht. In Bayonne hätte man schon deutsche Patrouillen gesehen. Die Freundin beruhigte uns. Das könnten nur harmlose Einzelgänger sein. Sie bot mir ihr Zimmer an, um mich zu waschen und umzuziehen. Wusste ich nicht, dass mein Rock ganz zerrissen war? Das hatte ich vergessen. Ich ging mit ihr; Walter wollte indessen versuchen, ein Zimmer für uns aufzutreiben. Das wird sehr schwer sein, hieß es; alles überfüllt.

Plötzlich fiel es ihm ein: Gibt's hier noch ein amerikanisches Konsulat? In Bayonne war alles geschlossen. Walter wollte sich erkundigen gehen und hierher zurückkommen. Wir auch. Ich schämte mich plötzlich in meinem zerrissenen Rock. Zum Wechseln hatte ich keinen. Meine Bluse war schmutzig. Ich kaufte mir ein neues Kostüm, Geld hatten wir noch. Als ich mit der Freundin wiederkam, sah Walter mich ganz verwundert an, so verwandelt schien ich.

Er hatte schon wieder eine Hiobsbotschaft zu melden. Der amerikanische Konsul sei zwar hier gewesen, doch nicht mehr zu sprechen. Die Pässe, Papiere, die man ihm anvertraut hatte, habe er der Sicherheit halber alle vernichtet. »Was machen wir jetzt?«, fragte Mehring.

»Ich geh' zum Friseur«, erklärte ich kurz entschlossen. Mein Haar hing mir wirr ins Gesicht, und ich duldete keine Widerrede. Seit Paris war ich bei keinem Friseur gewesen – welche Schande.

Noch saß ich mit nassem, frischgeschnittenem Pagenkopf

unter der Haube, da stürzte Mehring herein. »Du bringst uns um mit deinem Coiffeur«, schrie er, »die Deutschen besetzen die ganze Küste – es geht noch ein einziger Autobus, komm ...«

Er warf dem Friseur das Geld hin, ich rannte mit nassem Kopf hinter ihm her – wir konnten gerade noch in den Autobus springen, der ins Landesinnere, nach Oloron, fuhr. Wieder waren wir allein, eingekeilt zwischen fremden Flüchtlingen. Die »Sommergäste« zerstreuten sich, irgendwohin. Wittlin war mit dem polnischen Transport längst über alle Berge.

An der Endstation erwarteten uns Gendarmen. Sie fingen uns beim Aussteigen alle zusammen und trieben uns zu einer Sammelstelle, einem Massenlager mit Matratzen. Dort sollten wir die Nacht verbringen, hieß es. Am Morgen wollten wir weiter ...

Am Morgen fanden wir uns gefangen, die Türen versperrt. Wir sollten später abgeholt und irgendwohin in Sicherheit gebracht werden, sagte uns einer der Wächter am Haupteingang. Wir warteten, eingepfercht, stundenlang auf unsere »Transportation«. Walter und ich besaßen keinerlei gültige Papiere. Was würde mit uns geschehen? Man hatte uns schließlich doch noch erwischt, eingefangen – in eine Menschenfalle gesteckt.

Nach drei bangen Stunden entdeckte ich zufällig ganz hinten versteckt eine kleine Türe, die halb offen stand. Niemand hatte sie bemerkt. Mehring stand wartend vor mir. Ich zupfte ihn sanft am Ärmel, deutete, als er sich umsah, verstohlen auf die offene Hintertür, legte warnend den Finger auf den Mund.

Lautlos, langsam, die Wand entlang schlichen wir auf die Tür zu, durch den Spalt hinaus – in einen dunklen Gang ... Dann liefen wir dem Licht entgegen, um die Ecke, um eine zweite, kreuz und quer, so, als müssten wir Verfolger irreführen – doch es verfolgte uns niemand. Und niemand außer uns hatte den Ausgang gesehen.

Später erst fiel mir ein, dass die Mausefalle mit der kleinen, unbemerkten Hintertüre dem ganzen großen Gefängnis Frankreich glich.

Die Deutschen hinter uns zu wissen, waren wir schon gewohnt. Jetzt aber mussten wir wieder lernen, die französischen Gendarmen zu meiden. Wie früher, in Clairac, war nun wieder ein *sauf conduit* nötig, um von Ort zu Ort zu gelangen. Wir durften uns also nicht mehr erwischen lassen.

Auf Seitenpfaden schlugen wir uns in die Berge. Von einem Kirchlein kam uns Glockengeläute entgegen. Wir folgten dem Ruf und gerieten in einen kleinen Wallfahrtszug, der nach Lourdes wandern wollte. »Die heilige Bernadette«, so erklärte uns eine Frau, »hat die Deutschen schon einmal vor Lourdes aufgehalten. Wir werden sie bitten, es wieder zu tun ...« Der Waffenstillstand sei nun schon lange geschlossen und eine Teilung Frankreichs vorgesehen. Doch keiner wusste, wo die vorgesehene Demarkationslinie der deutschen Besatzung sei. Im Wallfahrtszug eingeschlossen folgten wir dem Bildnis von Bernadette.

Vor Lourdes schlugen die Pilger ihre Zelte auf. Für uns war nirgends mehr Platz. Ziellos wanderten wir durch die Straßen, von Hotel zu Hotel. Niemand nahm uns auf. Die meisten Lebensmittelgeschäfte waren geschlossen, denn die Regierung hatte fast alle Esswaren beschlagnahmt. Die Regierung unter Marschall Pétain sei nun in Vichy, im Einverständnis mit dem Führer. De Gaulle und was es noch an einer Widerstandsbewegung gab nach England geflüchtet, darunter auch Pierre Comert. Wir fühlten uns völlig verlassen.

Wir traten, ohne es zu wollen, in den offenen Laden, in dem Heiligenbilder verkauft wurden. Wir waren es eben gewohnt, der kleinen Bernadette zu folgen. Sie kniete im Fenster und schaute uns aus aufgeschlagenen Büchern freundlich an. Ein Mann, der eine große Brille trug, blätterte in einem der Bücher. Bei unserem Eintritt hob er den Kopf. Dann umarmten wir uns. Die kleine Bernadette hatte uns mit Franz Werfel zusammengeführt. »Wir folgen ihren Spuren«, erklärte Werfel, und es klang wie eine Entschuldigung. Er studierte ihre Geschichte.

Alma wartete in einem nahen Hotel. Dort hatten die Werfels mit viel Mühe ein Zimmer gefunden, eher ein Loch, eine Art *cachot*, ähnlich dem Gefängnis, in dem Bernadette einst wohnte.

Werfel kaufte ein Buch über Bernadette, ich ein paar Amulette, ehe wir mit Mehring zu Alma gingen. Sie begrüßte uns stürmisch. Uns alle, meinte sie, habe nur ein Wunder gerettet.

Die Werfels waren von Sanary, wo sie den Sommer verbrachten, nach dem Fall von Paris nach Bordeaux gefahren, weil sie glaubten, dass die französische Regierung die Deutschen dort auffangen werde. Was für ein Irrtum! Am 18. Juni flüchteten Franz und Alma aus der Hölle von Bordeaux, dann nach Süden. Ein Wagen brachte sie nach Biarritz. Dann mussten wir zur gleichen Zeit mit ihnen in Saint-Jean-de-Luz gewesen sein, das auch sie am 26. Juni verließen, als die Deutschen kamen. Seitdem waren sie in Lourdes.

Es war Mitte Juli. Die Überredungskunst Almas brachte ihren Hotelier dazu, uns auf dem Billardtisch in seiner Bar übernachten zu lassen. Da lagen wir noch mit zerschundenen Gliedern, während die Werfels in aller Herrgottsfrüh mit den Pilgern zur Grotte nach Massabielle zogen, in der die Jungfrau einstmals der kleinen Bernadette erschienen war.

Die Grotte von Lourdes habe, so sagte Alma, eine heilsame Wirkung auf ihre Seele. Es tue ihr und Franzl auch gut, aus der Quelle zu trinken. Manchmal besuchten sie die Grotte sogar zweimal am Tag. Um Bernadette vor Augen zu haben, brauchte man freilich nicht nach Massabielle zu gehen. Unzählige kleine

Bernadettes, mit Kopftüchlein und blauer Schleife versehen, liefen in den Straßen von Lourdes herum.

»Eine ist wie die andere«, meinte Walter Mehring. Doch Werfel schüttelte sein Haupt: er kannte nur die eine Bernadette, die einmal sagte: »Die heilige Jungfrau gebot mir, zu erzählen, was ich sah, doch nicht, es dich glauben zu machen.«

Ob Werfel an die Erscheinung glaubte oder nicht, Alma zuliebe hatte er ein Gelübde abgelegt, sollten sie dem Massaker entkommen, würde er zum Dank die Geschichte des Wunders von Lourdes erzählen, so wie sie ihm erschien; das Lied von Bernadette.

Statt an ein Wunder wollte Walter an die Möglichkeit einer Antwort auf unser Telegramm an Thomas Mann glauben, was mir ebenso unwahrscheinlich schien. Selbst wenn eine Antwort kam, würde sie uns nicht erreichen, meinte ich.

Wir berieten mit Werfels, was zu tun sei. Sie übersiedelten im gleichen Hôtel Vatican in ein besseres Zimmer. Wollten wir nach verschiedenen Notlagern nun ihr *cachot*?

Doch Walter fand keine Ruhe. Wir hatten »im Namen von uns allen« telegraphiert, nun wollten wir in unser aller Namen die Antwort suchen; wenn es eine gab, so könne sie nur auf dem nächsten amerikanischen Konsulat zu finden sein. Vielleicht in Toulouse.

Noch gingen keine Züge. Zu Fuß wandern, wie wir, konnten die Werfels nicht. Sie blieben bis auf weiteres bei Bernadette. Wir machten uns auf den Weg. Statt in einen Wallfahrtszug gerieten wir in Kolonnen von Militärwagen mit entlassenen Soldaten, die zur Demobilisierung nach Toulouse wollten. »Der Krieg ist aus«, riefen sie und warfen ihre Gewehre in den Straßengraben.

Ein tschechischer Soldatentransport nahm uns mit. Die tschechischen Soldaten sahen noch abgerissener als die Franzosen aus. Viele von ihnen seien gefallen. Man habe sie im Norden in vorderster Linie eingesetzt, als die Deutschen durchbrachen. Ich dachte an Passer. Die Offiziere, so hörten wir, hätte man nach England geschafft. Dort konstituiere sich der Widerstand.

Toulouse glich einem Massen-Heerlager. Senegalesische Soldaten zogen durch die Straßen. Das amerikanische Konsulat war geschlossen. Die Massen stauten sich vor dem Rathaus. Die großen rosa Steine waren über und über mit weißen Zetteln mit Namen und Adressen behängt, die wie unzählige kleine Friedensfahnen im Wind wehten.

Jeder schien in Toulouse jemanden zu suchen; Flüchtlinge aus allen Himmelsrichtungen, entlassene Soldaten in verschiedensten Uniformen, sie alle klebten ihre Zettel an die Rathauswand. So setzten auch wir unser Zeichen dazu, und plötzlich rief jemand meinen Namen. Es war Hans Natonek. Auch ihn hatte ein tschechischer Transport mitgenommen, früher schon. Wir fragten nach Ernst Weiss, dem Vierten im Bunde, damals in den Schreckenstagen von Paris.

Weiss würde nicht wiederkommen ... Noch aus der Mitternacht von Marseille schrieb Walter Mehring wie für Toller und Roth auch für Ernst Weiss seine Erinnerungszeilen:

*Arzt, Dichter, mischt er Giftarznei,*
*Nahm sie beim ersten Hunnenschrei ...*

Von denen, die das Telegramm an Thomas Mann unterschrieben hatten, waren wir drei Überlebenden in Toulouse wieder beisammen. In vergeblicher Suche nach einem Quartier streiften wir kreuz und quer durch die Straßen. Müde rasteten wir dann in einem Bistro. Walter zog die Wirtin ins Gespräch, vielleicht wisse sie doch irgendein Zimmer, meinte er, und ich dachte an das Bett des toten Soldaten.

Sie zuckte die Achseln: »*Ah ça* ...« Für kein Geld der Welt gäb' es jetzt in Toulouse ein Nachtquartier. Natonek blickte nur düster in sein Glas. Nur Mehring forschte unermüdlich weiter. Vielleicht könnte man in einem Keller unterkriechen?

Das gab der Guten plötzlich eine Idee. »Die Geistermansarde«, erwiderte sie. »Da will keiner hin.«

Walters Augen weiteten sich. »Was ist denn das?«, wollte er wissen.

Die Frau bekreuzigte sich. »Die Wohnung des seligen Pfarrers«, flüsterte sie, als habe sie Angst, darüber zu sprechen. »Wo er vor zehn Jahren an der Syphilis gestorben ist. Doch kommt er jede Mitternacht wieder. Er geht halt um ...«

Als habe sie schon zu viel gesagt, verstummte die Wirtin. Wir aber gaben nicht nach. Wir wollten die Geistermansarde aufsuchen und verließen das Bistro nicht eher, als bis wir die Adresse und Grüße an die Concierge besaßen, die den Schlüssel hatte.

Es war nicht weit. Für Geld und gute Worte stiegen wir bald mit dem Schlüssel die knarrende Holztreppe zu jener Mansarde hinauf. Nur mit großer Mühe öffnete sich das verrostete Schloss, und vor uns lag eine Rumpelkammer; der Boden voll Schutt, das Dach durchlöchert, die Fenster eingebrochen. In einer Ecke fand sich ein verstaubter Matratzenhaufen, neben dem ein Blechwaschtisch stand. Werfels *cachot* schien im Vergleich dazu ein Feenschloss.

Als wir wieder bei der Hausmeisterin erschienen, nahm sie an, wir hätten von der Sache schon genug. Wir aber wollten nur noch ein paar saubere Decken auftreiben. Mit ein paar Militärkotzen bewaffnet kletterten wir dann wieder die knarrende Treppe hinauf. Es dunkelte schon. Beleuchtung gab es keine. Doch wir hatten eine Taschenlampe bei uns.

Wir richteten uns auf dem Sandhaufen ein und rollten uns

tapfer in die Kotzen. Pünktlich um Mitternacht weckte uns ein Geräusch. Im Fensterloch, zwischen den Vorhangfetzen, erschien ein dunkler Kopf, aus dem verkniffene Augen blitzten. Ich stieß einen Schrei aus, die Taschenlampe blitzte auf – und eine große schwarze Katze entschwand in die Nacht.

Jede Mitternacht, pünktlich zur Geisterstunde, erschien uns der selige Pfarrer in Gestalt der schwarzen Katze. Er tat nichts Böses, schaute nur und ging. Wir gewöhnten uns an ihn, und Walter zeichnete seine Umrisse auf unseren neuen Zettel für das Rathaus, der nun auch unsere Adresse trug. Um der Sache mehr Gewicht zu geben, hängte ich auf alle Fälle ein Amulett aus Lourdes daneben.

Eines Abends weckte uns ein Geräusch noch vor Mitternacht. Wir fuhren auf. Kam der Selige heute zu früh? Anderen Besuch erwarteten wir kaum. Wieder klopfte es, doch nicht am Fenster, sondern an der Türe. Voll Misstrauen machte ich vorsichtig auf – da stand ein *prestataire* mit einem Ranzen vor mir.

»Carli«, rief ich.

Er trug mein Amulett und Walters Zettel bei sich. Wie alle anderen hatte auch Carli am Rathaus gesucht, als er eben mit den Arbeitssoldaten zur Demobilisierung hier eingetroffen war. Morgen früh musste er sich melden. Jetzt blieb er bei uns. Wir plauderten bis zum Morgengrauen, es gab so viel zu erzählen. Carli hatte eher weniger erlebt als wir, nur an militärischen Befestigungen gebaut, die sinnlos waren, da es ja im Süden keinen Widerstand gab. Wir waren so glücklich, wieder beisammen zu sein, dass es uns erst am Morgen auffiel: die schwarze Katze war ausgeblieben. Carli sah sie bloß auf unserem Papier.

Am Morgen holte er sich sein ordentliches Demobilisierungspapier. Einen Lohn, erklärte die Amtsperson am Schalter, gäbe es für *prestataires* nicht. Traurig hielt ihr Carli seine Geldbörse hin. Um zu zeigen, wie leer sie war, kehrte er sie um. Er wiederholte den Vorgang. Mit leisem Klirren rollte nur die kleine Madonna über den Tisch, dem Fräulein am Schalter vor die Nase.

»*Voilà*«, sagte diese mit verdutztem Gesicht.

Dann griff sie kurz entschlossen in die Schublade und holte ein Bündel Scheine heraus. »Wir machen eben eine Ausnahme«, meinte sie und reichte Carli das Geld zusammen mit der kleinen silbernen Madonna.

Die Wunder gingen weiter. Wir konnten von dem Geld noch am selben Tag Fahrkarten kaufen. Der erste Zug von Toulouse sollte nach Marseille gehen. »Dort werden wir auch ein amerikanisches Konsulat finden«, meinten Mehring und Natonek einträchtig. »Ich fahre nach Clairac«, erklärte ich.

»Nein«, erwiderte Carli. »Ich weiß nicht, wie ich das damals überlebt habe. Diesmal kommst du mit uns.«

Diesmal musste ich mich fügen. Carli wollte mit seinem feinen Entlassungspapier Mehring und mich in Schutz nehmen. Natonek war mit seinem gültigen tschechischen Pass kaum gefährdet. Doch hätte auch er, um zu reisen, ein *sauf conduit* benötigt.

Die wartende Menge am Bahnhof von Toulouse war so groß, dass man leicht darin untertauchen konnte. Auf dem Perron warf ich noch rasch eine Postkarte ein, nach Clairac; ein Lebenszeichen vor der Abfahrt nach Marseille, ohne Adresse.

Ich glaube, es war seit der Flucht aus Paris mein erster Gruß an Gilbert. Walter Mehring aber behauptete fest und steif, ich hätte aus jeder möglichen Station schon nach Clairac geschrieben – lang bevor die Züge gingen.

Im Zug standen wir stundenlang in der Menge eingekeilt. Kein Schaffner konnte durch. So wiegten wir uns in Sicherheit. Hineingekommen waren wir, wie aber würden wir wohl in Marseille die Sperre überwinden?

Die Entscheidung kam immer näher. Dann hielt der Zug kurz vor Marseille an einer Weichenstelle auf einem Hügel.

»Aussteigen«, rief Carli uns zu und sprang auf die Schienen. Walter und ich folgten, Natonek blieb im Zug, der schon weiterrollte. Später erfuhren wir, dass man durch das Marseiller Bahnhofsrestaurant auf die Straße gelangen konnte.

Vom Bahndamm liefen wir den Hügel hinunter, dem Meer zu. Ein kleiner Vorort von Marseille lag vor uns. Mehring meint sich zu erinnern, dass wir eine Straßenbahn nahmen; ich glaube, wir erreichten den nahen Hafen zu Fuß. Er hieß Pointe Rouge.

In einer kleinen Bar an der Straße, die dem Meer entlanglief, kehrten wir ein. Zwischen Fischersleuten saß ein Mann mit einem Vollbart, den Mehring plötzlich erkannte. Die beiden hatten einander schon lange nicht mehr gesehen. Professor Emil Gumbel, ein bekannter Pazifist aus Berlin, hatte Deutschland schon in der Weimarer Republik verlassen. Jetzt aus Lyon geflüchtet, hatte er sich den Bart wachsen lassen, um nicht erkannt zu werden. Dass Mehring sogleich wusste, wer er war, beunruhigte den Professor.

»Man kann nicht vorsichtig genug sein«, flüsterte er uns zu. »Marseille ist schon von Gestapo durchsetzt. Hier in der Bar Mistral ist es relativ sicher. Doch heraus kann man nicht.«

So saßen wir also beisammen.

In der Mausefalle.

## 9

## DIE ANTWORT

Das amerikanische Konsulat von Marseille sah wie ein Schloss aus. Marmorne Stufen führten zum Portal hinauf, und der prächtige Park von Montredon, der es umgab, reichte vom malerischen Hintergrund der Berglandschaft bis zum Strand am Pointe Rouge.

Im wild wuchernden Schlosspark, auf Bänken und Stufen, wo immer die überhängenden Buchenzweige in der brütenden Juli-Sonne Schatten boten, saßen und lagen wartende Menschen. Im Gegensatz zu der marmornen Pracht sahen die schäbigen Gestalten wie Bettler aus, die auf ein Almosen aus dem Schlossinneren harrten.

Aus allen Ländern, die unter Hitlers Joch geraten waren, fanden sich hier die Vertriebenen ein. Zu dieser Bettlergruppe gehörten auch wir. Das Almosen, um das wir baten, bestand nicht in Geld, und keiner konnte es kaufen. Wir begehrten Einlass nicht nur in das Schloss, sondern in das Land der Verheißung, wohin die marmornen Stufen in unseren Sehnsuchtstraum zu führen schienen: in die Vereinigten Staaten von Amerika.

Doch der Traum zerbrach schon am Tor. Ein Portier wachte eisern davor, und links und rechts von den Doppeltüren stand in französischer und englischer Sprache zu lesen:

*Quotenübertragungen aus Paris gesperrt*
*Anmeldungen aus Mitteleuropa geschlossen*
*Schiffsplätze aus Lissabon ausverkauft*

Nur diese offizielle Botschaft erreichte uns. Sie galt für uns alle. Es gab keine Antwort auf unsere Fragen. Die Marmorstufen führten ins Nichts. Und der Himmel, der sich drückend darüber spannte, schien die Inschrift aus Dantes Hölle zu tragen: »Lasst alle Hoffnung fahren.«

Das lockende Rauschen des Meeres, das keine Schiffe überquerten, drang wie fernes Höllengetöse an unser Ohr. Unter den Wartenden verbreiteten sich Gerüchte: Morgen wird auch Marseille besetzt ... Schon kontrolliert Gestapo die Präfektur ... Die Aufenthaltsbewilligung, die du dort kriegst, gilt nur fürs KZ ... Es gab noch ein zweites amerikanisches Konsulat in Marseille, mitten in der Stadt, am Place St. Ferreal. Das aber war nur für Amerikaner bestimmt, nicht für solche, die es werden wollten. Dort hatten wir nichts zu suchen. Wir blieben hier. Die französischen Polizei-Patrouillen mieden den Park von Montredon. Auch Pointe Rouge lag außerhalb ihres Reviers.

Unser Quartier in der Bar Mistral war unser Versteck; dass es überdies in der Nähe des amerikanischen Konsulats lag, war ein unerwarteter Glücksfall. So wurde der Weg zum Konsulat zur täglichen Routine. Es war ein freundlicher Spaziergang, erst am Strand entlang, dann hügelaufwärts durch den alten Park bis zum Schlosseingang. Kamen wir auch nicht weiter, so hatten wir doch ein Ziel. Routine hilft. Sie macht sonst Unerträgliches zur Gewohnheit. Man hält es aus.

Die Zahl der Bettler wuchs von Tag zu Tag. Die Masse der Heimatlosen drängte sich immer dichter in der Mausefalle Marseille. Entlassene Militärs und frühere Arbeitssoldaten wie Carli, Männer und Frauen aus Lagern. Verheimlichten manche auch ihren Aufenthaltsort, auf den Marmorstufen von Montredon traf man sich zwangsläufig. Unter bärtigen Gesichtern, wie dem von Gumbel, tauchten bekannte Züge auf. So meinten wir einmal, Konrad Heiden, den Hitler-Biographen, zu sehen. Schon von weitem, ehe wir ihn gar mit Namen riefen, winkte er ab. Dann, im Näherkommen, flüsterte er uns entgegen: »Ich nenne mich jetzt Silbermann.« Er war aus einem südfranzösischen Lager entwichen, im letzten Augenblick, bevor es die Deutschen übernahmen. Nun hielt er sich irgendwo versteckt. Doch drinnen im Konsulat wisse man schon seinen wahren Namen.

Wir kamen auf unser Telegramm zu sprechen. Vielleicht, meinte Heiden, wisse der Heinrich davon, Thomas Manns Bruder. Auch er sei hier. Auf einer Bank, im Schatten der Buchenzweige ausruhend, fanden wir ihn eines Tages. Etwas schwerfällig kam uns der fast Siebzigjährige entgegen, erfreut, uns zu sehen. Doch hatte auch er kein Sterbenswort von seinem Bruder gehört. »So ist der Thomas eben«, meinte er brüderlich mild. Sein kleiner, unscheinbarer Begleiter setzte sardonisch hinzu: »Nachrichten kommen nicht durch. Man muss sich hier selber durchbringen ...«

So sprach Lion Feuchtwanger, der Heinrich Mann nicht von der Seite wich. Auch diese beiden verrieten nicht, wo sie wohnten. Erst später erfuhren wir, dass der amerikanische Vize-Konsul Bingham den schwer gefährdeten Dichter des »Jud Süß« in seiner eigenen Villa verbarg.

Nur manchmal wagten wir, die Bar Mistral zu verlassen und in die Stadt hineinzufahren. Sonst war Carli mit seinem gültigen Papier unser Verbindungsmann zur Außenwelt. Er besorgte die Post, wie einst Gilbert für mich in Clairac. Immer wieder schrieb ich nun hin. Wagemutig setzte ich meine Adresse hinzu, wenn auch ohne Namen. Aber es kam keine Antwort. War alles verloren oder schwieg Gilbert, weil ich Toulouse verlassen hatte, ohne ein Wiedersehen zu suchen? Das Radio, die Zeitung, jede mögliche Nachricht war zensuriert. Selbst innerhalb der Grenzen der unbesetzten Zone durften wir nicht von einem Ort zum anderen. Ohne Ausweis gab es keinen Ausgang.

Kollegen mit tschechischen Pässen, wie Natonek, hofften, eines Tages doch noch die nötigen Visa zu erstehen; auch Polen, wie Joseph Wittlin, den wir hie und da in Montredon wiedertrafen, klammerten sich an diese letzte Hoffnung. Die Werfels, so meinte er, wären nun auch in Marseille; sie wohnten im Grand Hôtel de Louvre, wie früher.

Wir wollten sie aufsuchen. Die Baskenmütze tief in die Stirn gedrückt, um für einen Franzosen zu gelten, huschte Mehring zwischen Carli und mir in die Stadt. Wir hofften, nicht aufzufallen, im Menschenstrom unterzutauchen. So näherten wir uns vorsichtig dem Hôtel de Louvre.

Da blinkten uns im grellen Sonnenlicht ein paar funkelnagelneue Limousinen entgegen, und feldgraue Offiziere mit Pistolen und geschorenen Köpfen kreuzten unseren Weg. Wir wechselten die Richtung, wanderten die Canebière entlang dem Meer zu.

Wenn man nicht genau hinsah, bot sich ringsum das altgewohnte bunte Bild. Nur waren es Horden entlassener Soldaten, die uns statt der üblichen Matrosen umgaben. Sie trugen bunte Trachten, waren aber keine exotischen Touristen, sondern gestrandete Militärs der Kolonialtruppen; Marokkaner oder Spahis mit Seidenschärpen, auch Senegalesen mit hohen Turbanen. Statt Touristen aus aller Welt liefen Flüchtlinge aus allen eroberten Gebieten herum, unter Tschechen und Polen auch Belgier, Pariser und Nordfranzosen, denen wir zu gleichen suchten.

Im Menschenstrom der Canebière gelangten wir zum Hafen. Der lag unheimlich still da. Keine Schiffe, die ausgeladen wurden, keine, die ausliefen. Unbemannt lagen die Dampfer vor

Anker. Nur kleine Fischerkähne fuhren hin und her, warfen Netze aus und brachten den Fang ans Ufer.

An den vielen Ständen am Dock herrschte noch Leben. Kreischend boten Fischweiber ihre Ware an. In Riesenkörben strampelten Langusten, Hummer und Krabben, oder sie wurden in Wassertöpfe geworfen und lebendig gekocht.

Krebsrot konnte man sie für ein paar Sous erstehen und aus Zeitungstüten an Ort und Stelle verspeisen. Wir waren hungrig. Die deutschen Kommissionen hatten nicht viele Lebensmittel in Marseille gelassen. Nur die Früchte des Meeres wuchsen wie auf einem Tischleindeckdich vor uns nach, uns wehrlos ausgeliefert. Auch sie schreien, ging's mir plötzlich durch den Sinn. Wir können ihre Stimmen nur nicht hören.

Ein Witz fiel mir ein, der zum Weinen war. »Wisst ihr, warum die Juden wie Hummer sind?«, hatte uns der ungarische Dichter Franz Molnar kurz vor dem Anschluss in Wien gefragt. »Weil auch sie schon im Topf auf dem Herd stehen. Das Wasser kocht schon. Aber bevor der Deckel nicht zu ist, glauben sie noch immer, sie können heraus ...«

War der Deckel über uns schon zu? Ich schaute über das Wasser. Keine Rauchsäule am Himmel, kein Schiff am Horizont. Die Brandung brach sich am Fels, der wie eine Mauer dastand. Hoch über uns wachte Notre-Dame de la Garde über Marseille, die *corniche* und das Meer. Hundert Jahre stand sie so da, schon lange vor der Zeit der kleinen Heiligen von Lourdes, der Werfel sein Versprechen gegeben hatte, ihre Geschichte zu schreiben, wenn er gerettet werde.

Den Vieux Port gibt es heute nicht mehr. Er ist vor der Befreiung ausgebombt worden. Aber hoch droben, unberührt, schaut Notre-Dame de la Garde weiter über Marseille und das Meer.

Wer ein Überseevisum besitze, so hieß es, könne damit ein portugiesisches, ja sogar ein spanisches Durchreisevisum kaufen. Diese Nachricht trieb uns wieder auf die Stufen des Traumschlosses zurück; der Circulus vitiosus begann von neuem.

Wir brauchten dem Portier keine Namensliste mehr zu geben. Er kannte uns schon. Auch mussten wir nicht mehr stundenlang auf Antwort warten wie früher. Meist winkte er uns von weitem zu, wenn wir uns näherten: »*Rien pour vous.*« Nichts für uns.

Die Hoffnung, etwas zu erreichen, hatten wir längst aufgegeben. Wir gingen nur mehr nach Montredon, um Freunde zu treffen. Die meisten waren, wie Konrad Heiden, aus französischen Lagern entkommen, darunter der Romanschriftsteller Leonhard Frank. Er war bei der Übergabe des Lagers über den Stacheldraht gesprungen, gerannt und gerannt ...

Nicht jeder war so glücklich. Der Dramatiker Walter Hasenclever hatte sich im Lager von Les Milles, ganz nahe von Marseille, mit Veronal vergiftet, als die Deutschen anrückten. Der Kommunistenführer Willi Münzenberg sei auf der Flucht nach Südfrankreich aufgefunden worden – an einem Baum erhängt. Wer es getan habe, wusste man nicht.

Münzenberg hatte, wie der Österreicher Paul Friedländer, das Hitler-Stalin-Bündnis öffentlich angegriffen. Friedländer sei vom französischen Lagerkommandanten an die Deutschen ausgeliefert worden.

»Die französische Regierung hat sich bereit erklärt, jeden von uns auf Anforderung der deutschen Regierung auszuliefern«, erzählte Leonhard Frank. »Wisst ihr das nicht? Steht doch im Waffenstillstandsvertrag.« Frank machte uns Angst. Deutsche, das waren nicht nur er oder Heinrich Mann, auch Feuchtwanger und Mehring gehörten dazu, denn in diesem Zusammenhang bezeichnete der Führer gerne auch Juden als Deutsche. Carli und ich konnten auch gemeint sein, denn Österreich war ja jetzt »Ostmark«. Franz Werfel, Natonek, die Tschechen gehörten dazu, Polen wie Joseph Wittlin – auch ihre Länder waren deutsche Protektorate. Es war klar. Die Franzosen hatten den Deckel über uns geschlossen, um uns auf deutsche Aufforderung hin zu servieren. Deshalb gab es keine Ausreise für uns. Von daher pfiff der Wind.

»Unsere Tage sind gezählt«, schloss Leonhard Frank. »Wenn wir nicht fortkönnen.«

Dann schlug er vor, nochmals gemeinsam nach Amerika zu telegraphieren. Mehring schüttelte den Kopf. Das würde uns bei der strengen Zensur nur der Auslieferung näherbringen.

»Wo könnte ich denn untertauchen?«, fragte Frank. Unsere Bar Mistral war schon so überfüllt, dass Mehring im Anbau hausen musste. Dennoch fand sich bei ihm ein Bett für Frank. Doch der Schlaf floh uns in den langen Nächten. Wir saßen oft bis zum Morgengrauen in meiner Dachkammer beisammen und diskutierten die Lage. Durch die Fensterluken drangen der Nebel und das Rauschen des Meeres. Manchmal glaubte man, in einer Schiffskajüte zu sein. Aber sie bewegte sich nicht.

Helle Punkte kreisten draußen am Nachthimmel, Möwen, die nach Beute suchten. Sie ließen uns die Freiheit ahnen.

Der kleine, zierliche Mehring saß ein wenig zusammengekauert da, leicht vorgeneigt, mit dem Rücken gegen das Panorama. So hatte George Grosz ihn lange vor dem Reichstagsbrand schon prophetisch gezeichnet, im Hintergrund das brennende Berlin. Einem alten Holzschnitt gleich hockte Leonhard Frank Walter gegenüber. Sein weißes Haar und seine unwahrscheinlich blauen Augen glühten im Schein der kleinen Lampe auf, die von den schrägen Deckenbalken herunterhing. In diesem spärlichen Licht schrieb Frank weiter an einem neuen Roman – »Ein langes Leben mit dir, ein langes Leben ...«

Der Titel schien von der Tatsache abzulenken, dass unsere Tage gezählt waren. Unsere Gesellschaft störte den Dichter kaum, im Gegenteil, er suchte uns jeden Abend auf. Er fürchtete sich mehr, wenn er allein blieb. Auch Walter dichtete still vor sich hin, und Gumbel machte irgendeine Rechnung, die nicht aufging. Carli und ich blinzelten ins Licht und warteten geduldig, bis einer der beiden Dichter uns vielleicht wieder etwas vorlesen wollte. Draußen rauschte das Meer. Es kommt mit neuen Wellen, immer wieder ...

Was aus uns werden sollte, wussten wir nicht. Die Bar unter uns, in der die Eingeborenen, meist Fischersleute, tagsüber tranken, war längst geschlossen. Denn schon im frühen Morgengrauen wollten die Fischer in ihren kleinen Booten wieder zum Fang ausziehen.

In den kleinen Buchten hatte mir Gilbert das Fischen gezeigt. Daran musste ich denken. Mein »Dossier d'Amour« lag heimlich bei mir in der Schublade. Danach, meine ich, fragte doch keiner. Bis ich eines Nachts Franks Augen auf mich gerichtet fühlte, durchdringend blau wie die des Kapitäns von dem versunkenen britischen Schiff.

»Hertha«, sagte Leonhard Frank, »lesen Sie uns doch auch mal vor.« Ich gehorchte, zog das Manuskript aus der Schublade und, etwas unsicher beginnend, stand ich wieder auf der Brücke von Clairac ...

»Nicht schlecht«, meinte Frank. Mir stieg das Blut in die Wangen. Ich freute mich. Leonhard Frank war ein Meister der Sprache. Er setzte seine Worte wie Bausteine aneinander, schmiedete Sätze und baute Absatz für Absatz ein Haus, in dem sich der Leser einrichten konnte.

Kein Zweifel, Frank war ein Baumeister der Sprache. Er hatte sie mit unsäglicher Mühe im Selbstunterricht bezwungen. Aus einer Schusterfamilie in Franken stammend, war er kaum in die

Schule gegangen. Seine Aufnahmefähigkeit aber schien durch diesen Kraftakt erschöpft, denn er konnte kaum ein Wort einer anderen Sprache behalten. Mehring diente ihm als Dolmetsch, ungern, aber doch.

In der Bar erklangen Stimmen. Frank fuhr zusammen.

»Mehring«, gebot er, »fragen Sie, was los ist.«

»Unsinn«, gab Walter zurück. »Jeden Tag das Gleiche. Die fangen nur Fische, nicht uns.«

Frank wurde ärgerlich. »Fragen Sie doch«, fuhr er fort. »Sie können das leicht. Außerdem sind Sie nicht so gefährdet wie ich.«

Da waren die beiden nun wieder beim täglichen Streitgespräch angelangt. Es variierte nur wenig. Der Ausgangspunkt spielte kaum eine Rolle, am Ende stand immer die Frage: Wer ist mehr in Gefahr?

»Ich bin schon auf der ersten Goebbels-Liste ausgebürgert worden«, schrie Walter. »Das wissen Sie doch.« Frank zuckte die Achseln. »Und wenn schon. Ich bin freiwillig gegangen. Hätte mich als sogenannter Arier nur umzustellen brauchen.«

Mehring höhnte: »*Voilà.*«

Sich vergessend schlug Frank auf den Tisch. »Ich trete für meine Überzeugung ein. Das hassen die drüben am meisten.«

Mehring schnellte hoch. »Das tu' ich auch. Also hassen die Brüder mich doppelt.«

Hier mischte sich Gumbel ein. Er suchte zu scherzen. »So wie ihr zwei haben schon Heine und Börne gestritten – vor hundert Jahren.«

Keiner lachte. Mehring und Frank, plötzlich vereint, wandten sich nun beide gegen den Professor. Er habe gut reden, er sei doch Franzose.

Das konnte Gumbel nicht leugnen, denn er war durch seine Professur in Lyon Franzose geworden. Die Nazis aber kannten ihn nur zu gut. Er war verloren, wenn sie ihn fassten. Daher der Bart. Er pflegte ihn sorglich. »Wir sitzen doch alle im selben Boot«, meinte Gumbel versöhnlich.

Die Fischer fuhren aufs Meer. Wir saßen in unserer Kajüte. »Gehen wir schwimmen«, schlug Gumbel mir vor. Zur Abkühlung.

Unser Morgenbad im Meer begann den Morgenspaziergang zum Konsulat zu ersetzen. Selbst Routine half nichts mehr. Wir hatten die Hoffnung auf das Almosen aus dem Schlossinneren aufgegeben und wollten den Portier nicht so oft belästigen.

Mehring und Frank hielten sich morgens meist im Bistro auf. In verschiedenen Ecken sitzend tranken sie Kaffee und schrieben, meist Briefe. Leonhard Frank sandte Brief um Brief an seine Freundin, die Heldin seines Romans: »Ein langes Leben mit dir ...«

Carlis erster Weg führte zur Post, dann weiter, auf der Suche nach sonstigen Neuigkeiten. Später kam er zu uns an den Strand; man musste dazu von unserer Bar nur die meist leere Straße überqueren. Das Ufer war steinig und wild. Außer uns badete dort keiner.

Die Brandung war stürmisch. Wir tauchten unter den Wellen durch, dann kraulten wir ins Meer hinaus, immer weiter. In der Alten Donau hatte ich einmal einen Weltrekord im Brustschwimmen errungen, doch jetzt kam ich Gumbel kaum nach; er war ein Athlet mit bald fünfzig Jahren. Weit draußen ließen wir uns dann, ausruhend, treiben.

Dort drüben, irgendwo im Dunststreif, lag die Küste von Algerien. Es hieß, so hatte Carli erzählt, dass bei Nacht und Nebel manchmal noch Schiffe hinüberfuhren. Wir sahen keine.

Einmal, es musste schon gegen Mittag sein, kam Carli besonders aufgeregt aus der Stadt zurück. Man könne nun ganz offiziell ein Überseevisum erstehen, sogar ganz billig, nach Belgisch-Kongo. Die Voraussetzung dafür sei freilich ein gültiger Pass. Also wieder nichts für uns. Wozu die Aufregung? Nur Gumbels Augen blitzten auf. »Auch für französische Pässe?«, wollte er wissen.

Danach hatte Carli nicht gefragt.

»Kommt, Kinder«, rief der Professor. »Gehen wir auf eine Erkundigungstour.«

Aber Carli wollte mich nicht mitnehmen. Um die Konsulate trieben sich die Flics herum, warnte er. Doch ich gab nicht nach, bestand darauf, mich den beiden anzuschließen. Die Straßenbahnfahrt vom Pointe Rouge nach Marseille dauerte kaum eine halbe Stunde. Doch gleich beim Aussteigen gerieten wir prompt in eine Polizei-Patrouille.

Carli hatte recht gehabt. Rasch hielt er dem ersten Polizisten seinen Entlassungsschein hin. Währenddessen musterte mich der zweite.

»*Et Mademoiselle?*«, fragte er.

»*Ma fiancée*«, erwiderte Carli. Das half nicht. Ich kramte in meiner Tasche nach meinem alten *permis de séjour* und reichte ihn dann dem Polizisten mit einem entwaffnenden Lächeln. Tatsächlich schien ihm das längst verfallene Ablaufdatum zu entgehen. Doch etwas anderes beschäftigte ihn. »Nicht aus dem Lager entlassen?«, fragte er verwundert.

»Nein«, sagte ich, »ich war nie drin.«

Er schien beeindruckt. »Wieso denn das?«, wollte er wissen.

Ich zuckte die Achseln. »Man wollte mich nicht.«

Mit einem »*Ah ça*« erhielt ich mein Papier zurück. Noch einen Augenblick musterte mich der Mann. Er dachte wohl, ich hätte besondere Beziehungen. Wenn ich nicht mit den anderen nach Gurs geschickt worden bin, musste ich mit den Nazis gut stehen. Deshalb ließ man mich laufen. Carli folgte uns langsam.

Von Gumbel war keine Spur zu sehen. Er musste rechtzeitig verschwunden sein.

Unsere Erkundigungstour erübrigte sich. Um den Blicken der Flics zu entgehen, drängten wir uns, wie gewohnt, in möglichst dichte Menschenmassen. So gerieten wir von der anderen Seite in die wartende Schlange vor einem der Konsulate. Die portugiesische Fahne hing schlaff am Mast, kein Windhauch rührte sich, und die Mittagssonne brütete über den Wartenden.

Ein Mann vor uns bedeckte sein Gesicht mit einem Taschentuch, mit dem er sich hin und wieder den Schweiß abwischte. Ich erkannte die Frau neben ihm, auf die er sich müde zu stützen suchte.

»Alma, Alma«, rief ich ihr zu, »wie könnt ihr bloß hier in der Hitze stehen? Das kann noch dauern …« Der eiserne Wille von Alma Mahler-Werfel war nicht leicht zu beugen. »Franzl muss durchhalten«, erwiderte sie. »Wir brauchen das Visum.« Es klang ganz selbstverständlich, so, als hätten wir uns erst gestern gesehen.

Ich schaute die Schlange entlang. Es schien mir unbegreiflich, dass man Franz Werfel nicht vorließ. Sein Name war doch durch seine Bücher in aller Welt bekannt. Konnte er sich nicht direkt an den Konsul wenden, fragte ich Alma.

Sie schüttelte den Kopf. »Wir wollten unsere Karte hineinschicken«, erklärte sie. »Aber der Portier lässt nichts durch. Wir müssen halt warten wie alle anderen.«

Werfel atmete schwer. Er suchte vergebens, mir zuzulächeln. Der Schweiß stand auf seiner Stirn. Er wird umfallen, dachte ich, bei seinem Herzfehler hält er das nicht aus.

Plötzlich kam mir eine Idee. »Wir kommen gleich wieder«, rief ich und eilte mit Carli zum nächsten Café, das gleich um die Ecke lag. Von hier suchte ich nun per Telefon das portugiesische Konsulat zu erreichen.

Die Verbindung klappte. Ein Fräulein meldete sich und fragte, wer spräche.

»Madame Werfel«, antwortete ich. »Sie wissen doch, Franz Werfel, der Schriftsteller ...« Ich wusste, dass meine Stimme so ähnlich wie die Almas klang.

»*Oui, Madame Werfel*«, kam es freundlich zurück. Das gab mir Mut. »Mein Mann möchte, bitte, den Herrn Konsul sehen«, erklärte ich. »Aber der Portier lässt uns nicht durch ...« Ich stockte.

»Einen Augenblick, Madame Werfel ...«

Der Augenblick dehnte sich. Dann knackte es im Apparat, ich war mit dem Konsul verbunden. Er versicherte mir seine Verehrung für meinen Mann, den er gerne kennenlernen möchte. Ob wir heute Nachmittag um vier persönlich bei ihm vorsprechen wollten?

Ich nahm dankend an. Stolzgeschwellt eilten wir zu den wartenden Werfels zurück. Sie standen noch immer am selben Fleck, die Menschenschlange war nicht vorgerückt. Ich zog Franz und Alma beiseite und sprudelte meine Botschaft hervor, etwas unsicher schließend:

»Ich hab' natürlich als Frau Alma Werfel angerufen – macht das was?«

Alma umarmte mich mitten auf der Straße. Dann gingen wir wieder ins Eckcafé.

»*Garçon, une bouteille de champagne*«, bestellte Alma. »Das muss gefeiert werden«, sagte sie.

Langsam kehrte die Farbe wieder in Werfels Wangen zurück. »Dank Ihnen so«, er nahm meine Hand. »Kann ich irgendetwas für Sie tun?«

Ich erklärte ihm unsere Lage. »Da hilft kein Anstellen. Wir haben keinen Pass.«

Werfel überlegte nicht lange. »Der tschechische Konsul hier

ist ein Freund von mir«, sagte er dann. »Ich werde ihn um Pässe für euch ersuchen.«

Ich konnte ihm nicht genug danken. Mir fiel noch ein, dass mein Vater aus Prag stammte und Carli in Brünn geboren war. Das mochte die Sache erleichtern. Franz Werfel versprach, sein Bestes zu tun. Alma schwieg. Wir leerten den Champagner bis zum letzten Tropfen und verabredeten, am nächsten Morgen bei Werfels im Hotel anzurufen.

Wir bekamen gute Nachrichten zu hören. Der portugiesische Konsul sei reizend gewesen. Er hatte das Visum für die Werfels gegen ein Autogramm eingetauscht. Und meinem Beispiel folgend, hatte Alma nun per Telefon mit dem spanischen Konsul eine Verabredung getroffen, zum gleichen Zweck. Was uns betraf, so sollten wir uns heute Nachmittag auf dem tschechischen Konsulat melden und Passbilder mitbringen.

Wir hatten welche, ursprünglich für das amerikanische Visum gedacht.

Das tschechische Konsulat von Marseille war einzigartig. Ein Anachronismus inmitten allgemeiner Auslieferung und Nazi-Verträgen, führte es eine Art Scheindasein in Vertretung der tschechischen Exilregierung. Es teilte das gleiche Schicksal wie wir: heute noch hier, morgen vielleicht schon auf der Flucht …

Kisten und Koffer standen in dem kleinen überfüllten Raum herum, den wir betraten. In diesem Amt, das sich in Auflösung befand, sollte es noch Hilfe für uns geben. Unter der Devise »Rette, wen du kannst« war hier eine kühne Aktivität im Gange.

Uns war, als hätten wir hier, mitten im Feindesland, ein Stück Heimatboden betreten. Die Zusammengehörigkeit, deren Ursprung in der alten Donaumonarchie wurzelte, erstand hier plötzlich zu neuer Gültigkeit. Die gemeinsame Not brachte uns wieder zusammen, zur Erreichung eines gemeinsamen Zieles: der Befreiung.

Zunächst erhielten wir an einem Nebenschalter Formulare zum Ausfüllen, offiziell gestempelte Druckbogen, die von der tschechischen Exilregierung unter Benesch und Masaryk aus London stammten. »Wir verwenden sie, solange sie reichen. Neue kommen nicht mehr«, erklärte das Fräulein am Schalter auf Französisch. Tschechisch verstanden wir nicht.

Wir konnten überhaupt erst kaum verstehen, was vorging. Geduldig warteten wir, schweigend, bis man uns mit Namen rief und die junge Tschechin am Schalter uns die neuen Papiere übergab. Wir konnten unseren Augen kaum glauben: es waren zwei Pässe. Darin umblätternd, sahen wir den offiziellen Stempel, unsere Fotos, die Daten und unsere Namen, wenn auch mit tschechisierter Endung. Von den regulären tschechischen Pässen unterschieden sich die unseren nur durch die Farbe des Umschlags. Sie war rosa statt braun. Das fiel freilich gleich beim ersten Blick auf. Würde ihre Gültigkeit wirklich anerkannt werden?

Diese Fragen zu stellen, wagten wir nicht. Wir dankten bloß. Das Fräulein gab von selber Auskunft, bevor sie die nächsten Wartenden rief. »Die Pässe haben schon vielen geholfen«, versicherte sie. »Viel Glück damit und vom Herrn Konsul noch viele Grüße an Herrn Werfel.« Und flüsternd setzte sie hinzu: »Er kann uns weitere Freunde schicken ...«

Mit dieser Botschaft und unseren Pässen brachten wir Walter Mehring ins Café zu den Werfels mit. Die rosa Pässe gingen wie Kostbarkeiten von Hand zu Hand. »Der Konsul hat wirklich Mut«, meinte Werfel. Und Mehring fragte: »Wollen Sie versuchen, auch mich hinzuschicken? Von Prag nach Berlin ist doch nur ein Schritt. Und die Prager Brücken hab' ich längst besungen ...«

Franz Werfel gab Walter ein paar Zeilen der Empfehlung für den tschechischen Konsul mit. Das erwies sich als überflüssig.

Der Name Mehring war hier so bekannt wie der Werfels auf anderen Konsulaten. Mit dem rosa Pass, den Mehring davontrug, war er völlig verwandelt. Wir begleiteten Walter auf Schritt und Tritt, wagten nicht, ihn allein zu lassen; er war zu sorglos. Der erste Weg führte nun zum belgischen Konsulat, denn wir wollten ein Kongo-Visum kaufen. Wir kamen zu spät. Der Markt war gesperrt. Aber mit der Absage gab es zugleich einen Hinweis: »Wollen Sie stattdessen nach China? Das wäre vielleicht eine Möglichkeit ...« An China hatten wir gar nicht gedacht. Wohl waren nach der Machtergreifung manche von Walters Freunden bis nach Shanghai geflüchtet, doch kam keine Nachricht von ihnen. China schien abgeschnitten; von den Japanern, Hitlers »Ariern des Ostens«, bedrängt, ein heißer Boden. Aber was machte das aus? Wir brauchten ja bloß ein Überseevisum, gleichgültig wohin, um damit womöglich die Durchreise-Visa für Spanien und Portugal zu ergattern.

Auf dem chinesischen Konsulat empfingen uns zwei niedliche kleine Herren mit undurchdringlichem Lächeln. Der eine zog sich mit unseren rosa Pässen zurück, der andere fragte nach einem Bürgen für uns auf chinesischem Boden.

»Mein Freund Willy Haas«, erwiderte Walter schlagartig. »Früher Redakteur der Berliner Weltbühne, jetzt in Shanghai ansässig.« Das genügte, sogar ohne genaue Adresse. Lächelnd streckte uns der freundliche Chinese die Hand hin: »Drei Visa – dreihundert Francs.« Wir zahlten. Es war sehr billig.

Auf leisen Sohlen entschwand auch der zweite Chinese. Dann kam der erste mit unseren Pässen zurück, darin war je eine Seite von oben bis unten mit lieblichen Zeichen gefüllt. Mit einer Verbeugung überreichte er sie uns. Auch wir verbeugten uns tief.

Die Pässe mit den Hieroglyphen in der Tasche, Mehring zwischen uns, machten wir uns auf den Heimweg. Erst als wir wieder in meinem Zimmer eingeschlossen waren, wagten wir es, sie zu studieren.

Walter drehte und wendete das reizende chinesische Bildchen herum. »Ich kann es lesen«, erklärte er dann, »Einreise nach China unter Todesstrafe verboten.« Dieser Ausspruch machte bald bei allen die Runde, die ein chinesisches Visum erwarben. Nur Leonhard Frank konnte solche Scherze nicht leiden. Dazu sei die Lage zu ernst. Er warnte vor falschen Papieren im Allgemeinen. Fiktive Pässe, meinte er, könnten nur fiktive Visen tragen. Es rührte ihn auch nicht, dass Carli für uns drei damit die portugiesischen Durchreise-Visen erstand.

»Mit diesem Zeug«, sagte Frank verächtlich, »kommt ihr niemals heil durch Spanien.«

Mehring schaute ihn angstvoll an. »Was wollen denn Sie tun?«, fragte er.

Frank zuckte die Achseln. »Ich hab noch einmal nach U. S. A. telegraphiert«, gestand er dann.

»Mit unserer Adresse?«, rief Mehring entsetzt.

»Nein«, erwiderte Frank gelassen. »Mit der vom Konsulat in Montredon. Für ein Trinkgeld hat mir der Portier das besorgt. Gezeichnet: Im Namen von uns allen, Leonhard Frank.« So habe er alles auf sich genommen. Er sei ja doch der Gefährdetste von uns. Damit waren wir wieder beim täglichen Streitgespräch. Es führte zu nichts, ging immer nur im Kreis. Eines Abends, als wir grübelnd beisammensaßen, schreckte uns ein Klopfen an der Tür. Keiner wagte zu öffnen, da rief die Patronne von draußen: »Madame Pauli, Sie haben Besuch.« Als ich zögernd den Kopf herausstreckte, grinste die Wirtin mich an. »Monsieur wartet unten ...«

Carli folgte mir auf den Fersen. Die anderen sperrten die Türe hinter uns ab.

Zwischen den Fischern an der Bar sah ich zwei dunkle Augen

auf mich gerichtet, hörte die Stimme: »*Chérie.*« Ich blieb wie angewurzelt stehen: Gilbert.

Ich konnte nicht sprechen.

Wir setzten uns zu dritt an einen Tisch. Beflissen füllte die Wirtin auf einen Wink von Gilbert die Gläser. Wir tranken uns zu, als sei nichts geschehen. »*A nos amours*«, sagte Gilbert. Er habe der Post nicht getraut, wollte lieber selber der Briefträger sein. Damit reichte er mir ein Schreiben, das Passers Schriftzüge trug. Ein paar entlassene tschechische Soldaten hatten es auf dem Weg nach Agen bei Gilbert abgegeben. Mit Grüßen. Die Offiziere hatten sich längst nach England retten können, per Schiff. Passer war dabei gewesen. »Hoffentlich erreicht Dich dies am Leben ...« stand in dem Brief, in Eile geschrieben. »Und hilft Dir ...« Eine Banknote war eingeklebt. Die Hilfe kam gerade im rechten Augenblick.

»Ich hab' dir noch etwas mitgebracht«, rief Gilbert fröhlich. Es war ein Paket. Seine Schwester Janine schickte mir hübsche Kleider, die sie entbehren konnte, genau meine Größe. Die Werkstatt hatte Gilbert einfach geschlossen. Die Geschäfte lohnten sich ohnedies kaum. »Ich bleib' jetzt eine Weile hier«, erklärte er. »Bis sich die Lage etwas beruhigt. Dann möcht' ich dich mit nach Hause nehmen, zu uns.«

Nach Hause ... Wusste er nicht, wie gefährlich es für ihn war, mich bei sich zu verstecken? *L'Autrichienne* in Clairac – das war einmal. Verloren lächelte ich vor mich hin, während wir weitertranken. Die Bar Mistral schien sich in dieser Nacht zu verwandeln, fast gemütlich zu werden. Bei einer zweiten Flasche, die sie brachte, fiel der Patronne plötzlich ein, dass sie zufällig für Monsieur Dubois ein freistehendes Familienzimmer habe.

Dort blieben Gilbert und ich endlich allein. Schon im Morgengrauen weckte uns Carli. Ich glaube, er störte uns gern. Tatsächlich hatten Carli und ich ausgemacht, so früh als möglich zum spanischen Konsulat zu gehen, wo jeder Bittsteller persönlich vorsprechen musste. Gilbert ergriff die Gelegenheit, um mit den Einheimischen zum Fischfang auszuziehen. »Ich werd' euch was mitbringen«, rief er uns aus dem Boot zu.

Mehring und Frank schauten ihm misstrauisch nach. »Was will denn der Franzose bei uns?«, fragte Frank. Mehring zuckte die Achseln. »*Un ami de Hertha.*« Frank schien nicht recht zu verstehen. »Wohl ein Spion ...«, murmelte er vor sich hin.

»Kommen Sie mit?«, fragte Carli den Mehring. Walter zögerte. »Frank sagt, die Spanier behalten unsere falschen Papiere und liefern uns der Gestapo aus«, gab er zurück. »Ich bleib' hier.«

Wir wandten uns zur Tür. Ich hatte eines der hübschen Kleider von Janine angezogen und die Haare frisch frisiert. Man musste so vorteilhaft wie nur möglich aussehen, das hilft immer, fand ich – auch auf der Flucht.

»*Bonne chance*«, rief Mehring, fast neidvoll. Sein Anzug war arg zerschlissen. Ihm hatte niemand einen neuen geschickt. Plötzlich drückte er sich die Baskenmütze wieder tief in die Stirn und kam hinter uns her. Wir warteten auf ihn. Über dem Meer erhob sich die Sonne; Gilbert musste schon weit draußen sein und die Netze auswerfen.

Die Schlange vor dem spanischen Konsulat war noch kurz. Zu dieser frühen Stunde kam man noch rasch hinein. Drinnen schaute uns von der Wand Generalissimus Franco in Lebensgröße entgegen. Aus der Schlange, die hier in Reih und Glied stand, rief eine Frauenstimme, hell und deutlich: »Ach, der Mehring.« Walter duckte sich. Die Dame kam näher. Carli rückte an ihren Platz vor.

Jetzt erst erkannte ich sie: Es war Adrienne Thomas, eine Kollegin. Ihr pazifistischer Roman »Die Katrin wird Soldat« war wie der Remarques, »Im Westen nichts Neues«, über die ganze Welt gezogen. Wie daraus hervorging, stammte sie aus Lothringen, war also eine geborene Französin.

Wir begrüßten uns. Sie hatte ihr Visum schon. »Hier geht alles ganz glatt, wenn man das portugiesische hat«, sagte sie ermutigend. »Und einen Pass«, meinte ich seufzend. Ich hatte Carli meinen gegeben. Er musste gleich an der Reihe sein.

Ich war als Deckung vor Walter gestanden. Jetzt erst wagte ich, mich wieder nach ihm umzusehen. Doch hinter mir stand ein Riese.

»Wo ist der Mehring?«, flüsterte Adrienne. Ich hielt den Finger an den Mund, da verschwand auch sie. Ich drängte mich an Carli heran. Er war dabei, die beiden Pässe abzugeben.

»Walter ist weg«, flüsterte ich ihm ins Ohr.

Er schob mich beiseite. »Wir suchen nachher.«

Die Zeit verstrich, wir mussten warten. Für eine größere Summe Geldes, die wir dank Passer besaßen, erhielten wir schließlich die rosa Pässe mit den spanischen Durchreisevisen zurück. Walter hatte seinen mit sich genommen, wohin?

Zu laufen wagten wir auf der Straße nicht. Gemessenen Schrittes begaben wir uns in das Café an der Ecke, wo wir die Werfels oft trafen. Unser Tisch stand leer. Weiter zu suchen hatte kaum einen Sinn. Walter war wohl in die Bar Mistral zurückgefahren.

Hier fanden wir Gilbert mit Leonhard Frank in lebhafte Zeichensprache vertieft. Vor ihnen stand ein Korb mit frischen Fischen, und beide schienen sehr fröhlich.

»*Chérie*, schau her«, rief Gilbert strahlend. »Was für ein Fang!« Gilbert wollte selbst einen großen Topf Bouillabaisse für uns zubereiten, das hatte auch Frank schon verstanden.

»Der Mehring ist weg«, sagte ich auf Französisch.

»Was, was?«, fragte Frank, und Carli übersetzte. Franks blaue Augen weiteten sich.

»Für den wird noch eine Hand aus dem Himmel heruntergreifen, um ihn festzunehmen, wo immer er ist ...« Nach dieser Bemerkung wollte er sich wie immer nach Montredon begeben. »Vielleicht ist er dort«, rief ich, »komm, Carli, wir gehen mit.«

Gilbert, mit allem einverstanden, versprach indessen, die Bouillabaisse fertig zu machen. »Ihr habt zwei Stunden Zeit«, meinte er. »Das muss genügen.«

Auf dem Weg blieb Carli plötzlich stehen. »Soll ich zur Polizei gehn?«, fragte er.

»Um Gottes willen«, rief ich entsetzt, »willst du die Polizei auf uns hetzen?« Wir folgten Frank.

Wir verließen den Strand und betraten den Park. Im Schatten der wuchernden Buchenzweige hockten die üblichen Bettler; manche zogen sich in die schattigen Palmenhaine zurück. Die Doppeltüren hinter den Marmorstufen standen halb offen, wohl der Hitze wegen. So hingen die Aufschriften schräg: Anmeldungen ... geschlossen ...

Frank und der Portier standen auf recht vertrautem Fuß. Nach einem Händedruck, der wohl ein weiteres Trinkgeld enthielt, schaute der Cerberus weg, und Frank zog mich mit hinein; Carli blieb verdutzt draußen stehen.

Nach dem grellen Sonnenlicht musste man sich erst an das Halbdunkel der weiten Schlosshalle gewöhnen. Gobelins hingen an den Wänden, hohe antike Vasen füllten die Ecken, die roten Plüschmöbel standen leer, eine blonde Dame saß an einem Empire-Schreibtisch. Hinter ihr führte eine gewundene Stiege empor, dorthin, wo es keine Hoffnung gab ...

Das Fräulein schien uns nicht wahrzunehmen, sie hielt das lockige Köpfchen gesenkt, in einen Papierstoß vertieft. Da regte sich etwas in einer Ecke, fast war es, als würde eine alte Vase lebendig. Eine zierliche Figur näherte sich lautlos, in der Hand eine Baskenmütze. Ich rieb mir die Augen; träumte ich, war das der Walter? »Ich darf mich hier im Augenblick verstecken«, flüsterte er. »War festgenommen worden, weil ich zu rasch aus dem spanischen Konsulat weglief – man hat mich auf die Polizei geschleppt, wollte mir Handschellen anlegen ...«

Er holte Atem. »Walter, bitte keine *meringue* ...«, mahnte ich leise.

»Bevor der Kommissar kam, konnte ich auf dem Klosett meine falschen Papiere wegwerfen ...«

Ich schlug die Hände zusammen. »Die kostbaren Pässe ...«

Walter nickte. »Gott sei Dank – sie haben mich nachher ganz nackt ausgezogen.«

Ich schaute ihn an.

»Halbnackt meine ich – als sie nichts fanden, ließen sie mich laufen ...«

Mir war, als wären die Augen der Dame am Schreibtisch auf uns gerichtet. Wir hatten wohl zu viel gesprochen. Vor ihr stand Leonhard Frank und zeigte auf die Papiere. Da hörte ich meinen Namen: »*Miss Pauli* ...« Franks Augen durchbohrten mich. »*Consul Bingham wants to see you* ...«

Mich sehen – das war nicht möglich. Ich musste mich setzen, mir zitterten die Knie. Walter half mir auf, da tanzten die Vasen um mich. Die blonde Dame kam auf mich zu und begleitete mich bis zur Stiege.

»*Up here*«, sagte sie.

Gut, dass ich ein hübsches Kleid anhabe, dachte ich, während ich höherstieg.

Oben, in einem hellen Zimmer, erhob sich ein großer Herr, als ich eintrat. Er wies auf einen Sessel. »*Have a seat* ...« Ich setzte mich erst nach ihm.

»*Miss Pauli*«, sagte der Konsul, »*your visa has arrived.*«

Ich verstand kaum. Es sei nur ein Besuchsvisum, ausnahmsweise für jemand bewilligt, der nicht zurückkönne ... *An emergency rescue visa* – rescue heißt Rettung, wusste ich.

Der Konsul reichte mir einen gefalteten, bedruckten Bogen hin. Visum für Staatenlose, verstand ich.

Obenauf stand mein Name. »Füllen Sie es aus und bringen Sie das Papier unterschrieben zurück«, hörte ich noch und war entlassen.

Von einem Plüschsofa unten erhoben sich Mehring und Frank.

»Ist die Antwort gekommen?«, fragten sie wie aus einem Mund.

»Ich weiß nicht«, gab ich schuldbewusst zurück. »Ein Visum – für mich!«

Walter verstummte. Frank brauste auf: »Das geht nicht mit rechten Dingen zu. Ich bin doch viel bekannter als Sie ...«

Letzteres stimmte. Viel später erst stellte es sich heraus, dass in Amerika noch die Parole galt: *Ladies first*. Frank war jedenfalls böse auf mich, und ich weiß nicht, ob er mir jemals verzieh. Er blieb im Konsulat, wahrscheinlich, um sich zu beschweren.

»Nimm mich mit, Hertha«, sagte Walter, als wir hinausgingen. Wie gern ich das wollte!

Draußen erklärten wir Carli, was geschehen war.

»Ich freu' mich so«, rief er immer wieder, »ich freu' mich ja so«, dabei hatte er Tränen in den Augen.

Der köstliche Duft der Bouillabaisse begrüßte uns mit Gilbert beim Eintritt in die Bar Mistral. »Alles fertig«, rief er uns strahlend entgegen.

»Ich hab' mein amerikanisches Visum bekommen«, sagte ich tonlos.

Ein kleiner Schatten huschte über Gilberts Stirn, dann lachte er wieder: »Du kannst ja doch nicht heraus ...« Das hatten wir im Augenblick ganz vergessen.

## 10

# DER MENSCHENFISCHER VON MARSEILLE

Ohne den Mann, der Varian Fry hieß, wären wir alle in Marseille untergegangen – und Tausende mit uns. Fünfundzwanzig Jahre nach der Durchführung seiner Rettungsaktion erhielt der Amerikaner Fry in New York das Ritterkreuz der Ehrenlegion und wurde als der »wagemutigste Untergrundkämpfer des Zweiten Weltkrieges« bezeichnet.

In jenem August 1940, als Varian Fry in Marseille auftauchte, schien unsere Lage hoffnungsloser denn je. Wer von uns das amerikanische Visum erhielt, und sie trafen tropfenweise ein, fühlte sich wie vom Schicksal gefoppt. Denn hielt man den Schlüssel in das ersehnte Land endlich in Händen, so war der Weg dahin dennoch versperrt. Es gab keine Ausreisegenehmigung. Wer ein amerikanisches Papier besaß, hatte im Schloss von Montredon nichts mehr zu suchen. In ausländische Angelegenheiten konnte und wollte sich das Konsulat nicht einmengen. Weiterkommen mussten wir allein. Wo ein Visum ist, fand ich, ist auch ein Weg. Und so wagte ich mich, mit meinem amerikanischen Ausweis bewaffnet, in die französische Präfektur, um eine legale Ausreiseerlaubnis zu erstehen. Gilbert kam mit, als ob er dazugehöre. Im Allgemeinen durften auch Franzosen das Land nicht ohne offizielle Genehmigung verlassen. In besonderen Fällen wurde sie manches Mal gewährt, aber junge

Männer in militärpflichtigem Alter erhielten sie nie. Man fürchtete wohl, sie könnten sich nach geglückter Flucht der französischen Widerstandsarmee unter General de Gaulle anschließen.

Dass Gilbert ohnehin bereits der französischen Untergrundbewegung angehörte, wusste nicht einmal ich. »Wenn ich nicht fortkann«, sagte er, »erwart' ich dich hier – nach dem Krieg. *J'attendrais ...*«

Die Gefahr wuchs mit jedem Tag, das erkannte auch er. »Gib nur dein kostbares Papier nicht aus der Hand«, warnte er mich. »*Il faut se méfier ...*« Man konnte nicht misstrauisch genug sein. Tatsächlich genügte es, dem Beamten am Schalter den Ausweis mit meinem Ansuchen nur zu zeigen, schon winkte er ab. Dafür sei er nicht zuständig, stellte er fest. Um eine Ausreisebewilligung müsse ich persönlich nach Vichy.

Vichy – der Name sagte alles. Dort saß die neue französische Regierung unter Marschall Pétain und Pierre Laval, die Frankreichs Übergabe und Verträge mit dem Führer abgeschlossen hatte; darunter die Festsetzung der besetzten Gebiete, die Zusammenarbeit der französischen Polizei mit der Gestapo und der berüchtigte Paragraph 19 des Waffenstillstandsvertrages, der ausdrücklich die Auslieferung aller sogenannten deutschen Untertanen auf Verlangen garantierte.

Gott bewahre uns vor Vichy! Ich hielt mein amerikanisches Papier fest umklammert und drückte mich hinter Gilbert wieder ins Freie. *Que faire?* Das amerikanische Visum in meiner Hand brachte mich nur in eine neue Zwickmühle. Denn dass ich das portugiesische und spanische Durchreisevisum auf meinem falschen tschechischen Pass schon besaß, spitzte die Lage nur zu. Zweierlei Papiere waren ebenso gefährlich wie keine. Noch einmal aufs spanische Konsulat zu gehen, wagte ich nicht. Dort wurde genau Buch geführt, in das auch die Gestapo Einsicht nahm. In langen grauen Mänteln gingen unheimliche Gestalten durch Marseilles Straßen, mit hohen schwarzen Stiefeln stiegen sie in dunkle Limousinen, von ihren aufgestülpten Kappen sahen uns Hakenkreuze an ...

Sie kamen uns näher, immer näher, selbst in Pointe Rouge zeigten sie sich schon; die einzig unbesetzte Zone schien nur noch der Park von Montredon. Auf den Marmorstufen, die zum Schlosseingang führten, stauten sich die Menschen und brachen sich wie die Fluten draußen am Fels an den Toren. Der Chor der Bettler unter den Buchenzweigen, die in der Augusthitze Schatten boten, schwoll an. Je mehr Visen drinnen eintrafen, umso größer wurde die Masse der Wartenden draußen. Der Konsul kann die vielen Anfragen nicht mehr bewältigen, hieß es, er kenne sich selbst nicht mehr aus. Statt für die Lebenden trafen aus Washington erst Visen für die Toten ein. Für Ernst Weiss, für Walter Hasenclever.

»Kann man uns vielleicht an ihre Stelle setzen?«, fragten Mehring und Frank. Die Antwort war: nein. Auch dazu brauche man eine Genehmigung von drüben.

Von drüben? Das gibt's wahrscheinlich gar nicht. »Lasst alle Hoffnung fahren ...« Das Tor führte ins Nichts. Wilde Gerüchte ängstigten uns: Wer die Grenze illegal zu überschreiten sucht, wird verhaftet und ausgeliefert. Nur einen hatte man zurückgeschickt, den deutschen Kunstkritiker und Negerplastiker Carl Einstein, der hat sich dann in Marseille erhängt. Warum, wusste keiner. Auf dem schwarzen Markt gab's Schiffsplätze zu kaufen – nur die Schiffe gingen nicht ...

Da tauchte plötzlich aus dem Nichts ein hoffnungsvolleres Gerücht auf: Hilfe sei unterwegs, von drüben, für den Konsul und uns, ein neuer Beamter aus Washington wird erwartet ... Immer lauter schwoll das Gerücht an, die Masse drängte sich bis ans Tor, irgendwer kam auch hinein und mit der Nachricht zurück: der Beamte könne nicht kommen; es wird keine Einreisebewilligung mehr erteilt.

Uns lassen sie nicht hinaus, und die lassen sie nicht herein. Wir waren verzweifelt. Wir saßen fest. Frank hielt sich von uns fern, kam nur selten zum morgendlichen Bad im Meer. Gilbert zog wie immer zum Fischfang aus. Ich schloss mich Carli auf seinem Gang zur Post und in die Cafés an, das Warten hielt ich nicht mehr aus. Warten? Wozu? Worauf? Es war doch alles sinnlos.

Versteckt in den kleinen Cafés auf der Canebière, vegetierten die Flüchtlinge dahin, Tag für Tag, Nacht um Nacht. Sie lebten von Gerüchten, klammerten sich angstvoll aneinander. Schaute ein Fremder herein, so fürchtete man sich. Meist waren es irgendwelche Agenten, die sinnlose Sachen anzubieten hatten, wie die Plätze auf Schiffen, die doch nicht gingen.

»Vorsicht«, flüsterte Natonek uns eines Tages zu. »Heut war ein Agent hier, der den Namen von einem Amerikaner zu wissen vorgibt, der angeblich nach uns sucht. Kostete nur fünfzig Francs. Aber wenn du zahlst, fragt er zunächst einmal nach deinem Namen.« Der Amerikaner schien eine Art Attrappe zu sein; griff man danach, so klappte der Deckel zu, schnitt uns vielleicht die Köpfe ab ... Ängstlich schlichen wir weiter, von Café zu Café, vorsichtig nach allen Seiten witternd. Folgte uns vielleicht einer, der hohe schwarze Stiefel trug?

Wir landeten bei den Werfels, die allein an ihrem gewohnten Platz saßen. Wir begrüßten einander, und als ich nach dem Amerikaner zu fragen wagte, legte Alma den Finger auf den Mund. »Psst«, machte sie, »wir wollen nicht davon reden. Das regt den Franzl zu sehr auf.«

Er aber fiel schon mit weißen Lippen ein: »Der Amerikaner soll in Vichy sein. Man will uns bloß in eine Falle locken ...«

Beschwörend rief Alma: »Franzl, reg dich nicht auf ...«

Die Mausefalle schnappte wieder zu. In der Bar Mistral saßen Mehring und Frank, die Köpfe in ein Papier vergraben. Das amerikanische Visum? Keineswegs; stattdessen hatten sie auf dem Konsulat ein Kabel vorgefunden. Die Antwort? Von Thomas Mann? Nicht direkt. Das Telegramm war von unserem Freund und Kollegen Hermann Kesten gezeichnet. Der Glückliche war noch zur rechten Zeit aus Paris nach New York entkommen. Und der Satz, über den die Dichter grübelten, lautete: »*Rescue visa following, by messenger maybe.*«

Mehring zuckte die Achseln. »Die wollen uns nur vertrösten, damit wir uns nicht umbringen.«

Frank starrte auf das Blatt. »*Messenger* heißt Bote, das weiß ich schon. Was aber heißt *maybe*?«

Walter sprang ungeduldig auf und begann wie in einem Käfig auf und ab zu gehen. »Das hab ich Ihnen doch schon gesagt«, rief er, »*maybe* heißt: kann sein – vielleicht.«

Frank folgte ihm mit seinem durchbohrenden Blick: »Vielleicht, jaja – mehr ja oder mehr nein?«

Mit einem Ruck blieb Mehring vor ihm stehen und erwiderte scharf: »Vielleicht«.

Und Frank wiederholte hartnäckig: »Mehr ja oder mehr nein? Was heißt *maybe*?«

Die Frage blieb offen. Frank aber stellte sie immer wieder, bei jeder möglichen und unmöglichen Gelegenheit. *Maybe* wurde für uns zum geflügelten Wort, es hing in der Luft, drehte sich um unsere Köpfe, um Leben und Tod, *maybe* …

Wie Ratten auf einem sinkenden Schiff saßen wir in jenem August in der Bar Mistral, fühlten, dass wir untergehen mussten. Das Schiff verlassen konnten wir nicht. Ratten, die man in einem zu engen Raum zusammensperrt, beginnen einander aufzufressen. Das taten wir nicht. Aber wir misstrauten uns. Jeder schien irgendein Geheimnis mit sich herumzutragen, das er nicht verriet. Manchmal meinten wir, auf einer Spur zu sein, zum Beispiel den Namen des Amerikaners in heimlichem Geflüster zu vernehmen. Sobald man aber danach fragte, wurde ein Achselzucken daraus.

Wir wussten weder ein noch aus. Die Kajüte, in der wir saßen, sank immer tiefer. Die hellen Punkte am dunklen Horizont waren nur Lockvögel, die nach Beute suchten. Die Wellen kamen wieder und wieder, und wenn sie sich überschlugen, blinkten uns Hakenkreuze an. Glaubten wir, ein Rettungsboot am fernen Horizont zu sehen, wollte jeder als Erster hinein – dann zerfloss es im Nebel. Wir hatten keinen Kapitän. Wir waren allein, aufgegeben.

Die Nächte dehnten sich endlos; die Tage begannen kürzer zu werden. Und schließlich, wenn man es bei Licht besah, was hatten wir noch zu erwarten?

»Ich kann nicht länger bleiben«, sagte Gilbert nach der ersten Augustwoche. Die Eltern konnten die Werkstatt nicht allein weiterführen. Sie brauchten ihn. »Aber ich bin bald wieder bei dir«, sagte er. »Wir sehen uns wieder, *chérie.*«

Ich wagte es nicht, ihn bis zum Bahnhof zu begleiten. Solche Orte waren gefährlich. An irgendeiner Straßenecke trennten wir uns. Wiedersehen konnten wir uns nicht mehr, denn es kam dann alles so plötzlich. Im Grunde genommen rechnete ich auch nicht wirklich damit, als er mir noch einmal zuwinkte. Ich schaute ihm nach, starrte noch immer in dieselbe Richtung, wenn ich ihn auch schon längst nicht mehr sah. Dann irrte ich durch die Straßen; dabei muss ich die Richtung verloren haben. So fand ich mich plötzlich unten, am Vieux Port.

Ich glaubte, die Krebse schreien zu hören, doch waren es nur die Fischweiber, die kreischend ihre Tüten feilboten. Als ich flüchten wollte, rannte ich beinahe in eine Kollegin aus Wien, die mich auch nicht gleich gesehen hatte. Sie ist nämlich sehr kurzsichtig.

»Herthalein«, rief sie mir zu, als wir fast aneinanderstießen, »wie gut, dich zu treffen.« Da erst erkannte ich sie.

Sie war Journalistin und hatte uns öfter in der »Österreichischen Korrespondenz« in Wien besucht, war dann in verschiedenen Pariser Flüchtlingskomitees aufgetaucht, wo sie es fertigbrachte, auf die unwahrscheinlichste Weise Geld aufzutreiben und gute Ratschläge auszuteilen.

Als sie mir in Marseille über den Weg lief, kam sie geradewegs aus dem Frauenlager von Gurs. »Hab's doch besser gemacht als du«, rief sie mir stolz entgegen, »bin nicht mit Mehring unter die Bomben gelaufen.« Davon wusste sie also bereits. Sie konnte das Gras wachsen hören und verstand es überdies, mit ihren dicken Brillengläsern durch Wände zu sehen. Ihre Spürnase brachte sie immer wieder auf die richtige Fährte, wovon sie fast ebenso gerne erzählte wie von den intimsten Liebesgeschichten berühmter Kollegen, worunter sie die eigenen ausführlich zu mischen pflegte.

Ich brachte den Geschichten ihrer vielseitigen Erfolge so lange ein gewisses Misstrauen entgegen, bis ich später in Amerika Augenzeuge einer ihrer Eroberungen wurde. Ich erlebte, wie ein fröhlicher junger Weinbauer aus dem Hudsontal tagelang vergeblich um ihre Gunst buhlte, bis er nachts durchs Fenster in ihr Schlafzimmer drang – ohne jedoch an sein Ziel zu gelangen.

Als sie nun am Vieux Port so zwischen den Fischweibern Arm in Arm mit mir weiterging und mir geheimnisvoll zuflüsterte, sie habe mir was zu erzählen, hörte ich kaum hin. Jetzt wird sie von ihrer neuesten Eroberung reden, dachte ich, als sie sagte: »Er wohnt im Hôtel Splendide.« Dann blieb sie erwartungsvoll stehen.

»Wer denn?«, fragte ich mehr aus Höflichkeit. Einen Augenblick lang weidete sie sich an meiner Unwissenheit, dann flüsterte sie mit wichtiger Miene: »Der Amerikaner natürlich.«

Ich hielt den Atem an. Sie aber sprudelte weiter: »Mich hat man weggeschickt. Aber du stehst vielleicht auf der Liste. Dann kannst du hinein.«

Ich starrte sie an.

»Na, Herthalein«, setzte sie stolz hinzu, »was bin ich für eine Freundin? Geh hin – und melde dich.« Ehe ich dazu kam, ihr zu danken, entschwand sie zwischen den Fischweibern.

Das Hôtel Splendide lag ganz in der Nähe, Ecke Canebière und Boulevard d'Athènes. Zu meinem Erstaunen fand ich die Halle ganz leer, nur zwei Flics lauerten links und rechts in den Ecken. Ich wagte mich an ihnen vorbei zum Portier. Zu spät fiel mir ein, dass ich den Namen des Amerikaners nicht wusste. Verlegen stammelte ich etwas herum, was tatsächlich genügte.

Der Portier nickte. »Vorlassung nur unter Anmeldung.« Ängstlich flüsterte ich ihm meinen Namen zu, den er alsbald durchs Haustelefon schmetterte. Ich sah die Augen der Flics auf mich gerichtet und erstarrte wie unter dem Blick einer Schlange. Der Portier legte den Hörer hin und sagte ganz selbstverständlich: »Vierter Stock, links, *s'il vous plaît.*«

Die Halle mit den Flics drehte sich um mich, während ich dem Aufzug zustrebte. Im engen Kasten hochgezogen, fühlte ich, wie mir die Luft ausging. Gleich werden wir stecken bleiben, wusste ich. Da öffnete sich die Käfigtür – vierter Stock, links.

Durch einen dunklen Korridor strebte ich einem lichten Punkt zu, und als ich durch eine offene Tür trat, wehte mir vom Fenster her eine frische Brise entgegen. Im Fensterrahmen, hoch über dem Vieux Port, hing als verschwommenes Bild die Silhouette von Notre-Dame de la Garde.

Die Wände waren ganz kahl; ein junger Mann in Hemdsärmeln, der vor einem leeren Tisch saß, studierte ein Blatt Papier in seiner Hand, statt mich zu beachten. Ich wartete verlegen und fragte mich, ob ich wohl am rechten Ort sei. Da hob der junge Mann wie zerstreut den Kopf und warf mir durch seine Hornbrille einen flüchtigen Blick zu.

»Miss Pauli«, sagte er trocken, »*well* – Sie stehen auf meiner Liste.« Es schien ihn nicht zu wundern, und sein Gesicht blieb unbewegt. Ein Buster-Keaton-Face nannte ich solche Gesichter. Erst viel später lernte ich, durch solche Masken zu sehen.

Das Einzige, was ich bei jener ersten Begegnung mit Varian Fry erfuhr, war sein Name. Das kurze Gespräch bestand darin, was der Mann, der unser Retter werden sollte, sein übliches »erstes Interview« nannte. Es verlief etwa so, als ob ich bei ihm eine Anstellung suchte. Sobald er merkte, dass ich kaum Englisch verstand, stellte er die Fragen in fließendem, fast akzentfreiem Französisch.

Die Auskünfte, die ich gab, schienen fürs Erste zu genügen. Er habe mich schon gesucht, meinte er leichthin. Nun sei ich überdies im rechten Moment erschienen. Gestern habe man nämlich alle, die zu ihm kamen, gleich in der Halle verhaftet und im Schub auf die Polizei gebracht. Und ohne die Miene zu verziehen, fügte er hinzu, er habe alle später freigekriegt, denn er stehe mit dem Herrn Inspektor schon auf gutem Fuß.

Vorsichtshalber habe er dann die ganze Evidenz, die er bei sich trug, vernichten müssen, weil eine Hausdurchsuchung drohte. Und dabei, wie ich wohl wisse, mische sich dann die Gestapo ein. Nur die nötigste Namensliste trage er noch bei sich. Dabei nun streckte er mir das Papier hin, das er in Händen hielt. Mein Name stand ganz oben, gleich zwischen »*Hans Natonek, a Czech humorist*« und »*Ernst Weiss, a Czech novelist*«. Natonek habe er schon gefunden, erklärte mir Fry. »Was ist mit Ernst

Weiss?«, wollte er wissen. Ich gab Bescheid. Fry nahm einen Bleistift zur Hand und strich ihn von der Liste. »Nun hab' ich«, sagte er dabei, »auf meiner Liste zwei Plätze für andere frei ...«

Endlich verstand ich, worum es ging; es waren die Plätze. Darum schwiegen bei uns nicht nur die Toten, sondern auch noch die Überlebenden. Gleich unter dem Strich durch Ernst Weiss stand »*Walter Mehring, a German poet*«.

»Bar Mistral«, notierte Fry an den Rand. Dann wandte sich das Buster-Keaton-Face abschließend an mich: »Bringen Sie Mehring morgen mit. *Au revoir.*« Wie ich zu Walter zurückkam, weiß ich nicht mehr. Das Gerücht hatte Gestalt angenommen; es war ein Durchschnittsamerikaner, der Varian Fry hieß. Wir brauchten ihn nicht mehr zu suchen. Es war vielmehr so, dass er uns suchte. Morgen sollte ich den Mehring mitbringen.

Ich gab die Botschaft weiter, aber Walter blieb voll Misstrauen. Wo kam denn dieser Amerikaner her, wo wollte er uns hinbringen?

»Frag ihn selbst«, war alles, was ich zu antworten wusste. Zögernd, die schwarze Baskenmütze tiefer denn je in die Stirn gedrückt, folgte mir Walter schließlich am nächsten Morgen zur Straßenbahn. Doch als ein schwarzer Mercedes vor uns um die Ecke bog, verließ er mich und kehrte um. Allein stieg ich in die Straßenbahn.

Kurz vor der Endstation am Vieux Port beschloss ich, lieber erst die Werfels aufzusuchen. Vielleicht konnten sie mir einen Rat geben. Falls sie es noch nicht wussten, wollte ich ihnen anvertrauen, dass der Amerikaner nicht in Vichy, sondern hier im Splendide war. Ich fand die Werfels am gewohnten Platz, und sie wussten wieder einmal mehr als ich. »Wir haben gestern mit Fry diniert«, sagte Alma. »Ein netter junger Mann. Aber ich weiß nicht, ob man ihm trauen kann.«

Nach dem Essen hätten sie Cognac getrunken. Und immer,

wenn sie anstießen, hatte Alma ihn angefleht: »Retten Sie uns.« Er aber blieb völlig ungerührt, fast unwillig mit seinem Steingesicht. Alles, was er anzubieten habe, seien Schiffsplätze, die sich wohl kaum von jenen am schwarzen Markt unterschieden. Schließlich habe Alma dem Franzl ins Ohr geflüstert: »Wir müssen uns vorsehen ...«

»*Attention*«, erwiderte Varian Fry, »ich versteh' auch etwas Deutsch.«

Es blieb uns wohl nichts anderes übrig, als abzuwarten, was aus den Schiffsplätzen werden würde.

Ich beschloss, meine Fühler weiter auszustrecken – wenn es sein musste, allein. So kam ich ins Splendide. Es warteten viele, die ich nicht kannte, und als ich endlich vorrückte – vierter Stock, links –, war der Raum völlig verwandelt.

Statt des früheren Hotelzimmers meinte ich ein Büro zu betreten. Vor einem Tisch voller Papiere an einer neuen Schreibmaschine saß eine Sekretärin, die emsig tippte.

Statt Varian Fry kam mir ein anderer junger Mann entgegen, der hinter mir die Tür zusperrte und sich vorstellte, kurz und bündig als »Beamish«. Das stellte sich später als ein Spitz- oder Deckname heraus, den Fry dem früheren Flüchtling in Deutschland verliehen hatte. Offiziell besaß er Entlassungspapiere aus der französischen Armee auf den Namen »Albert Hermant«. Heute ist Albert Hirschmann, so heißt er wirklich, Professor an der Bostoner Harvard University, wo Fry damals gerade promoviert hatte.

»Das ist Lena«, sagte der Mann, der sich Beamish nannte, und wies auf das Fräulein an der Schreibmaschine. Ihr glaubte ich schon irgendwo begegnet zu sein, was sich bald als richtig erwies; denn Lena Fishman, die polnischer Abstammung war, hatte bis zur Besetzung von Paris in dortigen Hilfskomitees für Flüchtlinge gearbeitet. Mit diesen beiden war der Grundstock zu Frys Organisation gelegt, die er später seinen *underground outfit* nannte.

Fry selber saß auf dem Bett zwischen verstreuten Papieren und diktierte Lena Briefe an seine Schutzbefohlenen, deren Adressen er aufgetrieben hatte.

»Wo ist Mehring?«, war seine erste Frage. Ich musste die Wahrheit sagen: Mehring war umgekehrt, als er einen Mercedes erblickte.

»Lena, was sagen Sie dazu?«, fragte Fry mitten im Diktat. Mit einem Achselzucken gab sie zurück: »*Il ne faut pas exagérer.*« Nicht übertreiben, das riet sie später noch bei vielen Gelegenheiten, was meist zu helfen schien.

»Soll ich ihn holen gehen?«, schlug sie dann vor.

Fry fand das eine gute Idee. Lena zog Puder und Lippenstift aus ihrem Täschchen und erklärte: »*Je fais ma petite beauté.*« Das tat sie vor jedem Ausgang. Und wie wichtig es war, auf alle Fälle gut auszusehen, wusste ich wohl. So machte auch ich mich noch rasch vor dem Spiegel, der in Frys Wandschrank hing, zurecht. Dass hinter diesem Spiegel die gefährlichen Papiere klebten, erfuhr ich erst später.

Sie kenne den Mehring recht gut, von Paris her, erklärte mir Lena auf dem Weg. »*Mais je n'ai pas couché avec*«, fügte sie munter hinzu, was sich bei näherer Bekanntschaft als eine ihrer beliebten Redensarten erwies, die zur allgemeinen Aufheiterung dienten. Wir trafen Mehring allein; Carli hatte Frank wieder einmal nach Montredon begleiten müssen, um nach dem amerikanischen Visum zu fragen.

»Verlorene Liebesmüh derzeit«, wusste Lena. Er müsse noch warten. Fry selbst war auf dem Konsulat nicht vorgelassen worden, weil seine Mission zu gefährlich sei. Er sei nur als Privatmann hier, vom Emergency Rescue Committee herübergeschickt, das nach unserem Hilferuf an Thomas Mann – als ein

»Experiment demokratischer Solidarität«, wie Fry es nenne – mit Hilfe von Mrs. Roosevelt gegründet wurde. Auf ihre Fürsprache hin hatte Präsident Roosevelt dann die Emergency-Rescue-Visen zugelassen, Besuchsvisen für jene, die nicht heimkehren konnten und sich in Lebensgefahr befanden.

Die Taschen vollgestopft mit Listen von Flüchtlingen, die er retten sollte, war Fry herübergekommen. Es waren über zweihundert Namen darauf, darunter viele, die er bewunderte, Schriftsteller wie Franz Werfel, Lion Feuchtwanger, Heinrich Mann, Maler wie Marc Chagall und Max Ernst, Bildhauer wie Jacques Lipschitz, Musiker wie Wanda Landowska – und allen wollte Fry helfen, ob er sie kannte oder nicht. »Unter der Nase der Gestapo hervorholen«, wie er es beschrieb.

»So stehen wir also auf zwei Listen«, schloss Walter nach Lenas Bericht, »die eine zur Auslieferung in den Tod, die andere zur Lebensrettung, *maybe* ...«

Lena überpuderte rasch ihr Gesicht. »*Il ne faut pas exagérer*«, sagte sie, »kommt mit.«

»Mehring ist einer der größten deutschen Dichter«, berichtete Fry von dieser ersten Begegnung, »aber so klein von Wuchs, dass wir ihn Baby nannten. In seinem einzigen, schmutzigen Anzug, den er in Marseille trug, sah er freilich mehr wie ein Vagabund als ein Dichter aus – oder ein Baby.«

Der Name blieb ihm. Und Baby sollte eines von Frys größten Sorgenkindern werden. »Bis zu Mehrings Eintritt ging alles gut«, erklärte Fry, »mit ihm begannen die Schwierigkeiten.«

Hörte man Fry zu, schien alles ganz einfach. »Wenn möglich, so drücken die französischen Grenzbehörden ein Auge zu«, versicherte er. »Kommt ihr an den Richtigen, lässt er euch durch. Rennt ihr in den Falschen, schickt er euch zurück. Es ist Glückssache.«

Aber Fry wollte das Gelingen der Flucht nicht vom Glück allein abhängig machen. Heimlich suchte er Verbindungen mit der französischen Untergrundbewegung aufzubauen und durch sie herauszufinden, welchen Patrouillen er trauen konnte, welchen nicht. Die Route jedes Polizisten wurde sorgfältig auf dreißig Meilen um die Grenzstation Banyuls studiert. Jedem Flüchtling gab Fry eine halbe Karte mit einer Nummer mit, deren andere Hälfte einer seiner Vertrauensmänner an der Grenze bekam. An der Grenze mussten wir den »Richtigen« finden; so baute Fry seine *underground railroad*.

Zuletzt hing aber doch alles am Glück. Manchen gelang es, selbst ohne Exit-Visen, einfach mit dem Zug über die Grenze zu fahren. Andere mussten zu Fuß über die Hügel. Flüchtlinge, die falsche Pässe trugen, wurden manches Mal zurückgeschickt, manches Mal gerade dann durchgelassen, wenn sie es gestanden. Mehring war der Erste, der hängenblieb.

Sorgfältig von Fry mit einem *affidavit au lieux de passport* und einer Nummer ausgestattet, sollte er zunächst nur den Bürgermeister von Perpignan besuchen, sich dann einer verlässlichen Führung unter André Breton anschließen. Es kam niemals dazu. Schon als er in Perpignan den Zug verließ, wurde Mehring geschnappt.

»*Incroyable*«, rief Fry, als er davon erfuhr, dann fand er nur eine Erklärung: »Der Detektiv dachte sicher, Baby sei der Taschendieb, den die Stadtpolizei schon seit sechs Monaten gesucht hatte.«

Erst auf der Polizeistation, wo Mehring hingeschafft wurde, stellte sich heraus, dass er ein Landesfremder war, der ohne *sauf conduit* herumfuhr. Handschellen wurden ihm angelegt und er wurde in das nahe Konzentrationslager von St. Cyprien gebracht.

Durch Beziehungen zur Polizei konnte Fry wohl herausfinden, wo sich sein Baby befand, aber weiter nichts tun. Er trieb einen Anwalt auf, der den Fall übernahm. Wie dieser es schaffte, wurde nie ganz aufgeklärt, aber eines Tages erschien Baby wieder im Splendide, noch mit Handschellen.

Auf die Straße traute sich Mehring nicht mehr. Fry zog einen Arzt hinzu, der ein Zertifikat ausstellte, dass Monsieur Mehring schwer leidend sei und bis auf weiteres das Bett zu hüten habe. Und so blieb Baby bei Fry, als wir schon längst über alle Berge waren, und machte das Leben zum Problem.

Da Fry mit seinem Underground Outfit in ein größeres Quartier, zwei Zimmer und Bad, gezogen war, hatte er Platz genug. Kam irgendwer herein, dem nicht zu trauen war, wurde Walter in die Badewanne oder ins Bett gesteckt, meist völlig angezogen, wie er gerade war. Glücklicherweise fiel es nie auf, wenn Babys Schuhe manchmal unter der Decke hervorguckten.

»Wenn wir etwas Verdächtiges bei Ihnen finden«, hatte der freundliche Inspektor Fry gewarnt, »dann müssen wir Sie verhaften. *Vous comprenez:* Es liegt nicht nur in unserer Hand ...«

Und jeder verstand. Fry nannte seinen Outfit »Amerikanisches Hilfskomitee« und achtete streng darauf, dass alles wie in einem regelrechten Büro vor sich ging.

Der Arbeitstag begann um acht Uhr. Da wurden die ersten Flüchtlinge vorgelassen. Die letzten zogen sich freilich oft erst um Mitternacht zurück. Dann ging die Arbeit weiter, hinter verschlossenen Türen, bis in die Morgenstunden hinein. Denn nun fand eine Konferenz statt. Verschiedene Fälle mussten gesichtet und besprochen werden, was zur jeweiligen Rettung zu unternehmen sei. Drei wesentliche Punkte waren zu erörtern: Wer kommt noch auf die Liste? Was für Papiere werden gebraucht? Und wie findet die Flucht statt? Schon der erste Punkt bereitete Kopfzerbrechen. Die Frage war heikel.

In vielen Fällen wusste Mehring Bescheid, wer vertrauenswürdig war und es verdiente. Auch hatte Fry nun zwei weitere Mitarbeiter, die Erfahrung und Ideen beisteuerten: Miriam Davenport, eine amerikanische Studentin aus Paris, die Mehring schon von dort kannte, und Lena, die ihr in nichts nachstand. Miriam wurde Manager und Empfangsdame. Der Sohn des Theologieprofessors von Hildebrand, »Franzi«, ein blutjunger Ex-Österreicher aus der katholischen Flüchtlingsgruppe, half durch Geschick und vielerlei Beziehungen.

Das war es, was Fry die »Verschwörung im Splendide« nannte. Vom vierten Stock des Hotels dehnte sie sich auch auf den dritten hinunter aus. Hier hauste Frank Bohn, ein geflüchteter deutscher Sozialdemokrat, den die Federation of Labor aus New York nach Marseille geschickt hatte, um seinen Leuten zu helfen. Die beiden Geheimboten aus Amerika arbeiteten eng zusammen.

Nach Bohns Rückreise kümmerte sich Fry neben den eigenen Schützlingen noch um viele junge Sozialisten von Bohn und die beiden allergefährdetsten, die früheren deutschen Minister Breitscheid und Hilferding.

Aus den ursprünglich zweihundert Namen auf Frys Liste wurden zweitausend, aus dem einen Monat seines geplanten Aufenthalts wurden dreizehn. Dann musste Fry der Gewalt weichen. Er verließ seinen Posten erst, nachdem er festgenommen und dann, auf Einspruch der amerikanischen Behörden, zwar nicht ausgeliefert, aber ausgewiesen wurde, »weil er Juden und Anti-Nazis geholfen hatte«.

Um seine Geheimbotschaften über die Grenze zu schaffen, benützte Fry den »Zahnpasta-Trick«. Zunächst tippte Lena den Text auf schmales, dünnes Papier. Dann klebte Beamish die Ecken zusammen, und wenn sie trocken waren, steckten Franzi und Miriam die Rollen in leere Zahnpasta-Tuben. Konnte man diese »Muster ohne Wert« nicht der Post anvertrauen, gab Fry sie Flüchtlingen mit, die sie im Necessaire trugen, um sie an sicherer Stelle abzuschicken, meist an das Rescue Committee in New York.

Dort führte Hermann Kesten anstelle von Thomas Mann die praktische Arbeit durch. In Zürich wurde der Verleger Oprecht der Verbindungsmann, der Fälle prüfte, in London der blinde Schriftsteller Otten, für den KG gearbeitet hatte.

In Hollywood, wo Thomas Mann wohnte, schloss sich eine Schriftstellergruppe zusammen, um Kollegen durch Filmvorträge herüberzuhelfen, deren Namen für das Hilfswerk Anziehungskraft hatten. Zu diesen Auserwählten zählten Mehring, Frank, Feuchtwanger, Heinrich Mann, Franz Werfel und der Wiener Essayist Alfred Polgar. Wieder standen Ernst Weiss und Walter Hasenclever auf der Liste.

Hinzu kamen noch Hans Lustig, der Filmerfahrung besaß, und unser Freund Friedrich Torberg; der junge Romanschriftsteller war eben aus der tschechischen Armee entlassen worden, zu der er sich freiwillig gemeldet hatte und wo er in Passers Bataillon diente. Torberg wusste zu berichten, dass Passer gut in England angekommen war.

Über England suchte Fry immer wieder doch noch ein Schiff aufzutreiben für diejenigen, die sich nicht durch Spanien trauten. Aber statt in See zu stechen, lösten sich diese »Geisterschiffe«, wie Fry sie nannte, in Nebel auf. Um den Dringlichkeitsgrad seiner Fälle zu bestimmen, gelang es Fry, eine Kopie der wöchentlichen Gestapo-»Gesucht-Liste« zu beschaffen, und danach richtete er seinen Fluchtplan.

Unter allen Namen auf seiner Liste fand Fry nur einen, der sich selbst nicht für gefährdet hielt: den Maler Chagall. Chagall glaubte, mit seinen französischen Papieren *en règle* zu sein; zudem sei er auch noch völlig unpolitisch. Zunächst hatte Fry große Mühe, den Maler aufzutreiben. Dieser saß mit seiner Frau im halbverfallenen Gordes bei Marseille und war vollauf damit beschäftigt, Kühe zu malen. Auch durch Frys Besuch ließ er sich dabei nicht stören. Sein Werk geht vor, dachte Fry und zog sich zurück.

Als sich die Lage zuspitzte, erschien Chagall eines Tages doch im Splendide. »Gibt es auch in Amerika schöne Kühe?«, fragte er. Dann erst, als Fry ihn davon überzeugte, dass es in Amerika ebenso schöne Kühe wie hier zu malen gäbe, erklärte sich Chagall zur Flucht bereit. Am nächsten Morgen kam Madame Chagall verzweifelt zu Fry. In der Nacht war ihr Mann im Hotel einfach deshalb verhaftet worden, weil er zugab, Jude zu sein. Sie habe man laufen lassen. *Que faire?*

Kurz entschlossen telefonierte Fry mit dem Polizeiinspektor. »Wissen Sie, wen Sie heute Nacht verhaftet haben?«, schrie er ihn an.

»*Non*«, kam es zurück.

»Monsieur Chagall ist einer der berühmtesten lebenden Künstler«, erklärte Fry. »Wenn seine Verhaftung bekannt wird, gibt es einen Weltskandal, wie er noch nicht da war! *Entendez*, Monsieur, wenn Marc Chagall nicht in einer halben Stunde frei ist, melde ich den Fall der »New York Times« in Vichy – und Vichy wird in Verlegenheit kommen …«

Das Ultimatum wirkte; in einer halben Stunde war Chagall auf freiem Fuß, und Vichy gab ihm sogar ein Exit-Visum, was eine große Ausnahme war. »Auf Wiedersehen in New York«, sagte Fry ihm zum Abschied, so wie zu uns allen. Das wirke immer, so stellte er fest, wie eine Zauberformel. Dabei steckte er uns wie nebenbei das Reisegeld zu.

Als die dreitausend Dollar, die er mitgebracht hatte, zu Ende gingen, ergab sich ein neues Problem. Wohl brachte das Rescue Committee durch große Sammlungen drüben weitere Beträge auf, aber Fry konnte sie nicht mehr einführen, da er nicht angeben konnte, wofür er die Summen brauchte.

Beamish fand schließlich eine Hintertür: das Restaurant Dorade; während Charles, der Patron, dort harmlos an seiner Kasse zu sitzen schien, pflegte er hintenherum verbotene Aktionen durchzuführen, wie Schwarzmarkt-Verkäufe, weißen Sklavenhandel und Rauschgiftschmuggel. Es dauerte eine Weile, bis er Beamish hinter die Kulissen sehen ließ, weil Charles aus Prinzip nicht an die »Ehrlichkeit der Amerikaner« glaubte.

Als sich sein Misstrauen zerstreut hatte, tauchte Charles mit einem öligen kleinen Korsen im Dorade auf, der sich Dimitru nannte. Dieser Dimitru stand mit Leuten in Verbindung, die noch schnell, ehe es zu spät war, Geld aus Frankreich herausschmuggeln wollten. Und diesen stellte Dimitru Beamish schließlich vor. Nun galt es, zur Durchführung der Geld-Transaktion einen Anwalt in New York zu beschaffen, der die Sache übernehmen wollte. Fry gelang es, den Kontaktmann zu finden. Diesem zahlte das Rescue Committee das Geld für Dimitru ein, und der Korse zahlte Fry den Gegenwert in Francs aus. »So arbeiten wir«, eröffnete uns Fry erst später in Amerika, »mit korsischen Gangstern zusammen.«

In Marseille bemerkte er nur so nebenbei: »Bei uns in Amerika braucht man zum Reisen eine Brieftasche voll Geld, hier eine Tasche voll Papiere.«

Für keine Summe der Welt konnte man noch Papiere erstehen, um die Gefährdetsten hinauszubringen. Fry hatte einen neuen Einfall. Franzi brachte einen jungen Wiener zu ihm, der Bill Freier hieß und Abhilfe schaffte. Dieser junge Karikaturist hatte flüchten müssen, weil er den Führer so unvorteilhaft dargestellt hatte, dass ihm Verhaftung drohte.

Als Unterlage für seine neue Aufgabe begann Freier nun in Marseilles Tabakläden leere Identitätskarten zu kaufen. Die füllte er sorglich, je nach Bedarf, mit Namen und Daten aus, ganz wie üblich. Dann malte er mit seinem Pinsel einen Stempel darauf. Die letzte Vollendung fügte Fry hinzu. Er warf die Werke Freiers auf den Boden und trampelte in seinen Socken darüber hin und her, bis sie verwischt und abgetragen wirkten und nichts mehr verriet, dass sie eben erst angefertigt wurden.

Für jeden Ausweis, den er herstellte, bekam Freier 50 Cent. Dafür konnte er mit seiner Freundin Mina, die er heiß liebte, sein Dasein fristen, während Fry die beiden ebenfalls auf seine Liste setzte. Sie wurden später irrtümlich für tot erklärt, konnten aber entkommen. »Das Ganze klingt so unwahrscheinlich«, sagte Fry noch lange nachher, »dass man darüber nicht reden kann.«

Was in Marseille vor sich ging, beschrieb unser Dichterfreund Hans Sahl: »Sie müssen sich vorstellen: die Grenzen waren gesperrt, man saß in der Falle, jeden Augenblick konnte man von neuem verhaftet werden, das Leben war zu Ende – und nun steht da plötzlich ein junger Amerikaner in Hemdsärmeln, stopft dir die Taschen mit Geld voll, legt den Arm um dich und zischelt mit schlecht gespielter Verschwörermiene: ›Oh, es gibt Wege, Sie herauszubringen, es gibt Wege ...‹« Dann goss ihm Fry ein Glas Whisky ein. »Übrigens brauchen Sie einen neuen Anzug. Sie können nicht mehr so herumlaufen. Wir werden Ihnen morgen einen hübschen Sommeranzug kaufen.«

Das hatte Fry aus dem Fall Mehring gelernt.

Eines Tages stellte mir Fry einen jungen Mann vor, der mich über die Grenze begleiten sollte und den ich zunächst für einen Bergführer hielt; mit seinem Hieselhut in der Hand und der Pfeife im Mund sah er wohl so aus. In Wirklichkeit aber war es ein Kollege, Norbert Mühlen, dessen Name ich schon von seiner Schacht-Biographie kannte.

Auch Hans Natonek sollte uns begleiten, der noch eine junge tschechische Blondine mitnehmen wollte, und die frühere »Weltbühne«-Journalistin Hilde Walter.

Ich aber wollte nicht ohne Carli fortgehen, wenn er auch kein amerikanisches Visum besaß und nicht auf Frys Liste stand. Vielleicht konnte er als Bergführer dienen, und ich nahm ihn mit ins Splendide. Nach einem kurzen Interview fand Fry ihn für diesen Job geeignet. Und er holte hinter dem Wandspiegel im Kleiderschrank eine Landkarte hervor, die er vor uns auf den Tisch legte.

Sie zeigte den Friedhof von Banyuls und einen Weg, der den Friedhof entlang zur Grenze führte. Eine Reihe von Kreuzen bezeichnete die Grenzlinie zwischen Frankreich und Spanien, und Pfeile markierten die Stellen, wo man die französischen Grenzposten zu umgehen hatte.

Diese Landkarte wurde von Carli genau kopiert; er besitzt sie heute noch. Wir sollten sie mitnehmen, wo nötig korrigieren, und wenn wir den geeigneten spanischen Grenzübertritt ausgekundschaftet hätten, sollte Carli umkehren und die nächste Gruppe hinüberführen, während ich mit den übrigen weiterging.

Es war ein Schmuggler-Weg, der in sieben Stunden über die Pyrenäen führte, der Cerbère umging, wo man auch schon deutsche Agenten gesehen hatte. Ein junger Sozialist sei eben unterwegs, der würde von Lissabon aus telegraphieren; erst dann könnten wir gehen. Uns sollte ein französischer Vertrauensmann über die erste Grenze führen.

Er wartete auf uns in Banyuls, in einem bestimmten Bistro, wo der Wirt verlässlich war, und zur Identifizierung sollte die halbe Nummernkarte dienen. Was unsere Papiere betraf, so beschloss ich, wie Carli, den tschechischen Pass zu verwenden, auf dem ich ja die Durchreisevisen besaß.

Drei Tage später verständigte uns Fry, dass jenes Telegramm

aus Lissabon eingetroffen sei. Es dauerte drei Tage, durch Spanien zu fahren, und zweimal mussten wir übernachten, in Barcelona und Madrid, wo jedes Mal die Papiere abzugeben waren. Darin lag die Gefahr. Als Gepäck durften wir nur eine Badetasche mitnehmen. Denn würden wir noch in Frankreich gefasst, sollten wir sagen, dass wir uns auf dem Weg zum Badestrand verlaufen hätten. Wir mussten immer um die Mittagsstunde gehen, denn bei der heiligen Handlung des Mittagmahls ließen sich die Gendarmen nicht stören.

Ich fand, ich könnte tatsächlich noch einmal schwimmen gehen, bevor wir loszogen. Es war so schön an unserem Pointe Rouge und vielleicht kam es nie mehr dazu. Carli sollte indessen Hilde Walter abholen, die in einem Marseiller Stundenhotel wohnte, weil auch da die Gendarmen meist lieber wegsahen.

Frisch gebadet, mit pudelnassem Kopf, nahm ich Abschied von Mehring. »Wir werden uns nie wiedersehen«, brummte er düster vor sich hin. Und Fry steckte mir rasch noch das Reisegeld zu. »Auf Wiedersehen in New York«, sagte er auch zu mir.

Dann traf ich Hilde und Carli auf dem Bahnhof, um den Zug nach Perpignan zu nehmen. Wir reisten natürlich ohne *sauf conduit*, und um nicht aufzufallen, trennten wir uns im Zug. Beim Aussteigen fanden wir uns wieder zusammen. Hilde sollte hier auf eine andere Gruppe warten, um womöglich einen leichteren Weg über die Grenze zu nehmen, da unserer für sie zu schwierig schien.

In Banyuls, wohin wir nun weiterfuhren, sollten wir nach Übernachtung im angegebenen Hotel an der Sperre die Freunde und den Vertrauensmann finden, um hinüberzukommen. Den Wirt, der uns in Banyuls die Pässe abnahm, luden wir abends zum Wein ein. Wir verbrachten die halbe Nacht mit ihm, tranken immer mehr, und er wusste tausend gute Ratschläge. »Die

Pässe«, sagte er, »bekommt ihr morgen an der Sperre zurück. Nummer 107.«

Als ich am Morgen erwachte, hatte ich furchtbare Kopfschmerzen. Ich meinte erst, es sei vom Wein, doch ich hatte hohes Fieber. *Que faire?* Ich konnte kaum kriechen. Auf den Rat des Wirtes hin schleppte mich Carli zu einem Arzt, der eine schwere Erkältung feststellte und mir den Hals auspinselte, was meinen Zustand eher verschlimmerte. »Das kommt vom Schwimmen«, stellte Carli wütend fest. »Du wartest hier auf mich. Sobald ich den richtigen Grenzübertritt weiß, komme ich zurück. Morgen gehen wir dann zusammen.«

Als Carli endlich spätnachts wiederkam, fand er mich bewusstlos auf dem Boden liegen, und ich hatte keine Ahnung, wie ich aus dem Bett gefallen war. Er flößte mir Aspirin ein und berichtete, was vorgefallen war. Ähnlich wie einst in Österreich könnte man hier die Sperre umgehen. Dann habe ihnen der Führer den Weg gewiesen, die Kunst bestehe darin, die richtige spanische Kontrolle zu finden, der man sich gleich stellen müsse. Carli habe nur zugesehen und sei umgekehrt. Mühlen und Natonek kamen durch, das tschechische Mädchen aber sei abgeführt worden. Später erfuhren wir, dass man bei ihr Geld entdeckt habe – an einem sehr intimen Ort. Das war konfisziert worden, sie wurde eingesperrt. Am Morgen habe sie der spanische Wächter aus der Zelle entlassen. »*Merci*«, sagte sie. Er aber schüttelte den Kopf: »*Madame, c'est à moi de vous remercier ...*«

Diese Gefahr, dass wir wegen Geld festgenommen werden würden, bestand bei uns nicht; wir hatten keines. Auf keinen Fall aber durften wir länger hierbleiben, erklärte Carli. Mit unseren Pässen klappte alles gut. Ich konnte mich kaum auf den Beinen halten, aber wir krochen den Friedhof entlang, dann, laut Karte, ein ausgetrocknetes Flussbett hinauf, zu einer Quelle, wo ich endlich trinken konnte. Durch Weinberge kletterten wir zu einem normannischen Turm. Die Mittagssonne brannte. Ich musste mich ausruhen. Vom Essen, das Carli mitgebracht hatte, konnte ich keinen Bissen schlucken.

Tief unter uns lag das Meer, blau wie der Himmel. Und schattenhaft dahingestreut Cerbère, das wir umgehen mussten. Bald wurde Carli ungeduldig. »Wir müssen weiter«, sagte er, »vor Dunkelheit die Grenze erreichen – sonst finde ich die Stelle nicht.«

Ich stolperte über die Steine bergab, und er musste mich stützen. Wie, weiß ich nicht mehr, aber wir rannten vor der Zeit in die falschen spanischen Grenzer hinein, die uns festnahmen. Sie führten uns in eine Wachstube. Wir konnten uns kaum mit ihnen verständigen. Ein paar kleine Hunde spielten mit einem Grenzer, ich kauerte mich auf den Boden und spielte mit ihnen. Da lachte er mir plötzlich zu.

Carli erinnerte sich, dass Fry ihm für Notfälle zwölf Zigarettenpakete mitgegeben hatte, Gauloises Bleues und Gitanes Vertes, die bot er nun den Spaniern an, und bald rauchten wir alle zusammen. Nur ich hustete sehr und schlief auf der Holzbank ein.

Am nächsten Morgen erhielten wir unsere Pässe gestempelt zurück, die Spanier schickten uns weiter. Umkehren konnte Carli nicht mehr, er musste mit mir nach Port Bou, von dort ging der Zug. Fry hatte mir eingeprägt, erster Klasse zu fahren, weil die zweite oder dritte zu gefährlich sei, nämlich voller Soldaten. Mein Geld aber reichte für zwei nur für die dritte Klasse. So drängten wir uns zwischen Soldaten in den Wagen. Die schauten uns mit neugierigen Blicken an. Carli begann zu singen, französische Wanderlieder, die er kannte, und bald fielen die Soldaten ein, wenn sie auch die Worte nicht verstanden.

Als wir in Barcelona ausstiegen, winkten uns die spanischen Soldaten nach. Vielleicht waren sie wirklich auf unserer Seite.

Bei der Anmeldung im Hotel nahm man uns die tschechischen Pässe ab, und die ganze Nacht fürchteten wir, jeden Augenblick verhaftet zu werden. Am Morgen aber erhielten wir die Pässe wieder zurück und konnten weiterfahren. Wir erreichten Madrid ohne Zwischenfall, wo sich das Gleiche abspielte.

Am vierten statt am dritten Tag erreichten wir schließlich die Grenze von Portugal – erhielten, ganz selbstverständlich, die letzten Stempel, die nötig waren, und fuhren in Lissabon ein. Dort, am Hafen, meinte ich plötzlich, alles nur geträumt zu haben und in Marseille geblieben zu sein. Die Fischweiber kreischten wie am Vieux Port, die Fische häuften sich in den hohen Körben, die Krebse brodelten im Topf...

Mir wurde schlecht, als wir auf Quartiersuche durch die Straßen irrten. Auch Lissabon ging von Flüchtlingen über. Auch hier konnte Carli nur eine Mansarde auftreiben, wenn sie auch nicht so verfallen schien wie die beim seligen Pfarrer in Toulouse. Mein Fieber stieg auf 40 Grad, und ich musste im Bett bleiben. Carli suchte indessen den Jungen, auf dessen Telegramm wir gekommen waren.

In seinem Hotel erzählte die Concierge, sein Zimmer sei schon wieder vergeben. Er habe sich umgebracht, kurz nachdem er eingetroffen war. Warum, wisse keiner. Wir nennen ihn seitdem den »Reiter über den Bodensee«.

Warum Carli nicht mehr hatte umkehren können, erklärte er Fry in einem Brief, den er ihm aus Lissabon sandte, dem er auch auf dünnem Papier die revidierte Landkarte beifügte. So gelang es noch vielen, über Frys Fluchtweg herauszukommen. Später wurden diese geheimen Ausgänge als Eingänge für Strategic Services benützt.

Mein Fieber stieg in Lissabon bis an die Lebensgrenze, dazwischen sank es plötzlich auf Untertemperatur. Als ich später einem Doktorfreund in New York davon erzählte, erklärte er mir das Phänomen. Sein Kollege, der mir in Banyuls die entzündeten Mandeln auspinselte, musste mir eine Sepsis beigebracht haben.

Vielleicht war es gut, dass ich in Lissabon keinen Arzt mehr aufsuchte. Ich bat Carli nur, mir Chinin zu besorgen, das, wusste ich, würde das hohe Fieber drücken. Und jeden Morgen um drei sollte Carli mich wecken, wenn das Thermometer 40 überstieg. »Dann müssen die Chininmännchen kommen«, erklärte ich ihm. Das rettete mir wohl das Leben.

Carli glaubte uns auch hier in Gefahr; er bildete sich ein, dass die Deutschen uns schließlich in Lissabon einholen würden. Der »Reiter über den Bodensee« schien ihn angesteckt zu haben.

So lief er Tag für Tag auf das amerikanische Konsulat, um mir so rasch wie möglich einen Schiffsplatz zu besorgen. Zunächst kam er mit Geld zurück; dann mit der Nachricht, dass ein letztes amerikanisches Schiff schon abgefahren sei und auch Adrienne Thomas mitgenommen habe. Doch sollte in drei oder vier Tagen noch ein griechisches Schiff in See stechen, die Nea Hellas. Darauf gäbe es vielleicht noch einen Platz für mich.

Ich bat ihn, mich lieber noch ausruhen zu lassen, aber das wollte er nicht. Am 2. September kam er tatsächlich mit meinem Schiffsplatz zurück. Ich sollte über das Meer, wie vorher über die Berge, ob gesund oder nicht.

Als mich dann der amerikanische Arzt vor der Überfahrt impfte, wie es verlangt war, fiel ich der Länge nach um. Noch fiebernd wurde ich von Carli an Bord gebracht.

An die Reling gelehnt, erkannte ich Norbert Mühlen. Vom Landungssteg winkte Carli uns zu. Mitkommen konnte er nicht. Er hatte ja noch kein amerikanisches Visum. Das sollte ich für ihn in New York beschaffen. Genau um Mitternacht vom 3. zum 4. September 1940 fuhr unser Schiff ab, ein Jahr nach der Kriegserklärung aus dem Lautsprecher von Clairac.

Carli schaute uns nach, wie die Nea Hellas sich langsam umdrehte. Die Lichter der Weltausstellung von Lissabon tanzten hinter uns, dann versank Europa im Meer, blutig rot, ein Fiebertraum …

# AUSKLANG

»Manche werden unterwegs sterben«, sagte Beamish einmal zu Fry, »manche kommen wohl nie darüber hinweg, andere werden durch die Erfahrung stärker werden – aber sie alle müssen wir zu retten suchen, auch wenn wir selber dabei in Lebensgefahr sind ...« Zwei von Frys Helfern, die wir nicht mehr kennenlernten, verloren ihr Leben. Frederik Drach wurde unterwegs erschossen aufgefunden, Charles Wolff verschwand. Die Gestapo folterte ihn bei einem Verhör zu Tode. Fry brachte persönlich Franz und Alma Werfel, Heinrich und Golo Mann auf dem kurzen, steilen Fußweg über die Hügel von Cerbère in Sicherheit. Es war wie ein Wunder: Die französischen Grenzpolizisten hatten die Flüchtlinge erkannt, doch statt sie zu verhaften, ehrte man sie. Die Gruppe kam mit Hilde Walter auf der Nea Hellas – es war deren letzte Überfahrt – einen Monat nach uns in New York an. Als Fry seine Schützlinge endlich in Sicherheit wusste, kehrte er nach Marseille zurück. In Zusammenarbeit mit dem britischen Geheimdienst, dem Fry half, internierte Soldaten zu befreien, organisierte er Flüchtlingstransporte in die französischen Kolonien. Und wieder war Charles aus dem Dorade in Marseille sein Verbindungsmann. Charles hatte durch seine Schmuggeleien ausgezeichnete Beziehungen zu den Dockarbeitern und Matrosen vom Vieux Port. Für jeden Passagier kassierte er, je nach Schwierigkeitsgrad, 3000 bis 8000 Franken.

Er besorgte auch Kleider und Ausweise und hielt, was er versprach.

Zunächst versuchte Fry, jene Flüchtlinge, die sich nicht in Lebensgefahr befanden, auf Schiffen unterzubringen. Viele britische Soldaten sprangen, wenn sie an den Felsen von Gibraltar vorbeikamen, ins Wasser und schwammen an Land. Zuletzt fand sich ein Schiff, das Breitscheid und Hilferding direkt nach Martinique bringen sollte. Trotz falscher Papiere und sorgfältiger Verkleidung hatten sie es nicht gewagt, den Landweg zu nehmen. In Spanien, so meinten sie, würden sie der Gestapo nicht entgehen. Man wusste zu viel über sie, und ihre Namen krönten die Auslieferungsliste.

Dennoch waren sie in Marseille nicht vorsichtig genug. Sie pflegten stets gemeinsam aufzutreten, als ob das ein Schutz wäre. Man sah sie oft im gleichen Kaffeehaus. Und in der Nacht vor dem Abgang ihres Schiffes verschwanden sie. Die französische Polizei gab vor, von nichts eine Ahnung zu haben, deshalb setzte sich Fry mit dem amerikanischen Konsulat in Verbindung. Sofort intervenierte der Konsul selbst in Vichy, aber vergeblich. Breitscheid und Hilferding waren dem Paragraphen 19 des Waffenstillstandsvertrages zum Opfer gefallen: die Auslieferung auf Verlangen war vor sich gegangen.

Erst Monate später erfuhr Fry, dass die Deutschen Hilferding nach Paris in das Gefängnis *de la Santé* gebracht hatten, wo man ihn dann am nächsten Morgen von einem Haken an der Zellendecke baumelnd gefunden hatte. Bis heute weiß man nicht, ob es Mord oder Selbstmord gewesen war. Nachricht über Breitscheid hingegen kam erst dreieinhalb Jahre nach Hilferdings Tod. Offizielle deutsche Stellen berichteten, Breitscheid sei im Konzentrationslager von Buchenwald einem amerikanischen Bombardement erlegen. Auch diese Meldung konnte nie mehr überprüft werden. In Amerika nahm man allgemein an, dass

Breitscheid ebenso wie Hilferding auf Befehl des Führers ermordet worden war.

Manche starben unterwegs …

Wir landeten am 12. September 1940 in Hoboken, New Jersey. Als im Morgengrauen die Freiheitsstatue vor uns auftauchte, standen wir an Deck und staunten sie an. Ich wunderte mich, dass sie kein Schwert, sondern eine Fackel in der Hand hielt, denn ich kannte sie aus der Literatur – Franz Kafka hatte sie mit einem Schwert beschrieben.

Ehe wir uns der Skyline, die sich einem Gebirge gleich aus dem Meer in die Wolken erhob, nähern durften, mussten wir die Kontrollen der Einwanderungsbehörden über uns ergehen lassen. Leider war mir in meiner Aufregung die Zauberformel entfallen, die wir hersagen sollten: »Wir sind Gäste der Federation of Labor.« Da ich niemand nennen konnte, der die Bürgschaft für mich übernahm, sollte ich nach Ellis Island gebracht werden, wo man Ankömmlinge festhielt, die aus diesem oder jenem Grund die Einreisebedingungen nicht erfüllten. Ich sollte so lange dort bleiben, wurde mir mitgeteilt, bis jemand eine Bürgschaft über 500 Dollar für mich übernehme. So jemanden finde ich nie, dachte ich und begann zu weinen. Da ich offensichtlich die Amtshandlung störte, wollte man mich unter Deck bringen, abschieben. Im letzten Moment bemerkte mich ein Vertreter des Rescue Committee, der auf dem Pier stand. Ich konnte ihm meinen Namen zurufen. Es war der Ex-Österreicher Josef Buttinger. Er fand mich auf seiner Liste, doch es dauerte noch einige Zeit, bis ich zu den übrigen an Land gehen durfte.

Wir wurden von Reportern umringt, die uns aber bald verließen. Es waren nicht Schriftsteller, die sie suchten. »Ist keine Aristokratie dabei?«, fragten sie jeden, der neu hinzukam. Enttäuscht gingen sie weiter. Besser so, denn Fry hatte uns eingeprägt, die Flucht-Route nicht zu verraten, der Zurückgebliebenen wegen.

Als wir vor der Zollschranke standen, fragte mich der Beamte verwundert: »Haben Sie denn kein Gepäck mitgebracht?« »Nur meinen Kopf«, gab ich zurück, und er ließ mich durch. »*Thank you*«, sagte ich, und er antwortete: »*You are welcome.*« Da ich glaubte, er hieße mich »willkommen«, war ich sehr gerührt; ich wusste noch nicht, dass es als Entgegnung für »danke« verwendet wurde, etwa wie »bitt'schön« bei uns.

Hinter der Sperre wurden wir von Hermann Kesten empfangen. »Wieso unterstehen Sie sich, ohne den Mehring zu kommen?«, rief er halb im Scherz, und ich brauchte eine Weile, um ihn zu überzeugen, dass Mehring nicht gewagt hatte, mit uns über die Berge zu kommen.

Dann fuhren wir durch einen langen Tunnel unter dem Hudson nach New York. Kesten quartierte uns in einem Hotel ein, wo er selbst mit seiner Frau Toni wohnte. Es liegt gegenüber dem Naturhistorischen Museum, mit einem freundlichen Blick auf den Central Park West. Damals schien mir das Hotel als ein Feenschloss, heute ist es ganz heruntergekommen. Kesten erzählte, dass Theodore Dreiser hier logiert hatte. Adrienne Thomas sei auch da. Später sollten Mehring und Frank noch hinzukommen, auf ihrem Weg nach Hollywood.

Mit neun meiner zehn Dollar zahlte ich die Rechnung für die erste Woche. Dann begann das Hungern. »Niemand kann von Lebensrettern verlangen, dass sie jemanden, den sie aus dem Wasser gezogen haben, auch noch ernähren«, meinte Kesten und lieh mir drei Dollar. Das war damals viel Geld. Neben unserem Hotel befand sich ein kleines griechisches Restaurant, in dessen Fenster die Tageskarte hing. Es gab ein Dinner, drei volle Gänge, für 50 Cent. Das war der Preis, den Bill in Marseille für einen falschen Ausweis verlangt hatte; für mich in New York waren 50 Cent ein Luxus, den ich mir nicht leisten konnte. Ich pflegte die drei Gänge deshalb mit meinen Blicken durch das Glas zu verschlingen und holte mir dann in der Bäckerei für einen Nickel, d. h. fünf Cent, zwei Krapfen. Eine billigere Art, satt zu werden, gab es nicht!

Das Rescue Committee veranstaltete für uns ein »Welcomedinner« im Hotel Commodore. Mrs. Eleanor Roosevelt begrüßte uns, und jeder von uns sollte ein paar Worte sprechen. Den Dank auszudrücken, so stammelte ich, sei ganz unmöglich. Ich sagte *impossible*, doch sprach ich es französisch aus und wunderte mich, dass meine Zuhörer lächelten. Unvergesslich ist mir jedoch, was die amerikanische Schriftstellerin Dorothy Thompson, die uns alle herzlich willkommen hieß, abschließend sagte: »Wir können sogar euren Nervenzusammenbruch brauchen.«

Wir aber hatten trotz vieler Entbehrungen in dieser ersten Zeit nur einen Gedanken: Gerettet. Für einen Nickel fuhren wir quer durch Manhattan ins Rescue Committee, wo wir mithalfen, die Zurückgebliebenen herüberzuholen. Durch Josef Buttinger erhielt ich für Carli ein Visum. Eric Sevareid übernahm für ihn die Bürgschaft, obwohl sein Einkommen damals eher bescheiden war. Doch als Carli in Norfolk, Virginia, ankam, ließ man ihn trotzdem nicht von Bord und wollte ihn am nächsten Tag nach Europa zurückschicken. Das New Yorker Rescue Committee telegraphierte an Eric, der sofort aufs Telegraphenamt rannte und die Einwanderungsbehörden beruhigte. Kurz darauf erschien Carli bei ihm in Washington. Mit einem glücklichen Lächeln hielt er ihm schüchtern den Schlafsack hin, den Eric ihm einmal geliehen hatte. Er war ganz abgerissen. »Ich bring' ihn zurück«, sagte Carli. »In Amerika werd' ich ihn nicht mehr brauchen. Dank dir so.«

Nicht lange nach Carlis Ankunft kam Post von Mehring aus Martinique. Ich riss den Briefumschlag auf, ungeduldig vor

Neugierde und Erwartung, wie es ihm ergangen sei. Ein Paket Gedichte fiel heraus – die »Briefe aus der Mitternacht« – an mich gerichtet, in tausendundeiner Zeile. Als Mehring bald darauf selbst auftauchte, nach einem Flug über die Antillen bis Miami und einer Fahrt im Zug bis New York, erzählte er mir alles: Fry hatte ihn an Hilferdings Stelle auf der Wyoming mit Kriegsfracht und Negertruppen nach Martinique geschickt.

Wir sahen Varian Fry auf einer Party wieder. Er hatte sich seit unserer ersten Begegnung in Marseille kaum verändert, doch trug er hier statt der Hemdsärmel einen grauen Flanellanzug. Dem Äußeren nach ein Durchschnittsamerikaner, fiel er nicht auf. Sein zurückhaltendes Wesen, sein unbewegtes Gesicht verrieten nicht, dass er der Ehrengast war. Ja, in seiner Zerstreutheit wirkte er jetzt eher schüchtern, gar nicht geheimnisvoll, und als wäre er gar nicht hier. Wir tranken ihm zu, weil wir keine Worte dafür fanden, dass wir für immer zusammengehörten. Er hatte uns auch aus der Menschenfalle befreit, und so wie wir nie ganz davon loskommen, konnte er aus dem größten Abenteuer seines Lebens nicht mehr in den Alltag zurückkehren.

»Ich komme (aber entkam ich?) von Europa ... nicht los«, setzte Mehring kleingedruckt zwischen seine Gedichte. Und Varian Fry schrieb ein Buch über uns mit dem Titel »Auslieferung auf Verlangen«. Jahrelang lag es versteckt in seiner Schublade, da eine Veröffentlichung seine Kameraden und Freunde in Frankreich gefährdet hätte. Als das Buch dann nach Kriegsende erschien, ging es in der neuen Flüchtlingswelle unter, die mit Hilfe des Rescue Committee nach Amerika flutete. Fry zog sich mehr und mehr aus der Öffentlichkeit zurück, arbeitete in der Redaktion verschiedener Zeitschriften und in der Internationalen Liga für Menschenrechte. Doch es befriedigte ihn nicht, mit dem Wort statt mit Taten zu kämpfen. Um sich abzulenken, befasste er sich mit lateinischen Kreuzworträtseln und, selber sesshaft geworden, begann er die Zugvögel zu studieren.

Als ich ihm zur Verleihung des Ritterkreuzes der französischen Ehrenlegion gratulierte, schrieb er zurück:

*... Natürlich erinnere ich mich Ihrer gut. Und immer noch habe ich das Buch »Stille Nacht«, das Sie mir gaben mit einer so schmeichelhaften Widmung:* To Varian Fry, our »Saviour« – Thankfully, H. P. *Ja, es ist lange her, nicht wahr? Und manchmal frage ich mich, wie mein Leben verstrichen ist ...*
*Sie haben es besser gemacht als ich ... Sie haben an die zwanzig Bücher veröffentlicht, ich nur eines. Ich habe geschrieben – doch hauptsächlich für Geschäftsunternehmen, also fast immer anonym.*
*Rufen Sie mich unbedingt wieder an. Meine Nummer ist UN 5-5193.*
*Und danke für den Brief.*
*Ihr*
*Varian Fry*
*19. April 1967*

Bald darauf trafen wir uns im Harvard Club von New York wieder. Varians Gesicht, etwas älter geworden, schien so unbewegt wie immer. Er wolle sich nun der Jugend zuwenden, erklärte er mir. Er plane, sein Buch »Auslieferung auf Verlangen« für junge Menschen umzuschreiben, und er wolle als Lateinlehrer nach Connecticut ziehen. Seine Frau und die zwei Kinder sollten in New York zurückbleiben. Zerstreut blickte er an mir vorbei. »Was sind schon tausend Gerettete?«, sagte er wie von ungefähr, und dann ganz sachlich: »Man sollte verhindern, dass Millionen im Terror untergehen.«

Wenige Tage danach, am 14. September 1967, erreichte mich ein Anruf von Norbert Mühlen. Man habe, so sagte er mir, Varian Fry in seiner Wohnung in Easton, Connecticut, an diesem Morgen tot aufgefunden. Es hieß, er sei einem Herzanfall erlegen, doch niemand wisse es sicher. Der Mann, der zweitausend Leben gerettet hatte, starb ganz allein, neunundfünfzig Jahre alt.

Spaltenlange Nachrufe erschienen. Obwohl er ins Dunkel gegangen war, stand Varian Fry noch einmal im Licht der Schlagzeilen. »Ein unbesungener Held starb«, konnte man lesen. »Der Mann, der den Maler Chagall, den Bildhauer Lipschitz, die Musikerin Wanda Landowska, das Ehepaar Werfel, Heinrich Mann, Lion Feuchtwanger, Konrad Heiden, den Hitler-Biographen, und Tausende gerettet hat, ist tot aufgefunden worden.« Und: »Eine ganze vertriebene Kultur verdankt ihm ihr Überleben.«

Bei einer Gedächtnisfeier in New York sprach Jacques Lipschitz nicht über Fry, sondern zu ihm. »Varian«, sagte er, »wir werden dich niemals vergessen, solange wir leben – aber auch wenn wir schon längst gegangen sind, soll deiner noch gedacht werden.«

Wir gedenken Deiner, Varian Fry. Wir gehören zusammen für immer. Denn Du hast uns über die Brücke geführt. Als eine der wenigen Überlebenden habe ich versucht, das festzuhalten, was vor dreißig Jahren geschehen ist, versucht, den Riss zu überbrücken, der mitten durch unser Herz geht.

Karl-Markus Gauß

# ALLES GESEHEN, ALLES ERLEBT

Hertha Pauli war noch keine 32 Jahre, als sie am 12. März 1938 aus ihrer Heimatstadt fliehen musste und am Wiener Westbahnhof einen Zug bestieg, der sie in Sicherheit und fürs Erste nach Zürich brachte. Just an ihrem 34. Geburtstag gelang es ihr am 4. September 1940, in Lissabon an Bord der Nea Hellas zu gehen und Europa in Richtung USA zu verlassen. An jenem Sonntag, an dem die Nationalsozialisten die Herrschaft über das zur Ostmark degradierte Österreich übernahmen, wurden die Reisenden am Westbahnhof bereits von SS und Gestapo kontrolliert. Nach den Nürnberger Rassegesetzen war Pauli, die sich als »Halbchristin« zu bezeichnen pflegte, eine »Halbjüdin«, und da sie den heimischen Nationalsozialisten bekannt und verhasst war, benötigte sie Geschick und Glück, um in den rettenden Zug zu gelangen. Bis sie es zweieinhalb Jahre später nach Lissabon schaffte, hatte sie in Frankreich Monate damit zugebracht, die nötigen Visa, gefälschte und amtliche Papiere zu besorgen; stets in Gefahr, verhaftet und, nach der militärischen Niederlage der Franzosen, an die deutschen Besatzer ausgeliefert zu werden, konnte sie der Falle, zu der Marseille, Frankreich, halb Europa geworden war, nur entrinnen, indem sie sich auf einem alten Schmugglerpfad über die Pyrenäen führen ließ und illegal die Grenze nach Spanien überschritt.

Von der Zeit zwischen dem »Anschluss« Österreichs und der

Flucht über den Atlantik erzählt sie in »Der Riss der Zeit geht durch mein Herz«, ihrem bedeutendsten Werk, das sie dreißig Jahre später veröffentlichte und im Geleitwort als »Erlebnisbuch« charakterisierte.

Ich kenne kein zweites literarisches Zeugnis der Verfolgung, das so unverdrossen dem Leben und den Menschen zugewandt wäre und bedrückende Ereignisse und Erlebnisse in so lichten Bildern und Szenen vergegenwärtigte wie dieses. Hertha Pauli verschweigt nichts, nicht die Panik, in der Hunderttausende flüchteten, nicht die Feindseligkeit, auf die sie ausgerechnet in Frankreich stießen – einem Land, das viele von ihnen als Hort der Freiheit und Kultur geliebt hatten –, nicht die Nöte der Heimat- und Staatenlosen oder den politischen Verrat an ihnen und auch nicht die menschlichen Schwächen von Freunden und Bekannten. Sie hat das alles gesehen, aber dennoch kein düsteres, sondern ein geradezu bezauberndes Buch geschrieben, in dem die Erzählerin die Zuversicht nie gänzlich verliert.

Lesend kann man nicht anders, als diese Frau lieb zu gewinnen – die junge, die das alles erlebt, und die jenseits der sechzig, die darüber geschrieben hat; der Mut, mit dem sie durch ein zerfallendes Europa zog, ist ebenso bewundernswert wie die unprätentiöse Großmut, mit der sie ein halbes Leben später davon zu erzählen wusste. Als »Der Riss der Zeit geht durch mein Herz« 1970 im Zsolnay Verlag erschien, verfasste Joseph Wechsberg für die »F. A. Z.« eine Besprechung, in der er nicht weniger behauptete, als »dass Hertha Pauli das beste Buch über den ›Anschluss‹, den Totentanz der österreichischen Literatur, anno 1938, und die Odyssee der Emigration« geschrieben habe; und der Rezensent, der sein Geld einst als Stehgeiger auf Luxuslinern verdiente und als Schriftsteller wie Pauli in den USA gelandet war, wusste auch, wie ihr das gelingen konnte: »Frau Pauli hat kein Selbstmitleid und gibt nie an ...«

Tatsächlich erzählt die 1906 in einem liberalen, bildungsbürgerlichen Haus geborene Autorin von ihren Enttäuschungen und deprimierenden Erfahrungen nur wie nebenhin. Geradezu lässig geht sie über den Selbstmordversuch hinweg, den sie als verlassene Geliebte Ödön von Horváths verübte, dem sie gleichwohl nichts übelnehmen konnte und als Freundin verbunden blieb. Als sie auf der schier endlosen Flucht in den Süden Frankreichs, nach tagelangen Fußmärschen entkräftet, zu Boden sinkt und nahe daran ist, sich aufzugeben, ist ihr dies im erzählenden Rückblick nur wenige Sätze wert. Als Erzählerin ihres Lebens nimmt sich Hertha Pauli alle Freiheit, die vergangenen Dinge zu gestalten, zu verdichten, Zusammenhänge herzustellen, Charakterbilder zu schärfen, Begegnungen wirkungsvoll in Szene zu setzen; aber zu ihrer freien künstlerischen Dramaturgie gehörte es, die Fehler ihr naher Menschen abzumildern und selbst an denen, die ihr übelwollten, keine nachgetragene literarische Rache zu üben. Freimütig erzählt sie von sich, mit Noblesse wendet sie sich aber gleich wieder denen zu, die gleich ihr zu überleben versuchten, während ringsum jedwede vernünftige und humane Ordnung der Dinge zusammenbrach.

Wie sie literarisch dem Mitleid mit sich selbst keinen Tribut entrichtete, war sie, um Joseph Wechsbergs Wort aufzugreifen, auch keine Angeberin, die mit den vielen berühmten Freunden renommiert hätte, denen sie in ihren Erinnerungen dramatische, skurrile, bewegende Auftritte gewährte. Zwei von den zehn Kapiteln des Buches sind fast zur Gänze bedeutenden Schriftstellern gewidmet, das eine dem bewunderten und geliebten Ödön von Horváth, dessen Begräbnis sie als kurioses Schauspiel ganz aus dem Geist des Verstorbenen beschreibt; das andere Joseph Roth, den sie gleichsam zum republikanischen König des österreichischen Exils ausruft, an dessen Hof im Pariser Café Le Tournon sich Verehrer höchst unterschiedlicher Provenienz einstellten. Als literarhistorische Quelle ist Paulis autobiographisches Buch interessant, weil sie viele Autoren in dramatischen Situationen ganz aus der Nähe erlebte und wir erfahren, wie verzweifelt sie sogar in größter Bedrängnis an ihren Manuskripten arbeiteten und diese, wohin sie auch aufbrechen mussten, als wichtigsten Schatz in ihrem kargen Gepäck hüteten.

Dass sie sich in der Gesellschaft von Männern, die sich fast alle für bedeutend hielten, zu behaupten wusste, hat wohl mit zweierlei zu tun: Zum einen oblag es im Allgemeinen den Frauen, auf der Flucht und im Exil das alltägliche Leben der Männer, der Familien zu organisieren, wofür sie nur allzu oft mit ihren eigenen Ansprüchen zurückstehen mussten; und im Besonderen war Hertha Pauli nicht nur eine außerordentlich hilfsbereite, mitfühlende und tatkräftige, sondern auch eine selbständige Frau, die sich nicht auf ihre Rolle als Gefährtin genialer Männer beschied. Wo sie nur konnte, verfasste sie Artikel, die in der Exilpresse veröffentlicht wurden, und noch in Frankreich schrieb sie an ihrem stark autobiographisch geprägten Liebesroman »Dossier d'Amour«, der nach ihrer geglückten Flucht in die USA noch während des Krieges erscheinen konnte. Auch sie hatte im immer schmaler werdenden Gepäck stets ihre Manuskripte dabei.

Über den ersten Kapiteln von »Der Riss der Zeit geht durch mein Herz« liegt trotz aller scharfsichtigen Beobachtungen die reine Melancholie. Das Herz des alten Wien schlug für Pauli im Café als Ort einer Geselligkeit, die sie mit Demokratie und Kultur selbst identifizierte. Cafés spielten auch im Exil eine wichtige Rolle für die Exilanten, die sich dort trafen, oft ohne es vereinbart zu haben, und in denen sich manche wiederfanden, die einander aus den Augen verloren hatten. Nebenbei führt Paulis Buch vor Augen, wie schwierig es für heimatlos gewordene Menschen gewesen sein musste, miteinander in Kontakt zu bleiben. Wir vergessen gerne, dass es eine Zeit vor dem Internet und den Mobiltelefonen gegeben hat. Freunde, Familienmitglieder, die sich auf verschiedenen Routen in Sicherheit brachten, waren auf Briefe und Telegramme angewiesen, die sie einander an vereinbarte Adressen schickten. Staunend erfährt man, dass zwar gerade eine Welt in Trümmer gelegt wurde, aber selbst im Kriegsdonner die Post funktionierte und Nachrichten sogar in den abgelegenen Dörfern der Provinz zugestellt wurden; und dass von dort Antworten in alle Welt hinausgingen, bei denen die Wahrscheinlichkeit, dass sie ihr Ziel erreichten, offensichtlich groß war.

Es bedurfte freilich nicht nur des Mirakels der funktionierenden Post, dass Hertha Pauli im Austausch mit ihren zahlreichen Freunden bleiben konnte. Das wäre nicht ohne jene wundersamen Zufälle gelungen, die sie in ihrem Buch beschwört. Den deutschen Dichter Walter Mehring ließ sie ohnedies nicht aus den Augen, sie hatte den um zehn Jahre Älteren, der aus Deutschland nach Wien geflohen war, gleichsam adoptiert; er hätte, ängstlich und ungeschickt, wie er war, ohne sie im März 1938 den Weg aus Wien heraus nicht gewagt und den durch das vom Bombenterror der Wehrmacht verheerte Frankreich gewiss nicht überlebt. Aber schon Karl Frucht, ihren treuesten Freund »Carli«, mit dem sie in Wien ihre literarische Agentur, die Österreichische Korrespondenz, geführt hatte, traf sie nur dank einer dieser Zufälle wieder, in einer überfüllten Absteige in Toulouse, und das zu einer Zeit, da hunderttausende Flüchtlinge im Süden Frankreichs herumirrten! »Die Wunder gingen weiter«, schrieb sie, zuverlässig traf sie Bekannte, Freunde – und Unbekannte, die ihr, der Hilfsbereiten, weiterhelfen konnten. Diese Wunder und glücklichen Zufälle hat die Autorin nicht einfach nur vermerkt, sondern zweifellos literarisch ausgestaltet und umgeformt. Ihre verlässliche Faktentreue im Großen schloss nicht aus, dass sie die Realität stilisierte und zugunsten der literarischen Wahrhaftigkeit neu ordnete.

Anfangs, in Zürich, wo sie im Café Odeon Carli Frucht zum ersten Mal wiedertraf, oder in Paris, wo sich das »andere Österreich« zu formieren schien, gab es noch Orte, in denen die Kaffeehauskultur, wie Pauli sie schätzte und verklärte, gepflegt wurde. Später, auf der ungeregelten Flucht vor der Kriegsmaschinerie, wurden die Cafés ärmlich, die Bars Spelunken, die Gasthäuser Kaschemmen, die Hotels schäbig. Je mehr sich die politische und militärische Situation verschärfte, umso schwieriger wurde es für die Flüchtlinge, sich im Land zu bewegen, für ihr Auskommen zu sorgen und nicht nur das nackte, verwahrloste Leben zu retten. Geradezu renitent versuchte Hertha Pauli, selbst in der größten Not einen gewissen zivilisatorischen Standard zu wahren. Kaum dass sie, völlig mittellos unterwegs, überraschend eine kleine Summe Geldes erhält, besteht sie darauf, es für einen Besuch beim Friseur auszugeben. Das Meer vor sich, lässt sie es sich nicht nehmen, in Marseille, wo sich alle bemühen, den Agenten und Militärpolizisten nur ja nicht aufzufallen, nachts schwimmen zu gehen.

Als sie im Frühjahr 1938 nach Paris kam, erhielt sie die Bezeichnung »Ex-Autrichienne« in ihren Pass gestempelt. Noch konnten sich die Exilanten, von den Monarchisten bis zu den Kommunisten, in Vereinen weitgehend unbehelligt organisieren und über die nahe und ferne Zukunft Deutschlands, Österreichs, Europas debattieren. Eingeladen von einem Verleger, der davon träumte, als Tabakpflanzer zu reüssieren, war es ihr 1939 sogar möglich, eine Urlaubsreise nach Clairac anzutreten, einer kleinen Gemeinde im Südwesten Frankreichs. Dort erlebt sie auf einer Brücke über den Fluss Lot eine Art von Epiphanie. Literarisch meisterlich wechselt die Erzählerin im fünften und sechsten Kapitel die Ebenen von Zeit und Raum. Sie steht auf der Brücke über den Lot und sieht zugleich ihre Brücke im Wiener Stadtteil Nussdorf, sie beschreibt, wie sie hier die große Liebe fand, in der unbekümmerten Gestalt des Tischlers Gilbert, und springt erzählend ins Jahr 1969, da sie als amerikanische Staatsbürgerin noch einmal Clairac aufsucht und die Witwe ihres Geliebten kennenlernt, der, aus der Résistance zurückgekehrt, noch jung an Jahren an einem Gehirntumor verstarb.

In Clairac war sie 1939 in eine Idylle mit Abgrund geraten, die Liebe zum beharrlich um sie werbenden Gilbert ließ sie gar von Heirat und einem gemeinsamen Kind träumen, doch wurde ihr privates Glück durch den verheerenden Lauf der Geschichte zerstört. Die Bewohner, vor allem die Bewohnerinnen, der Gemeinde standen der »Ex-Autrichienne« ohnedies feindselig gegenüber, doch als die Wehrmacht Polen überfiel und Großbritannien und Frankreich im September 1939 Deutschland den Krieg erklärten, wurde sie gar verdächtigt, eine deutsche Spionin zu sein. In ganz Frankreich galten die Flüchtlinge aus Deutschland und Österreich fortan als »sujets ennemis«, als feindliche Ausländer. Pauli musste den Geliebten verlassen und nach Paris zurückkehren. Ab dem Herbst 1939 debattierten die Exilanten in den Cafés weniger über die Frage, was die österreichische Kultur von der deutschen unterscheide, sondern wohin sie auf dem von der Wehrmacht Land für Land eroberten Kontinent noch flüchten könnten. Zu den deutschen, österreichischen, tschechischen Flüchtlingen kamen neue aus dem im Frühjahr 1940 niedergeworfenen Belgien und den Niederlanden dazu. Viele Männer wurden bereits jetzt, als Frankreich noch ein souveräner Staat war, in Lager gesperrt. Als die Deutschen Paris besetzten, brach, wer immer es noch vermochte, überstürzt auf, um mit dem Auto, im Zug, zu Fuß die noch nicht besetzten Gebiete im Süden zu erreichen. Es ist ein schreckliches Bild gehetzter Menschen, das Hertha Pauli malt, eine Welt in Flammen, so beklemmend, dass Schrecken und Gräuel unmittelbar präsent werden und einem auch achtzig Jahre später bei der Lektüre der Atem stockt.

Für Joseph Roth war Marseille die Hafenstadt schlechthin, in der die Zuwanderer vieler Länder eine einzigartige urbane Kultur erschufen, aber er schrieb seine Reisebilder »Im mittäglichen Frankreich« Mitte der 1920er Jahre. 1940 war Marseille hingegen zur Falle geworden, wer sich hierher geflüchtet hatte, konnte mit einem Mal nicht mehr weiter und auch nicht mehr zurück. Selbst jenen Glücklichen, die über das Einreisevisum in die USA verfügten, fehlte meist das französische Ausreisevisum der Vichy-Regierung, und wer ein Transitvisum zur Durchquerung Spaniens nach Portugal beantragte, musste nachweisen, bereits eine Schiffskarte zur Überfahrt nach New York oder irgendeinem Ort der Welt zu besitzen. Diese bürokratische Zwangssituation hat Hertha Pauli in aberwitzigen Details festgehalten, wie es auch Anna Seghers in dem Roman »Transit« tat, der über Strecken anmutet, als wäre er von einer Schülerin Franz Kafkas verfasst worden. Hertha Pauli hat dreißig Jahre gebraucht, bis sie »Der Riss der Zeit geht durch mein Herz« verfassen konnte. Erst fünfzig Jahre nachdem er in Marseille gestrandet war und 1942 von dort in die Vernichtungslager deportiert wurde, hat Fred Wander seinen Roman über Marseille, »Hôtel Baalbek«, schreiben können. Gegenüber 1940, als Hertha Pauli dank der Hilfe von Varian Fry, einem jungen Amerikaner, der mit seinem Emergency Rescue Committee mehr als zweitausend Menschen rettete, gerade noch entrinnen konnte, war die Lage in Marseille 1942 vollends ausweglos geworden. Was die Zeit der Flucht, Verfolgung, Deportation anbelangt, ist Fred Wanders Autobiographie, »Das gute Leben« von 1996, wesentlich düsterer gehalten als Paulis »Erlebnisbuch«, auch spielt in ihr seine jüdische Herkunft eine große Rolle.

Hertha Pauli hingegen hat in ihren Erinnerungen fast gar

nichts über ihre Familie erzählt, die doch interessant genug war. Der Vater, aus einer jüdischen Verlegerfamilie in Prag stammend, war Arzt und Universitätsprofessor in Wien; die Mutter Bertha, eine pazifistische Journalistin und Frauenrechtlerin, verübte im Alter von 49 Jahren Selbstmord. Von ihrem Bruder Wolfgang, der damals als Universitätsprofessor an der Eidgenössischen Technischen Hochschule lehrte, erwähnt sie einzig, dass er gerade in Oxford weilte, als sie in Zürich eintraf. Mehr verrät sie nicht von ihm, der 1945 den Nobelpreis für Physik erhielt, und offenbar hatte sie es auch nicht darauf abgesehen, von ihm in Zürich unterstützt zu werden. Ihr Romanbericht setzt am 11. März 1938 ein, und Pauli hatte damals offenbar vor, nicht zurück, sondern nach vorne zu blicken, das merkt man eigentümlich auch ihrem Buch an, obwohl dieses doch als Rückschau angelegt ist.

Hertha Pauli war als junge Schauspielerin nach Deutschland gegangen, wurde von Max Reinhardt in Berlin engagiert, kehrte nach der Machtergreifung der Nationalsozialisten nach Wien zurück, wo sie Feuilletons, Sketches – und auch zwei Romane verfasste: »Toni. Ein Frauenleben für Ferdinand Raimund«, 1936 bei Zsolnay erschienen, und »Nur eine Frau. Bertha von Suttner«, der bald nach Erscheinen von den Nationalsozialisten verboten wurde. Diesen Roman hatte sie ihrer toten Mutter gewidmet, die eine dezidierte Feministin war. Sie selbst wurde von den Zeitgenossen nicht als solche wahrgenommen, und doch ist es kein Zufall, dass zwei Frauen im Mittelpunkt ihrer ersten Romane stehen. Sie führte diese biographischen Versuche in den Vereinigten Staaten 1962 mit »Her Name Was Sojourner Truth« fort, dem von Martin Luther King hoch gelobten Buch über eine Sklavin, die als Analphabetin zur Predigerin wurde und für die Gleichberechtigung der Afroamerikaner kämpfte. Bereits kurz nach ihrer Ankunft in den USA habe sich Hertha Pauli, so berichtete es ihr Bewunderer, der deutsch-amerikanische Literaturwissenschaftler Guy Stern, ein für alle Mal entschieden, es künftig mit der Civil-Rights-Bewegung zu halten.

In »Der Riss der Zeit geht durch mein Herz« finden sich zwei Stellen, aus denen hervorgeht, dass sie 1940 kaum ein Wort Englisch verstand. Bewundernswert schnell gelang es ihr, nicht nur Artikel in den deutschsprachigen Zeitungen der Emigranten, sondern auch Bücher auf Englisch in amerikanischen Verlagen zu veröffentlichen. Für die Übersetzungen arbeitete sie mit dem gebürtigen Münchener Ernst Basch zusammen, der es in den USA unter dem Namen E. B. Ashton zuwege brachte, zu einem der wichtigsten Übersetzer aus seiner Muttersprache ins Amerikanische – und nicht etwa umgekehrt – zu werden. Ashton nahm sie später zum Ehemann, weil sie beide, wie Pauli einmal anmerkte, beim Übersetzen so viel stritten, dass ihnen nichts anderes übriggeblieben sei, als zu heiraten.

Sechs Bücher hat sie auf Deutsch veröffentlicht, 23 auf Englisch, diese anfangs unter Mithilfe von E. B. Ashton. Sie litt daran, dass von ihren amerikanischen Büchern kaum eines auf Deutsch, von ihren deutschsprachigen nur der Roman über Bertha von Suttner auf Englisch erschien, wie Ursula Gabl festgestellt hat, eine jener Wissenschaftlerinnen, die seit den neunziger Jahren Biographie und Werk der Hertha Pauli akribisch und leidenschaftlich erforschten und in den Zusammenhang der Exilliteratur stellten. In gewissem Sinne kehrt, was von der Rolle vieler Frauen gesagt wurde, die im Exil ihre Männer durchbrachten, ja, durchfütterten, fünfzig Jahre später im Wissenschaftsbetrieb wieder: Dass vergessene Schriftstellerinnen des Exils wieder oder überhaupt zum ersten Mal entdeckt wurden, ist fast ausschließlich der geduldigen, anfangs wenig beachteten Arbeit von Frauen zu verdanken. So kam es auch bei Hertha Pauli, die in zwei Welten gelebt und nicht ohne Erfolg in zwei

Sprachen geschrieben hat, doch da wie dort bald vergessen wurde. Sie erlebte zwar noch, dass »Der Riss der Welt geht durch mein Herz« auch auf Englisch und Französisch erschien, aber die Resonanz war, von einer Handvoll wohlwollender Rezensionen im deutschen Sprachraum abgesehen, gering.

Oft besuchte Pauli in ihren letzten Lebensjahren Europa, zumal Österreich, aber kaum je stand sie als Autorin selbst im Mittelpunkt, meist wurde sie in einer Art von anerkennender Missachtung eingeladen, auf Symposien oder Tagungen über die großen Männer, die sie gekannt hatte, Auskunft zu geben. Sie starb 1973 in einem Hospital auf Long Island. Ihr äußerst umfangreicher Nachlass gelangte 1987 in den Besitz der Handschriftensammlung der Österreichischen Nationalbibliothek, wo ihr Freund Karl Frucht ihn in eine erste Ordnung brachte. Es dauerte noch Jahre, bis sie selbst (dank der Studien von Christa Bittermann-Wille, Susanne Blumesberger, Petra Herczeg, Ilse Korotin, Marlene Zöhrer und anderen) mit ihrem eigenen Werk auf angemessene Weise gewürdigt wurde und neue Beachtung fand. Evelyne Polt-Heinzl initiierte 2019 eine Neuauflage ihres vergessenen, auf Deutsch geschriebenen Romans »Jugend nachher« von 1959. Im Nachlass fand sich auch ein Manuskript mit dem Titel »Laterna Magica«, in dem sich die Autorin offenbar dem zuwenden wollte, was zeitlich vor und nach den zweieinhalb Jahren geschah, auf die sie sich in »Der Riss der Zeit geht durch mein Herz« konzentriert hatte. Was fehlt, ist also das Buch, in dem Hertha Pauli die Geschichte ihrer Familie mit diesen vielen ausgeprägten Charakteren erzählt hätte; und davon, wie es ihr gelang, als freie Publizistin in den USA Fuß zu fassen, Anerkennung zu finden, wieder von vielen Künstlern und Intellektuellen geschätzt zu werden – und warum sie dennoch bis zuletzt bittere Sehnsucht nach Europa verspürte und Österreich, Wien als ihre Heimat empfand.

Zurückgekehrt nach Wien ist sie in einer Urne, die am Döblinger Friedhof im Grab ihrer Mutter bestattet wurde. Im selben Grab wurde 1983 auch die Asche ihres Ehemannes E. B. Ashton beigesetzt, mit dem so gut streiten war; und 1991, ein wunderbarer Schlussakt auf die gemeinsam durchlebten Gefahren, aber auch all die wundersamen Fügungen, fand hier auch ihr Lebensfreund Karl Frucht seine letzte Ruhestätte.

# PERSONENREGISTER

Alex (Sekretär von KG) 82, 132, 149–152, 157
Alighieri, Dante 179
Ashton, E. B. (Ernst Basch) 246, 248
Aufricht, Ernst Josef 48 f.
Benesch, Eduard (Edvard Beneš) 192
Bernadette, heilige (Bernadette Soubirous) 170–172
Bingham IV, Hiram 180, 199
Bittermann-Wille, Christa 247
Blum, Léon 118
Blumesberger, Susanne 247
Bohn, Frank 216
Börne, Ludwig 186
Boucher, Madame (Hotelbesitzerin) 35, 37, 53, 132
Boucher, Monsieur (deren Gatte) 35, 134, 139, 145
Brecht, Bertolt 48
Breitscheid, Rudolf 216, 230 f.
Breton, André 214
Busch, Lydia 48
Buttinger, Josef 231, 233
Chagall, Bella 218
Chagall, Marc 213, 217 f., 236
Chamberlain, Neville 69, 77–80, 83, 117, 145
Charles (Verbindungsmann) 219, 229
Charlotte (Freundin von Ted Meltzer) 74, 138
Chevalier, Maurice 137
Chopin, Frédéric 124
Churchill, Winston 80, 83, 145, 147
Clairouen, Denise 143
Comert, Pierre 31–33, 123, 143, 170
Csokor, Franz Theodor 14, 18, 21–24, 50, 58 f., 64–67, 69
Daladier, Édouard 75 f., 78 f., 142
Davenport, Miriam 216
Dimitru (Verbindungsmann) 219
Disney, Walt 54
Dollfuß, Engelbert 10
Drach, Frederik 229
Dreiser, Theodore 232
Dubois, Gilbert 92–97, 100–108, 113 f., 116–118, 120–131, 139 f., 148 f., 176, 180, 185, 195–198, 200–202, 204, 206, 243
Dubois, Madame (dessen Mutter) 125
Duval, Irene 97, 119, 122, 126
Duval, Jacques 122
Einstein, Carl 203
Elsner, Maria 50
Ernst, Max 213
Feuchtwanger, Lion 148, 180, 183, 213, 217, 236

Fishman, Lena 211–213, 216
Franco, Francisco 196
Frank, Leonhard 142, 148, 183, 184–187, 194, 196–200, 203–205, 212, 217, 232
Freier, Bill 219 f., 232
Friedell, Egon 14, 42 f., 145
Friedländer, Paul 110, 142, 183
Frucht, Carl »Carli« 9, 14, 17– 20, 23–25, 28–31, 35– 38, 48 f., 54 f., 63, 71 f., 80, 82–84, 86, 103 f., 106, 109–113, 116, 120, 123 f., 132, 134–137, 140 f., 143, 175–177, 179–181, 183, 185, 187–189, 191, 194–198, 200, 204, 212, 221–227, 233, 241 f., 247 f.
Frucht, Maguy 124, 128
Frucht, Otto 123 f., 128
Fry, Varian 201, 209–222, 224 f., 229–231, 234–236, 244
Gabl, Ursula 246
Garrigue Masaryk, Tomáš 192
Gaston (Garagenbesitzer) 92 f., 97, 104, 117 f., 120
Gaston, Madame (dessen Mutter) 127
Gaulle, Charles de 40, 162, 170, 202
Gazette, Melanie 122, 126
Giono, Jean 126
Glaise von Horstenau, Edmund 12
Goebbels, Joseph 81, 151
Göring, Hermann 13, 33
Grosz, George 5, 184
Grynszpan, Herschel 81
Gumbel, Emil 177, 180, 185–189
Haas, Willy 193
Habsburg, Otto von 41, 76
Hanusch, Doktor (Freund von Rolf Passer) 98 f.
Hasenclever, Walter 148, 183, 203, 217
Haydn, Joseph 15

Heiden, Konrad 180, 183, 236
Heine, Heinrich 5, 186
Henlein, Konrad 70, 75
Herczeg, Petra 247
Hildebrand, Dietrich von 216
Hildebrand, Franz von 216, 219
Hilferding, Rudolf 216, 230 f., 234
Himmler, Heinrich 18
Hirschmann, Albert (Beamish) 211, 216, 219, 229
Hitler, Adolf 10, 12 f., 18, 22 f., 26, 29, 33, 37, 40, 49, 69, 75–80, 82, 108, 110 f., 115–117, 124, 133, 142, 144, 161, 170, 178, 183, 193, 202, 219, 223, 231
Hoppe, Marianne 52
Horváth, Lajos von 55, 57, 62, 66 f., 69, 70–72, 84, 86
Horváth, Ödön von 21 f., 24, 44, 47–67, 69, 71 f., 82, 84, 88, 97, 103 f., 111, 126, 138 f., 239
Huber (Mitarbeiter von Dr. Hanusch) 98 f.
Innitzer, Theodor Kardinal 23
Jacob, Jeannot 90, 92, 117, 122, 125, 127
Jacob, Madame (dessen Mutter) 117, 120
Janine (Schwester von Dubois) 95, 139, 195 f.
Jean Pierre (Sohn von Dubois) 129
Juliette (Witwe von Dubois) 130 f.
Kafka, Franz 231, 244
Kästner, Erich 19
Kaunitz, Gertrud 167 f.
Kesten, Hermann 205, 217, 232
Kesten, Toni 232
KG (Deckname eines Mitstreiters) 70 f., 76, 81 f., 86, 109–111, 116, 118, 123, 132–134, 141, 149–152, 155, 217
King, Martin Luther 246

Kisch, Egon Erwin 63
Knopf, Blanche 8
Kornfeld, Malwine 20
Korotin, Ilse 247
Lacoste (Hotelpatronin) 88 f., 117, 119, 126
Landauer, Walter 145
Landowska, Wanda 213, 236
Lania, Leo 142
Laval, Pierre 133, 202
Lederer, Franz 36
Lefèvre (Chef der Gendarmerie) 115 f.6, 118–120, 123, 127 f.
Lefèvre, Madame (dessen Gattin) 119
Liessem, Wera 48, 55, 58–60, 64 f., 70 f., 81, 84, 86, 138
Lilly (Freundin von Alex) 149, 151 f.
Lipschitz, Jacques 213, 236
Litwinow, Maxim 76
Lorre, Peter 36
Löwenthal, Rudi 168
Lustig, Hans 217
Mahler-Werfel, Alma 10, 22–24, 59, 148, 171 f., 174, 181, 189–192, 197, 204, 210 f., 229, 236
Manga Bell, Andrea 40, 70, 75, 77, 84, 133
Mann, Erika 52
Mann, Golo 229
Mann, Heinrich 147, 180, 183, 213, 217, 229, 236
Mann, Thomas 41, 147 f., 172 f., 180, 205, 212, 217
Mara (Nachbarin von Dubois) 105, 148
Marcu, Valeriu 53
Margot (Freundin) 51 f., 53
Marie Antoinette 88
Maritain, Jacques 63

Martin, Claude (Sohn von Monsieur Martin) 128
Martin, Monsieur (Freund von Dubois) 123
Mayer, Doktor (Widersacher von Dr. Hanusch) 98 f.
Mehring, Walter 5, 9–11, 14, 16–21, 23 f., 28, 30–32, 34, 39, 45 f., 54, 56, 60 f., 63, 71, 79, 83 f., 86, 109, 123, 132 f., 142 f., 147–149, 151 f., 154–158, 160 f., 163–169, 171–177, 181, 183–187, 192–194, 196 f., 199 f., 203, 205, 207, 210, 212–217, 220, 222, 232–234, 241
Meltzer, Ted 73 f., 138
Miklas, Hermann 13, 33, 43
Mina (Geliebte von Bill Freier) 220
Mittler, Leo 45 f.
Molnar, Franz 182
Morgenstern, Soma 40, 75, 77, 84
Murrow, Edward 137 f.
Mussolini, Benito 22, 78 f., 144, 146
Mühlen, Norbert 220, 223, 226, 235
Münzenberg, Wilhelm »Willi« 110, 142, 183
Natonek, Hans 133, 142, 147, 150, 173 f., 176 f., 181, 184, 204, 209, 220, 223
Newday (Deckname eines Mitstreiters) 70 f., 75, 82
Nicole (Tochter von Dubois) 129
Noguès (Bauer) 105, 106, 123, 148
Oprecht, Emil 28 f., 217
Oprecht, Emmie 28 f.
Otten, Karl 217
Papen, Franz von 10
Passer, Rolf 82, 84, 86 f., 97–100, 103, 106, 116, 141, 173, 195, 197, 217
Paulette (Kellnerin) 91, 117
Pauli, Wolfgang 29, 245
Pétain, Philippe 161, 170, 202

Pierhal, Armand 47 f., 63, 126
Polgar, Alfred 14, 217
Polt-Heinzl, Evelyne 247
Qualtinger, Helmut 65 f.
Rath, Ernst vom 81
Rauschning, Hermann 38, 70, 76
Reinhardt, Max 24, 36, 245
Remarque, Erich Maria 196
René (Friseurgehilfe) 92, 97, 117
Reynaud, Paul 142
Roosevelt, Eleanor 213, 233
Roosevelt, Franklin D. 110, 213
Roth, Joseph 38– 42, 44, 60, 63 f., 69, 71 f., 75– 77, 79 f., 82–84, 165, 173, 240, 244
Rudolf von Österreich-Ungarn 7
Sahl, Hans 220
Sarraut, Albert 135
Schneider, Hannes 24 f., 27
Schuschnigg, Kurt von 9 f., 12–14, 17, 24, 33, 43 f., 77
Schwarzschild, Leopold 71, 109
Seghers, Anna 244
Selinko, Annemarie 82, 144
Sevareid, Eric 72–74, 80, 135–138, 140 f., 144–146, 233
Sevareid, Lois 72–74, 86, 138 f., 143–146
Seyß-Inquart, Arthur 7, 10–13, 18
Shirer, William 42, 138
Siodmak, Robert 47 f., 53, 55, 60
Stalin, Josef 124
Stern, Guy 246
Sternthal, Friedrich 63
Stössler, Georg 72 f.
Suttner, Bertha von 8, 246
Thomas, Adrienne 196 f., 226, 232
Thompson, Dorothy 233
Toller, Ernst 73, 83 f., 173
Torberg, Friedrich 217
Trotzki, Leo (Lew Bronstein) 7
Tschuppik, Karl 53
Tschuppik, Walter 53
Vigne, Doktor (Arzt) 144
Walter, Hilde 221 f., 229
Wander, Fred 244 f.
Wechsberg, Joseph 238 f.
Weiss, Ernst 133, 142, 147 f., 150, 173, 203, 209 f., 217
Werfel, Franz 22, 24, 59, 61, 148, 171 f., 174. 181 f., 184, 189–193, 197, 204, 210 f., 213, 217, 229, 236
Winter, Ernst Karl 9
Wittlin, Joseph 165 f., 169, 181, 184
Wolff, Charles 229
Wollenberg, Erich 76, 78, 134, 140–142
Yvonne (Liebschaft von Dubois) 104
Zernatto, Guido 9 f., 12 f., 18, 43–45
Zöhrer, Marlene 247
Zuckmayer, Alice »Lizzi« 59
Zuckmayer, Carl 59, 61

# INHALT

|    | | |
|----|---|---|
|    | Geleitwort | 5 |
| 1  | Anruf aus Berlin | 7 |
| 2  | Die kleinen Hotels | 28 |
| 3  | Champs-Elysées | 47 |
| 4  | Rast angesichts der Zerstörung | 69 |
| 5  | Zwischenspiel | 85 |
| 6  | Dossier d'Amour | 109 |
| 7  | Im Namen von uns allen | 132 |
| 8  | Flucht | 153 |
| 9  | Die Antwort | 178 |
| 10 | Der Menschenfischer von Marseille | 201 |
|    | Ausklang | 229 |
|    | Karl Markus Gauß: Alles gesehen, alles erlebt | 237 |
|    | Personenregister | 249 |

Ernst Lothar

# DAS WUNDER DES ÜBERLEBENS

Erinnerungen

Mit einem Nachwort von Daniel Kehlmann
384 Seiten. Zsolnay 2020

»Der Tag, an dem Österreich-Ungarn unterging, traf mich ins Herz ... etwas Unersetzliches war gestorben.« Ernst Lothar war ein Kind des Habsburgerreiches und blieb es bis zu seinem Ende. In der Ersten Österreichischen Republik machte er sich einen Namen als Theaterkritiker, und bis zu seiner Emigration leitete er gemeinsam mit Max Reinhardt das Theater in der Josefstadt. Nach Kriegsende kehrte er als Entnazifizierungsoffizier zurück und übernahm trotz Anfeindungen führende Positionen am Burgtheater und bei den von ihm mitbegründeten Salzburger Festspielen. »Es ist schwer möglich, diesen genialen kindlichen Menschen nicht ins Herz zu schließen«, schreibt Daniel Kehlmann in seinem Nachwort zu *Das Wunder des Überlebens*: »Diese Erinnerungen sollten Pflichtlektüre sein.«

»Ein Jahrhundertbuch wie Stefan Zweigs *Die Welt von Gestern*.«
Jens Bisky, *Süddeutsche Zeitung*

»Es ist entschieden an der Zeit, Ernst Lothar wieder zu lesen.«
Irene Bazinger, *Frankfurter Allgemeine Zeitung*